나는 좀 더 슬기롭고 총명하고 지혜로워지고 싶어 잠언을 수백 번 읽고 주석도 써보았다. 그러나 정작 잠언 안에는 "의인"과 "악인"에 대한 말씀이 많아서 오랫동안 "지혜"와 "의로움" 사이에 도대체 무슨 관계가 있는지 궁금했었다. 유선명 교수는 이 책에서 잠언 교육의 목표가 "지혜자"가 아니라 "의인"의 양성에 있다는 다소 놀라운 결론을 제시한다. 그는 지혜와 의로움은 분리할 수 없으며 상호 역동성을 갖고 있다는 사실을 지적한 후, "지혜자가 되고 싶으면 의로운 사람이 되어야 하며, 의로운 사람이 되려면 지혜를 배우고 소유해야 한다"는 탁월한 명제를 제시한다. 즉 잠언의 지혜 교육이란 "구체적인 행동을 넘어 반듯함과 공정함과 자비심으로 드러나는" 의로움을 일관성 있게 전인격적으로 체화해가는 의인을 만드는 과정이다. 이것은 동양의 지혜 교육의 전범(典範)인 『소학』(小學)과 『대학』(大學)이 지향하는, "수신"(修身)의 품성 교육을 기반으로 한 "제가치국평천하"(齊家治國平天下)의 지혜 개념과도 일맥상통한다.

김정우 한국신학정보연구원 원장

구약성경에서 매우 중요한 신학적 의미를 담고 있는 단어인 "의", "의로움"의 정체는 무엇일까? 규범적 개념일까, 아니면 관계적 개념일까? 물론 구약성경의 장르마다 그 단어가 지시하는 의미는 매우 다양할 것이다. 그렇다면 잠언은 "의"에 대해 무엇을 말하는가? 저자는 이 탁월한 책에서 명망 있는 학자들이 제시하는 다양한 의 개념의 험난한 협곡을 통과하면서 자신만의 독특하고 특색 있는 잠언의 의 개념을 정립해내었다. 의와 관련해 신약의 칭의 논쟁이나 구약 예언자들의 정의 및 공의 문제에 관심이 쏠린 한국 신학계에, 이 책은 균형의 추를 하나 살포시 얹어놓으면서 새로운 안목을 제공한다. 산뜻한 언어유희—"righteous"는 "right"와 "wise"를 합친 말이다!—를 통해 의롭게 사는 일이 왜 지혜로운 일인지에 대해 멋진 통찰력을 선사하는 이 책은, 미덕으로서의 의로움을 품성으로 함양해야 할 필요성이 그 어느 때보다 절실한 이때 우리가 곱씹어 읽고 음미해야 할 학문적이고도 실제적인 책이다. 육즙이 풍성한 진미를 맛보시기 바란다.

류호준 백석대학교 신학대학원 구약학 교수

이 책은 지혜문헌의 대표격인 잠언에서 "의로움"의 개념이 어떻게 이해되고 적용되는지를 보여주는 잠언 해설서다. 저자는 구약신학과 윤리의 근본 개념 중 하나인 "의"에 대한 많은 논쟁을 뒤로하고, "의로움" 자체의 개념을 잠언이 묘사하는 "의인"에 대한 프로필을 통해 명징하게 해명한다. 그리고 이러한 시도는 이집트 지혜문학 및 시편과의 비교를 통해서 더욱 분명하고 견고해진다. 이 책의 서두에서 제시한 작업가설은 결론에 이르는 동안 분명하게 입증된다. 즉 잠언의 "지혜자"는 온전한 인격과 삶을 겸비한 "의인"으로서 지혜롭고 복된 삶의 전형(paradigm)이다. 이 책을 통해 우리는 잠언에서 "지혜"의 그늘에 가려져 있던 "의로움"의 개념이 새롭게 돋보이는 것을 확인할 수 있다. **하경택** 장로회신학대학교 구약학 교수

이 격조 높은 책은 놀라우리만치 무시되어온 주제, 즉 잠언이 의로움(체다카)과 의인(차디크)에 대해 무엇을 말하며 그것이 "정의"의 넓은 개념과 어떻게 연관되어 있는지를 다룬다. 그 단어들이 히브리어 성경 전체에서 어떻게 사용되었는지에 대한 풍부한 통찰을 제공하는 저자는, 특히 잠언의 독특한 용례에 집중하면서 중요한 정보를 제공한다. 더 나아가 품성 형성 및 미덕 윤리에 관심이 있는 연구가들은 이 책을 통해 잠언에서 신선하고 쓸 만한 자원을 어떻게 찾을 수 있는지 깨닫게 될 것이다. 이 책은 성경 연구뿐 아니라 윤리 및 신학 연구에서도 매우 중요한 책이다. **캐럴 A. 뉴섬** 에모리 대학교 구약학, 캔들러 석좌교수, 세계성서학회(SBL) 전 회장

잠언에서 "의"는 매우 핵심적인 개념이며 그 의미는 아주 분명해 보이기에 적절한 검토 없이 지나치기 쉽다. 하지만 이 주제를 깊이 탐구한 저자는 잠언이 말하는 의로움의 개념을 윤리 이론의 배경에 놓고 살펴봄으로써 독창적인 분석을 내놓았다. 또한 잠언에서의 의로움의 개념과 역할을 고찰하고 시편 및 이집트 지혜문헌과 비교하는 과정을 통해 매우 중요하지만 알려지지 않았던 의로움의 특징들을 깨닫게 해준다. 이 명쾌한 책이 지혜문학 연구에 남긴 공적은 가히 주목할 만하다. **마이클 V. 팍스** 위스콘신-매디슨 대학교 히브리학, 배스컴 석좌교수

잠언은 서두(잠 1:3)에서 "의와 공의와 덕"을 가르친다고 명시함에도 불구하고 잠언의 윤리적 측면은 종종 무시되어온 것이 사실이다. 저자는 "의"에 대한 그의 뛰어난 연구를 통해 그러한 무시를 바로잡을 수 있게 도와준다. 나에게 큰 도움을 준 이 책을, 열정적인 마음으로 추천한다.
트렘퍼 롱맨 3세 웨스트몬트 대학 구약학, 건드리 석좌교수

Righteousness in the Book of Proverbs

Sun Myung Lyu

한국 구약학 시리즈 02

잠언의 의 개념 연구

신학적 · 윤리학적 · 비교문화적 고찰

유선명 지음

"의인의 길은 돋는 햇살 같아서

크게 빛나 한낮의 광명에 이르거니와…."

잠언 4:18

약어

AB	Anchor Bible
ABD	*Anchor Bible Dictionary*. Edited by D. N. Freedman. 6 vols. New York: Doubleday, 1992.
AEL	M. Lichtheim, *Ancient Egyptian Literature*. 3 vols. Berkeley: University of California, 1973, 1976, 1980.
AUSS	*Andrews University Seminary Studies*
BDB	Brown, F., S. R. Driver, and C. A. Briggs. *A Hebrew and English Lexicon of the Old Testament*. Oxford, 1907.
BETL	Bibliotheca ephemeridum theologicarum lovaniensium
BHS	*Biblia Hebraica Stuttgartensia*. Edited by K. Elliger and W. Rudolph. Stuttgart: Deutsche Bibelgesellschaft, 1983.
BHTh	Beiträge zur historischen Theologie
BJRL	*Bulletin of the John Rylands Library*
BKAT	Biblischer Kommentar: Altes Testament
BTB	*Biblical Theology Bulletin*
BZAW	Beihefte zur Zeitschrift für die alttestamentliche Wissenschaft
CBC	Cambridge Bible Commentary
CBQMS	Catholic Biblical Quarterly Monograph Series
COS	*The Contexts of Scripture*. Edited by W. W. Hallo. 3 vols. Leiden: Brill, 1997-2000.
CurrTM	*Currents in Theology and Mission*

DISO	*Dictionnaire des inscriptions sémitiques de l'Ouest*. Edited by Ch. F. Jean and J. Hoftijzer. Leiden: Brill, 1965.
DNWSI	*Dictionary of the North-west Semitic Inscriptions*. J. Hoftijzer and K. Jongeling. 2 vols. Leiden: Brill, 1995.
EncJud	*Encyclopaedia Judaica*
ET	English translation
EWL	Egyptian wisdom literature(s)
ExpTim	*Expository Times*
FAT	Forschungen zum Alten Testament
FOTL	Forms of the Old Testament Literature
GKC	*Gensenius' Hebrew Grammar*. Edited by E. Kautzsch. Translated by A. E. Cowley. 2nd ed. Oxford, 1910.
HALOT	Koehler, L., W. Baumgartner, and J. J. Stam, *The Hebrew & Aramaic Lexicon of the Old Testament*. Translated and edited by M. E. J. Richardson. 4 vols. Leiden: Brill, 1994-1999.
HS	*Hebrew Studies*
HSS	Harvard Semitic Studies
HUCA	*Hebrew Union College Annual*
IBHS	*An Introduction to Biblical Hebrew Syntax*. B. K. Waltke and M. O'Connor. Winona Lake, Indiana: Eisenbrauns, 1990.
ICC	International Critical Commentary
IDB	*The Interpreter's Dictionary of the Bible*. Edited by G. A. Buttrick. 4 vols. Nashville: Abingdon, 1962.
IEJ	*Israel Exploration Journal*
Int	*Interpretation*
JANESCU	*Journal of the Ancient Near Eastern Society of Columbia*

	University
JBL	*Journal of Biblical Literature*
JETS	*Journal of the Evangelical Theological Society*
JNES	*Journal of Near Eastern Studies*
JSOT	*Journal for the Study of the Old Testament*
JSOTSup	Journal for the Study of the Old Testament Supplement Series
LXX	Septuagint
MT	Masoretic Text (of the OT)
NCBC	New Century Bible Commentary
NIB	*The New Interpreter's Bible*
NICOT	New International Commentary on the Old Testament
NIDOTTE	*New International Dictionary of Old Testament Theology and Exegesis*
NIV	New International Version
NJB	New Jerusalem Bible
NJPS	New Jewish Publication Society Version
NRSV	New Revised Standard Version
OBO	Orbis Biblicus et Orientalis
OTG	Old Testament Guides
OTL	Old Testament Library
OTS	Oudtestamentische studiën(=Old Testament Studies)
RSV	Revised Standard Version
SBLDS	Society of Biblical Literature Dissertation Series
SBT	Studies in Biblical Theology
SJT	*Scottish Journal of Theology*
SPAW	Sitzungsberichte der Preussischen Akademie der Wissenschaften

Syr.	Syriac
TDOT	*Theological Dictionary of the Old Testament*
Tg.	Targum, Targumic
THAT	*Theologisches Handwörterbuch zum Alten Testament*
TLOT	*Theological Lexicon of the Old Testament*
TrinJ	*Trinity Journal*
TS	*Theological Studies*
TynBul	*Tyndale Bulletin*
UF	*Ugarit-Forschungen*
VT	*Vetus Testamentum*
VTSup	Supplements to Vetus Testamentum
Vulg.	Vulgate
WBC	Word Biblical Commentary
WMANT	Wissenschaftliche Monographien zum Alten Testament
ZAH	*Zeitschrift für Althebräistik*
ZÄS	*Zeitschrift für ägyptische Sprache und Altertumskunde*
ZAW	*Zeitschrift für die alttestamentliche Wissenschaft*
ZBK	Zürcher Bibelkommentare
ZTK	*Zeitschrift für Theologie und Kirche*

차례

약어 9

한국어판 서문 19

감사의 글 23

제1장

서론 27

1.1. 연구 목적과 계획 29

1.2. 도덕 담론으로서의 잠언 탐구 과정의 변수들 36

1.3. 의로움인가, 체다카인가? 43

1.4. 의로움을 정의하기 46

1.4.1. 개념과 개념상 46

1.4.2. 의로움의 특성들 48

1.4.3. 의로움: 작업가설적 정의 50

제2장

의로움에 관한 성서학적 이론들 53

2.1. 규범 중심 이론 57

2.2. 관계 중심 이론 58

2.3. 비평적 평가 62

2.4. 의로움을 보는 연관된 시각들 68

2.4.1. 영혼의 순전함 69

2.4.2. 구원과 능력 72

2.4.3. 세계 질서 75

2.4.4. 인과율(consequentiality) 78

2.4.5. 사회 개혁 84

제3장

잠언이 묘사하는 의인 87

3.1. 잠언의 인간론 89

3.1.1. 이진법적 인간학 91

3.1.2. 신학적 인간학 96

3.2. 구약성경에 나오는 의인 97

3.2.1. 차디크의 분류와 영역 97

3.2.2. 법률적 맥락에서의 차디크 98

3.2.3. 사회적 맥락에서의 차디크 104

3.2.4. 제의적 맥락에서의 차디크 108

3.3. 잠언에 나타난 차디크의 묘사 110

3.3.1. 유력함 112

3.3.2. 공감 능력 116

3.3.3. 현명함 122

3.3.4. 행복함 128

제4장

의인은 어떻게 만들어지는가? 135

4.1. 의로움의 길: 열린 길 137

4.2. 전범으로서 의인의 역할 140

4.3. 욕구와 혐오가 품성 형성에서 맡는 역할 144

4.4. 품성 형성은 모든 이에게 유효한가? 152

4.5. 미움의 정당성: 품성 형성의 정서적 측면들 154

4.6. 의로운 삶으로의 초대: 도덕적 선택의 힘 158

4.7. 선택, 품성, 운명: 의로운 인격체 만들기 161

4.8. 결론 163

제5장

의로움의 칭송: 잠언의 평가 담론 165

5.1. 부에 대한 잠언의 입장은 모호한가? 167

5.2. 가치 평가 형용사의 사용 171

5.3. 격언의 병치(juxtaposition) 174

5.4. 비교 우위 잠언 179

5.5. 비교 우위 잠언의 해석: 모순되는 메시지가 있는가? 188

5.6. 비교 우위 잠언의 암호 해독을 위한 모델 193

5.7. 영속성을 고르라: 아하리트 격언 196

5.8. 결론 199

제6장

잠언의 의: 이집트 지혜문학과의 비교 201

6.1. 이진법적 인간학과 이상적 인간 206

6.2. 조용한 사람과 요란한 사람 211

6.3. 요란한 사람의 위험 221

6.4. 비교 우위 격언: 비교 기준 격자 227

6.5. 결론 231

제7장

잠언의 의: 시편과의 비교 235

7.1. 이진법적 인간학 238

7.2. 시편에 나타난 의인의 양태(profile) 243

7.3. 스스로 의로운 자의 시편?: 시범적 적용 246

7.4. 의로움: 행동을 넘어서 262

7.5. 결론 265

최종 결론 269

참고 문헌 273

주제 색인 293

인명 색인 297

성구 및 고대 문헌 색인 301

한국어판 서문

이 책은 나의 박사 학위 논문을 바탕으로 하는 *Righteousness in the Book of Proverbs*의 번역서다. 원서는 2012년에 독일 모어지벡(Mohr Siebeck) 출판사의 "구약 논총 시리즈"(Forschungen zum Alten Testament II)로 출간되었다. 그 책이 나온 지 5년 정도가 지난 시점에서, 내용을 보완하고 수정하여 우리말로 출간하는 것에 대해 고민했었다. 하지만 주요 내용을 대폭 수정할 필요가 없다면 최초의 연구물을 원형대로 한국에 소개하는 것도 나름대로 의미가 있다는 출판사의 의견에 공감해 이 책이 탄생하게 되었다.

잠언을 비롯한 지혜문학은 오랫동안 구약신학의 변두리로 밀려나 있었다. 지혜문학의 독특한 관점과 특성이 다른 성경들과 어울리지 않는다고 여겨졌기 때문이다. 하지만 지금은 그 독특성이 구약신학을 더욱 풍성하게 하고 완전하게 하는 데 이바지한다는 사실이 주목을 받으면서 지혜문학의 신학적 성격을 재평가하는 작업이 활발해지는 추세다. 그러한 흐름 속에서 이 책이 시도한 구약학과 윤리학의 접목도 여러 학술지를 통해 후한 평가를 받을 수 있었다. 이 책은 지혜문학의 핵심적인 개념 중 하나인 "의"에 대한 정의를 정립함으로써 공통분모를 확인하지 않고 퍼져나가던 논제들을 해결할 실마리를 제공하는 역할을 했다.

이 한국어판의 출간을 통해 일반 독자들이 구약의 지혜문학, 특히 잠언과 가까워지는 데 도움을 받기 바란다. 더 나아가 성서학도들의 지혜문학에 대한 관심을 자극하여 더 깊고 정제된 융합적 연구가 이어지기를 기대한다. 특히 이 책의 핵심 관심사인 잠언의 신학적·윤리학적 메시지의 품성 윤리적 규명과 관련하여 이 책을 훌쩍 뛰어넘는 우수한 연구들이 촉발될 수 있기를 간절히 바라본다.

진부할 만큼 유명해진 경구대로 "번역이 곧 반역"이라면 자기 글을 스스로 옮겨 적는 "셀프(self) 번역"은 "내란"이라 불러야 할 것 같다. 그만큼 내 책을 직접 번역해달라는 출판사의 요청을 수락한 것이 현명한 결정이었는지에 대해서는 여러 번 회의가 밀려왔다. 원문의 맥락과 느낌을 고집하는 저자 "Sun Myung Lyu"와, 적절한 번역이 마땅치 않을 때 원문을 과감히 떠나고 싶은 역자 유선명은 수시로 충돌을 일으켰다. 하지만 그 힘든 과정 덕분에 원서의 사고 과정을 되짚어보고 한국어로 재구성하는 과정에서 이론의 완성도를 높일 수 있었음을 부인할 수 없다. 이런 기회가 주어진 것에 감사하는 마음이 크다.

출간을 기획하고 기다려주신 새물결플러스의 김요한 대표께, 그리고 난삽한 원고를 능숙하게 다듬어 좋은 책을 만들어주신 편집부원들께 고마움을 전하고 싶다. 학위 논문의 원형을 대체로 유지했던 영문판에 비해 한국어판은 여러 면에서 더 친절해졌다. 독일어로 된 인용문도 모두 한국어로 번역했고, 강세 및 분절 부호가 포함되어 복잡해 보이던 히브리어

지문도 깔끔하게 정리되었다. 그 덕분에 영어권 독자의 독서 체험보다 한국어권 독자가 이 번역본을 통해 얻을 독서 체험이 더 우월할 듯하다. 이해도를 높이기 위해 소제목의 번호 체계는 일부 수정했지만, 각 소제목에 해당하는 내용과 각주는 원서를 충실히 따랐다.

부족하나마 이 책이 의로움에 목마른 우리 시대, 우리 교회를 위한 섬김의 열매가 되기를 바란다. 이 열매를 내놓기까지 가르치고 배울 사역의 장을 허락해준 백석학원에, 특히 학문이 머리에 머물지 않고 가슴에 있게 하라는 당부를 잊지 않으신 설립자 장종현 박사께 감사의 마음을 전한다. 그리고 존귀한 사명 앞에 부끄럽지 않은 스승이 되도록 조언과 조력을 아끼지 않으신 최갑종 총장께, 신학대학원 구약 분과의 김진섭, 류호준, 송병현, 공규석 교수께, 배움을 소중히 여기고 충성스럽게 수업에 임해준 백석의 학우들께도 감사를 표하고 싶다. 또한 원고를 정독하고 학문적 비평과 조언은 물론 추천의 글을 덧붙여 격려해주신 류호준, 김정우, 하경택 세 교수께도 깊이 감사드린다.

이 책은 특별히 부모와 떨어져 스스로 삶을 열심히 일구고 있는 자녀들인 우리 삼 남매에게 헌정한다. "우리보다 교회가 더 중요했던 아빠"는 이 책의 영어판이 나올 적에는 그나마 같이 있었지만 지금은 태평양을 사이에 두고 멀리 떨어져 있는 터…. 이 책은 그들의 양보에 빚지며 얻은 결과물이기에 미안함과 그리움을 여기에 담아 전한다.

2017년 봄을 기다리며
유선명

감사의 글

나의 학위 논문을 바탕으로 한 이 책을 쓰는 오랜 시간 동안 길잡이와 동반자로서 함께해준 여러 사람이 있다. 먼저 평생의 스승 팍스(Michael V. Fox) 교수께 감사드린다. 그는 흠잡을 수 없는 학문성과 예리한 지성으로 논문을 지도해주셨다. 밀러(Cynthia L. Miller) 교수는 언어학적 지식과 꼼꼼한 평론으로 논문의 질을 높여주었고, 헌트(Lester H. Hunt), 쇼퍼(Jonathan W. Schofer) 교수 두 분은 전문 윤리학자의 예리한 눈으로 나의 투박한 논증을 다듬어주셨다. 내가 처음 히브리학과에 입학한 이래 늘 아버지 같은 따스함으로 격려해주신 스코빌(Keith Schoville) 교수께도 깊은 감사를 드린다.

박사 논문의 짐을 지고 사역하는 교역자를 이해하고 격려해주신 매디슨 한인장로교회의 장진광 목사와 교우들, 시카고 한인교회의 서창권 목사와 교우들, 그리고 학자의 소명을 놓지 않은 담임 목사를 이해심과 자부심으로 대해주신 앤아버 한인장로교회의 교우들께 감사드린다. 논문 초고의 교정 작업을 자청해 논문 완성에 큰 동력을 실어준 브라이언 박 목사, 출판 원고를 마무리할 때 까다로운 전환 작업의 해결사가 되어준 박정식 박사, 험난한 석박사 과정 내내 함께 고생하며 우정과 격려를 나누어준 벗 애쉬런드(Brian Ashland) 박사께도 감사의 마음을 전한다. 지혜문헌 분야의 전문가로서 본서 초고를 완독하고 평론해주신 산도발(Timothy Sandoval) 교수, 논문 작업 동안 늘 슬기로운 조언을 아끼지 않은 제프리스(Daryl Jefferies) 교수, 그리고 내가 트리니티 복음주의신학교에서 가르칠 당시 동료이자 선배로서 함께했던 구약학과의 교수들, 특별히 에이버벡(Richard Averbeck) 교수의 조언과 우정에 감사드린다. 위스콘신 주립대학교 대학원장학기금, 한미장학재단, 위스콘신 유대인 진흥회, 한국의 "필그림" 형제들—이들과 나는 대학생 시절 믿음의 개안과 성숙을 함께 겪었다—의 재정 지원에도 감사한다. 고(故) 김홍숙 장로님, 김예기 권사님 내외분, 그리고 박금선 권사님의 기도와 후원은 큰 도움이 되었다. 문과대학 히브리학과 학생에게 일반물리 조교직을 주어 험난한 IMF 시기에 무사히 박사 과정을 마치도록 지원해준 위스콘신 주립대학교 물리학과에도 감사드린다. 권위 있는 FAT 논총 시리즈에 이 논문을 추천하고 치밀한 비평과 개선책을 제시해준 스미스(Mark Smith) 교수께 감사드린다. 그의 충고에도 불구하고 드러나는 이 책의 약점들은 온전히 나의 몫이다.

아버지 고(故) 유선기 장로, 어머니 이순남 권사, 그리고 장모님 허정자 권사 세 분께 무엇이라고 말씀드려야 할까. 그분들이 사랑한 주님의 교회를 위해 나의 연구가 가치 있게 쓰이기를 바라는 마음 하나로 그 오랜 시간을 견뎌주신 것에 감사드린다. 외국에 오래 머문 남동생을 이해해주고 부모님을 모신 누님들께 감사드린다. 아내 권은정은 내가 스스로는 감히 바라지 못할 만큼 나의 가치와 잠재력을 믿어주었고 긴긴 세월 동안 부족한 자의 "더 나은 반쪽"으로 살아주었다. 이 책을 쓰면서 아내를 생각할 때마다 의롭고 지혜로운 삶을 추구하는 고상한 여인을 인생의 반려자로 맞은 행운에 더욱 감사하게 되었다. 무심한 아비를 늘 참아준 경문, 경민, 진수는 자신들의 믿음과 사랑과 슬기로움이 아비에게 얼마나 많은 것을 가르쳐주었는지 아마 모를 것이다. 마지막으로 이 모든 것 위에, 의로우시고도 은혜로우신 아버지 하나님께—그분이 계시지 않았더라면 나는 아무것도 이루지 못했을 것이다—영광을 돌린다.

미국 미시간 앤아버에서
2010년 10월
유선명

제1장

서론

1.1. — 연구 목적과 계획

의로움(righteousness)이라는 개념은 구약성경의 윤리적 측면을 이해하기 위해 필수불가결한 요소다. 또한 이 개념은 성경이 말하는 사회 정의(social justice)를 둘러싼 복잡다단한 논제들을 다루기 위한 토대다. 더 나아가 의로움은 하나님의 고유한 성품이며 인간 사회에 부여된 가장 높은 수준의 도덕적 의무이기도 하다. 그 결과 이에 대한 광대한 연구가 시행되어온 것이 사실이다.

이런 배경 위에서 이 책은 구약성경의 잠언이 의로움의 개념을 어떻게 설명해주는지를 밝히기 위해 천착한 연구의 결과물이다. 이 연구를 촉발한 세 가지 원인은 다음과 같다.

첫째, 무엇보다도 의로움에 관한 기존의 연구들은 사회 정의의 관점에 의해 주도된 결과로 "의로움의 개념"(the concept of righteousness) 자체를 깊이 다루지 못했다. 즉 "의로움과 정의(justice, 공정함)"에 관한 연구의 절대다수가 사회 정의에 초점을 맞춰 진행되면서 역설적으로 의로움 자체를 사각지대에 가두고 그에 대한 이해를 방해하는 결과를 초래했다. 이는 의로움(righteousness)과 정의(justice)가 결코 완전히 동의적일 수 없기에 발생한 현상이다.[1] 물론 의로움과 정의가 상당한 동의성을 가진다는 사실은 분명하다. 그러나 의로움과 정의가 일부 문맥에서 동의성을 갖는다는 것은 이 책의 관심사가 아니다. 오히려 중요한 것은 의로움과 정의는 어떤 맥락에서 개념적으로 구별되며, 그때 둘 사이의 정확한 차이점은 무엇인가 하는 것이다.

둘째, 일부 연구들은 지나치게 조직신학적 관점에서 수행되었다. 개신교 신앙 체계에서 칭의(justification) 교리가 갖는 중요성과 그 역사적 전개를 고려하면 의로움에 대한 상당수 연구가 구원론적 관점에서 접근하는 방법을 취한 현상은 이해할 만하다.[2] 또한 그런 교리적 연구가 의로움

---

1) 두 개 이상의 단어 사이에 존재하는 동의성(synonymy)은 그들이 일정 문맥에서 같은 대상을 지시하는 부분동의성(partial synonymy)과 모든 문맥에서 일치하는 완전동의성(total synonymy)으로 나뉜다. 현대 언어학의 고전 *Language*에서 Bloomfield는 완전동의성은 추상적 개념일 뿐 실제로는 발생하지 않는다고 서술한다(L. Bloomfield, *Language* [New York: H. Holt & Co., 1961], 145). Ullmann도 동의성을 제한적으로만 인정한다(S. Ullmann, *Semantics* [New York: Barnes and Noble, 1962], 128-54). Silva는 그 어떤 두 단어도 모든 문맥에서 상호 교체할 수는 없다는 것을 근거로 진정한 의미에서 동의성은 없다고 결론짓는다. Silva가 "실용적 목적을 위해서" 인정하는 동의성은 "**일부** 문맥에서는 **어느** 동의어이든 상호 간의 차이점이 완전히 사라진다"는 사실에 근거한다(Moisés Silva, *Biblical Words and Their Meaning: An Introduction to Lexical Semantics* [Grand Rapids, Mich.: Zondervan, 1983], 121 참조). 그러나 이 책의 목적상 중요한 것은 의로움과 정의(공정함)라는 두 단어가 **일부 맥락에서** 유사하다는 사실의 재확인이 아니라 그들이 서로 다를 때 어떤 차이점을 보이는지 파악하는 일이다.

2) 초기 교회 이래로 교회사에서 의로움의 문제가 차지하는 중요성은 매우 크다. 그로 인해 의로움에 관한 논쟁도 교리사와 복잡하게 얽혀 있다. 이에 대해 간략하지만 매우 통찰력 있는 연구로는 Altster McGrath의 "Justice and Justification: Semantic and Juristic Aspects of the Christian Doctrine of Justification," *SJT* 35(1982), 403-28을 참조하라. McGrath의 *Iustitia Dei: A History of the Christian Doctrine of Justification* (Cambridge: Cambridge University Press, 1986)는 칭의 교리를 둘러싼 논쟁의 전개에 대한 상세한 연구서다.

에 관한 이해를 심화하고 성서학 및 신학 분야에 영속적 기여를 한 것은 분명하다. 그러나 의로움에 관한 논의가 계속해서 교리적 관점에 매인다면 구약성경에 나타나는 의로움의 개념을 이해하는 작업에 도움보다는 방해가 될 가능성이 크다.

셋째, 의에 관한 기존의 연구물들은 과도할 정도로 예언서에 집중한 반면 지혜문헌이 의에 대해 말하는 바는 거의 무시해왔다. 구약의 지혜문헌이 의로움에 대한 상당한 양의 교훈을 포함한다는 사실에 비추어 볼 때 이는 매우 유감스러운 현상이다. 사실 주류 "구약신학"의 지혜문학에 대한 무시를 고려하면 의에 관한 연구들이 지혜문헌에 무관심하다는 것은 놀랄 일이 아니다.[3] 오랫동안 학자들은 지혜문헌이 구약성경에서 "이질적"이라고 주장해왔다.[4] 하지만 지혜문학은 오히려 그 특수성—주제, 현

3) 대표적인 구약신학자들, 즉 Walther Eichrodt와 Gerhard von Rad, (좀 더 극단적으로는) Horst D. Preuss의 구약신학이 그 이론적 일관성을 유지하는 과정에서 지혜문헌을 무시한 것은 결코 우연이 아니다. Murphy는 구약 연구에서 지혜문헌은 "의도하지 않은 무관심"부터 "확고한 반대"에 이르도록 광범위하게 부정적 취급을 당했다고 지적한다([a]s far as Old Testament wisdom is concerned, the treatment of it has ranged from benign neglect to opposition). 이에 대해서는 Roland Murphy, *Proverbs* (WBC; Dallas, Tex.: Word Books, 1998), 271을 참조하라. 또한 "구약신학에 지혜문헌을 적절히 포함시키는 과제는 여전히 미해결의 과제로 남아 있다"(The incorporation of wisdom into Old Testament theology remains a still unresolved task for the future to deal with)라는 Reventlow의 요약은 매우 적실하다(H. Graf Reventlow, *Problems of Old Testament Theology in the Twentieth Century* [Philadelphia: Fortress, 1985], 184).

4) 구약성경의 다른 부분에서 매우 두드러지는 여러 주제, 즉 하나님이 족장들과 맺은 언약, 이스라엘이 이집트 종살이에서 벗어난 해방 사건, 시내 산 언약 체결, 이스라엘의 전 역사를 지배하는 예루살렘과 다윗의 존재감 등이 지혜문헌에는 거의 언급되지 않는다는 점이 이러한 "이질성"의 근거로 제시되어왔다. 그뿐 아니라 지혜문학이 반영하는 세계관에 따르면 인간은 신적 권위 및 계시와는 별개로 지혜를 추구하고 인성을 개발함으로써 상당한 수준의 자

실을 구성하는 안목, 인간의 처지에 관한 지혜문헌의 진단, 그리고 그 문제에 대한 독특한 처방들—으로 인해 더 철저한 연구가 필요하다.

이 책은 이러한 연구 환경을 염두에 두고, 잠언에 나타난 의로움의 개념을 고대 근동의 지혜문학과 구약성경의 문맥에 놓고 살펴보고자 한다. 이 책의 전체적인 구성은 다음과 같다.

제1장은 기존 연구서들의 방법론인 히브리어 **단어** "체데크"(צדק)와 "체다카"(צדקה)의 "의미"를 밝히는 작업이,[5] 의로움이라는 개념을 명확히

율성을 확보한다. 구약신학의 서술 작업에서 지혜문헌의 역할을 최소화하는 경향은 새로운 것이 아니지만, "지혜가 여기서 보여주는 '가치 체계'(ethos)는 구약의 여타 부분과 온전히 조화되지 않는다"는 Preuss의 견해는 그중에서도 극단적이다(Horst D. Preuss, *Old Testament Theology*. Vol I[trans. Leo Perdue; Louisville, Ky.: Westminster/John Knox, 1995], 2:206). Preuss는 한 걸음 더 나가 기독교 신학은 "구약의 지혜문헌이 설 자리를 주지 말아야" 한다고까지 주장한다("Alttestamentliche Weisheit in christlicher Theologie?," *Questions disputées*, 165-81). Reventlow는 Preuss의 이러한 제안이 "구약의 증언을 축소하는 행동"이라고 정당하게 비평하고 거부 입장을 밝힌다(Reventlow, *Problems*, 184). 지혜문헌에 묘한 독특성이 있는 것은 사실이지만 지혜문헌에 속하지 않는 요나, 아가, 에스더 같은 책들 역시 나름대로 기이한 점들이 많다. 성경에서 일부 책에 "낯설다"(fremd)라는 꼬리표를 붙일 수 있다는 생각은, 성경이 신학적 혹은 개념적으로 단일하다는 검증되지 않은 전제에 근거한다. 이러한 사고의 가장 큰 난점은 구약성경의 일관성에 관한 유의미한 토론 가능성 여부가 아니라, "공정한 토론과 판단에 필요한 변수들을 어떻게 정의할 것인가?"의 문제, 즉 자의성의 문제와 관련된다. Preuss의 주장을 조직적이고 논리적으로 반박한 연구서로는 Franz-Josef Steiert, *Die Weisheit Israels—ein Fremdkörper im Alten Testament?* (Freiburg: Herder, 1990)가 있다. Steiert의 연구는 과도한 전제주의(presuppositionalism)와 고백주의(confessionalism) 성향이 있기는 하지만 이스라엘의 지혜 사상이 고대 근동의 여타 문명보다는 이스라엘의 내적인 예언과 율법 전승과 더 밀접하다는 사실을 설득력 있게 보여준다.

5) Ho는 צדק와 צדקה가 상호 동의어라는 널리 퍼진 견해가 그릇되었음을 입증했다. Ho에 따르면 צדק는 더 일반적이고 추상적인 데 반해 צדקה는 더 구체적이고 구상적이며 넓은 의미 영역을 지닌다(Ahuva Ho, *Ṣedeq and Ṣedaqah in the Hebrew Bible* [New York: Peter Lang, 1991]). 논증 과정에서 다소 약점을 보이긴 했어도 그녀의 결론은 옳다. 또한

하는 일에 성공하지 못했음을 설명한다. 체데크 및 그와 관련된 단어가 갖는 "의미 영역"(semantic range)은 매우 넓으며 그중 상당 부분은 보통 사용하는 "의로움"(righteousness)이라는 단어의 의미 영역과 관계가 없다. 그런데도 일부 연구들은 체데크-단어군(צדק-words)의 의미 영역을 의로움의 개념을 연구하는 데 무리하게 적용했다. 그 결과 의로움이 곧 구원, 승리, 공동체적 신실성 등을 넘나드는 만능의 존재가 되거나 반대로 "어떤 관계성 안에서 적절한 것들"처럼 딱할 정도로 모호하게 설명되는 현상을 초래했다.

구약성경이 제시하는 의로움의 개념은 그 나름의 독특성을 고려하더라도 이국적이거나 원시적이지 않음을 보여주는 것이 이 책의 목표다. 이스라엘인들, 예언자와 현자들은 의로움을 어떻게 얻고 가꿀 수 있는지, 혹은 의로움이 부나 권력과 공존할 수 있는지에 대해서 다채로운 생각을 가지고 있었을 것이다. 그러나 이는 "개념상"(conception)의 다양성일 뿐, 개념 자체의 비정형 문제와는 관련이 없다. 나는 의로움의 일상적 용례로부터 작업가설로서의 개념을 설정한 후 잠언이 가진 미묘한 빛깔과 "변별성"(*differentia*)을 논하는 기준점으로 삼을 것이다.

제2장은 성서학 분야에서 제시된 의로움에 관한 이론들을 조망한다. 의로움의 의미를 정의하려는 시도들은 수없이 많지만, 대체로 규범

Jepsen은 צדק와 צדקה의 차이를 다음과 같이 설명한다. "명사 צדק는 본래 지혜나 법과 같은 것 속에서 구체화하고 이 땅에서 왕에 의해 보장되는 우주의 질서를 나타내며 צדקה는 거기에 상응하는 이러한 이해 범위 속에서 질서에 따른, 혹은 질서를 창조하는 태도와 행동을 나타낸다"(Alfred Jepsen, "צדק und צדקה im Alten Testament," *Gottes Wort und Gottes Land* [ed. H. Graf Reventlow; Göttingen: Vandenhoeck & Ruprecht, 1965], 80을 참조하라).

(norm)을 강조하는 이론과 관계(relationship)를 강조하는 이론 두 가지로 나누어 생각할 수 있다. 우리는 제1장에서 제시한 작업가설, 혹은 잠정적 정의를 이 두 가지 이론군과 비교해봄으로써 의로움의 개념과 의인의 모습에 대한 연구로 전개되는 이후 논의의 문맥을 마련하게 될 것이다.

제3장은 잠언에 나타난 "차디크"(צדיק), 즉 의인에 대한 묘사를 종합해서 제시한다. 이 작업은 의로움의 개념을 밝히는 데 매우 중요하다. 그 이유는 의로움의 개념을 추상적으로 논하기보다 의인의 삶을 그려 보이는 방법이 잠언의 수사 및 교육 전략의 핵심이기 때문이다. "차디크"는 의로움의 개념과 관련하여 가장 빈번히 사용된 단어이기도 하지만 단순히 빈도의 문제를 뛰어넘는 문예적 기법으로서의 중요성을 가진다.[6] 우리는 이 책에서 의로움을 체화한 "의인"을 길러내는 것이 잠언의 도덕 담론의 주목적 중 하나임을 확인할 것이다.

제4장은 잠언의 독자들이 지혜를 습득하고 연습해서 의로운 사람으로 만들어져 가는 과정이 잠언에 어떻게 그려지는지 조사한다. 잠언은 의로움을 추구하는 사람들에게 이러한 의인의 모습을 삶의 전범(paradigm)으로 삼아 그 모습을 닮도록 촉구한다. 지혜는 이러한 변용 과정의 안내자로서 배우기를 염원하는 이들에게 힘을 다해 조력한다. 이 변용 과정은 학습자의 지성뿐 아니라 감정과도 연결되어 있다. 잠언은 추상적인 용어들을 통해 교육하는 방법을 취하지는 않지만 도덕규범을 목록화하는 작

6) 영어 righteousness의 의미 범위를 논하는 것은 이 책의 원작(*Righteousness in the Book of Proverbs*)이 영어로 저술되었기 때문이지만, 한국어 "의로움"의 경우와 대비해보아도 연구 결과의 함의에는 차이가 없다. "의로움"이라는 개념은 히브리어 תם, ישר, טהור לב 등으로도 표현할 수 있지만 그 어떤 어휘도 צדיק처럼 인격화(characterization)된 경우는 없다.

업은 잠언의 교육 전략을 이해하는 데 유용할 것이다.

제5장은 상충하는 가치 체계들을 놓고 잠언이 어떤 문예적 장치를 통해 가치 판단을 내리는지 살핀다. 잠언이 구사하는 평가 담론(evaluative discourse), 특별히 "A가 B보다 낫다"는 형식을 취하는 "비교 우위 잠언"(bettter-than proverbs)들은 독자들이 삶에서 마주치는 가시적이고 즉각적인 만족보다 영속적이고 초월적인 가치들이 더 귀중하다고 말한다. 비교 우위 잠언은 의가 무엇이라고 정의하는 대신 지혜와 의가 가장 탁월한 것이라는 잠언의 가치 체계를 독자들이 자신의 가치관으로 삼도록 격려한다.

제6장은 이집트 지혜문학, 제7장은 구약성경의 시편을 배경으로 잠언이 가르치는 의로움의 개념이 갖는 독특성을 부각한다. 이집트 지혜문학은 인간을 이해하는 방식에서 잠언과 매우 흥미로운 교차점을 보여준다. 차별점이 있다면 잠언은 인격 형성을 집요하게 강조한다는 사실이다. 이집트 지혜문학 역시 사람의 품성에 관심을 두지만 잠언은 거기에 한층 더 예리한 초점을 맞추어 그 교수법과 수사법을 전개해나간다. 성경 내적으로 시편과 비교해도 잠언은 의로움의 사회적 혹은 제의적(cultic) 실현보다는 사람의 품성 속에 "내면화"된 의로움을 더 강조한다. 의로움에 관한 독특한 개념상(conception)을 드러내는 시편의 몇몇 시는 우리가 잠언이 제시하는 의로움을 깊이 이해하는 데 도움을 준다.

이 책의 마지막 부분에서는 앞서 제시된 연구 결과를 종합한 뒤 처음에 설정했던 의로움의 작업가설적 정의를 재확인할 것이다. 이는 잠언이 의로움과 인격 형성에 대해 가르치는 바를 정돈할 때 사용할 수 있는 기초적 틀이다.

1.2. — 도덕 담론으로서의 잠언 탐구 과정의 변수들

잠언의 서문(잠 1:1-7, 특히 3절)은 독자 혹은 학습자가 도덕적 미덕을 얻게 하는 것이 지혜 교육의 궁극적 목표라고 진술한다. 즉 잠언에 수집된 수많은 지혜의 글에서 자신의 도덕적 선택과 관련된 도덕 원리들을 추출하는 것은 독자의 몫이다. 이를 위해 독자는 잠언 전체가 하나의 일관성 있는 도덕 담론(moral discourse)인가를 질문해야 한다. 잠언의 개별 잠언들이 서로 강한 연계성 없이 흩어져 있다는 것을 고려할 때,[7] 분명한 원칙 없이 잠언들을 추려 엮어 억지스러운 주장을 펴지 못하도록 할 방법은 무엇인가?

이와 같은 질문에 답하기 위해서는 먼저 도덕 담론이 무엇인지를 분명히 해야 한다. 닐센(Kai Nielsen)에 따르면 도덕 담론에는 객관성, 보편성, 실질성, 자율성이라는 네 가지 특징이 있다.[8] 객관성과 보편성은 도덕에 관한 주장이 설득력을 갖추기 위해 당연히 필요하지만, 잠언이 실질성과 자율성이라는 기준을 충족시키는지는 살펴보아야 할 문제다. 닐센은 도덕 담론이 실질적이어야 할 이유를 다음과 같이 설명한다.

---

7) 근래에 개별 잠언들이 형성하는 문맥의 연결성에 관한 연구들이 늘어나고 있지만, 비교적 작은 단위의 국지적 문맥에서의 설득력이 더 크다. 개별 잠언 간의 거시구조(macro structure)를 살핀 것 중 성공적인 업적으로 Raymond Van Leeuwen, *Context and Meaning in Proverbs 25-27* (SBLDS 96; Atlanta: Scholars Press, 1988)과 Knut Heim, *Like Grapes of Gold Set in Silver: An Interpretation of Proverbial Clusters in Proverbs 10:1-22:16* (BZAW 273; Berlin: Walter de Gruyter, 2001)을 참고하라.

8) Kai Nielsen, "*Ethics*, Problem of," *EncPhil* 3:117-34을 약간 변용했다. 특별히 126-27의 분석과 토론을 참조하라.

도덕 담론은 실질적인 담론 형태다. 왜냐하면 도덕 담론은 제기된 어떤 사안의 긍정, 질문, 재확인을 위해서라기보다는 무엇인가를 쟁점화하고 비판하며 평가하기 위해, 혹은 어떠한 상황이나 행동 방식에 대한 사람들의 태도를 일정 방향으로 유도하기 위해 사용되기 때문이다. 그것이 바로 우리가 도덕 담론은 본질상 행동 유도적이고 태도 유발적이라고 말하는 이유다.[9]

닐센이 정의한 것과 같은 실질성은 잠언 곳곳에 나타난다. 얼핏 보기에 단순한 관찰이나 사실의 서술로 보이는 개별 잠언들조차도 그 해석의 문맥에서는 일정한 수사적 **기능**을 수행한다. 닐센의 범주를 빌려 말하자면, 더없이 단순하게 들리는 잠언들도 실상은 "쟁점화한 대상을 비판하거나 평가하는" 구실을 한다.[10] 팍스(Michael V. Fox)는 수사학적 관점에서 "서술문으로 된 잠언들은 단순히 사실의 관찰이 아니며…희망과 가치관의 주장이기도 하다"라고 설명한다.[11] 더 나아가 닐센은 도덕 담론은 "자율성"을 지닌다고 분석한다. 그 이유는 다음과 같다.

[그 본질상] 전적으로 비규범적인 진술만으로는 도덕적 진술을 이룰 수 없다. 우리가 도덕을 아무리 주의 깊게 설명하더라도 도덕을 경험 과학의 자리로 환원시킬 수는 없는 법이다. 우리는 도덕과 무관한 어떤 사실들 **자체만** 가지고

---

9) Nielsen, "*Ethics*, Problem of," 127.

10) 관찰 내용의 진술을 주장이 담기지 않은 평서문으로 간주하는 것은 그 잠언들의 수사적 설득력을 고려하지 않은 결과다. 해석자라면 단지 관찰된 사실들을 진술하는 것으로 보이는 잠언들조차도 그것을 남긴 이들의 신념과 욕구를 반영한다는 사실을 염두에 두어야 한다.

11) Michael V. Fox, "review of Claus Westermann, *Wurzeln der Weisheit*," *JBL* 111(1993), 530.

무엇을 행해야 할지, 아니면 무엇이 바람직한지 알 수 없다. 그것이 인간의 본질과 행동에 대한 것일지라도 말이다.[12]

잠언을 구성하는 선집들(collections)은 상호 연결성이 거의 없고, 잠언의 수많은 개별 잠언이 어떤 논리에 의해 현재 형태로 배치되었는지도 분명치 않다. 그러나 잠언 전체는 분명히 권위 있는 도덕 담론으로서 우리에게 제시되었다. 그리고 그 격언들(sayings)은 앞서 논의한 의미에서 객관성과 실질성을 담보하고 있다. 격언들의 권위 주장이 함축적이고 미묘하다고 해서 노골적인 훈계(admonition)보다 권위가 덜하다고 볼 수 없다. 머피(Roland Murphy)는 잠언의 윤리적 차원에 대해 다음과 같이 말한다.

> 첫째, 지혜문헌을 구성하는 격언과 권면은 후에 율법 조항으로 조문화된 것과 다르지 않은 매우 기본적인 내용에서 기원한다. 예언자가 선포하지 않았다고 해서 신적 권위가 결핍된 것은 아니며, 그래서 그것들은 성경의 유산에서 제외될 수 없다. 둘째, 지혜의 "교훈"이 정언적(apodictic) 형태가 아닌 설득적·경험적 형태를 지닌다고 해서 그 권위가 손상되는 것은 아니다. 어떤 형태를 취하든 상관없이 지혜의 가르침은 삶과 죽음에 관계된다. 셋째, 지혜 교훈의 목표는 인격의 형성에 있고, 이것은 윤리적 사색에 필수적인 부분을 형성하는 결의론을 초월한다.[13]

12) Nielsen, "*Ethics*, Problem of," 127.
13) Murphy, *Proverbs*, 276.

더 나아가 잠언이 실질적인 도덕 담론을 독자에게 제시하는 책이라면, 독자는 잠언이 목표로 하는 실천(*praxis*)이 과연 어떤 것인지를 물어야 한다.[14] 격언들을 종합해보면 현명하고 경건한 삶을 택하라는 가르침으로 귀결되는데, "지혜의 지시를 따르는 사람에게 주어지는 보상은 안정, 번영, 그리고 궁극적으로는 행복이다."[15] 이런 평가는 잠언이 지혜롭고 의로운 삶의 **유익**을 인정하기에 반박 불가능한 사실이다.[16] 매케인(William McKane)은 인생에 대한 실용주의적 접근이[17] 바로 잠언의 특징이라고 주장한다.

> [잠언의] 교육과정은 도덕성보다는 성숙한 지적 태도를 길러주는 일에 더 비중을 두었다. 협상의 기술, 건전한 판단력 그리고…존재감 있고 효과적인 사람을 만들어내는 것이 교육의 관심사였다. 피교육자가 세상을 개선하기보다는 있는 그대로의 세상에 나아가 성공하도록 돕는 것이 교육이었다.[18]

---

14) 이 책에서 실천(praxis)은 삶의 원리들을 입체적으로 적용하고 그 결과를 받아들이는 행위로 정의된다.

15) Ronald E. Clements, "Wisdom and Old Testament Theology," in *Wisdom in Ancient Israel* (ed. John Day, et al.; Cambridge: Cambridge University Press, 1995), 281.

16) 지혜와 의는 잠언에서 모범적인 삶을 보여주는 두 가지 주요 모티프다. 모범적 인생에 관한 잠언의 묘사를 더 자세히 분석한 내용은 이 책의 제3장을 보라.

17) 덕성을 갖춘 삶과 그에 따르는 보상이라는 시각에서 잠언의 윤리를 규정하는 문제에 관한 좋은 논술은 Bruce K. Waltke, "Does Proverbs promise too much?" *AUSS* 34(1996), 319-36이다. Waltke는 잠언이 효용 혹은 행복을 추구하는 윤리 체계를 권장한다는 해묵은 비난을 일축한다. Waltke의 *Proverbs 1-15* (NICOT; Grand Rapids, Mich.: Eerdmans, 2004), 52도 참조하라.

18) William McKane, *Proverbs: A New Approach* (OTL; Philadelphia: Westminster, 1970), 265.

그러나 잠언 1-9장의 교훈들(instructions)이 보여주는 정교한 수사법에는, 학습의 성과를 거두고 윤택한 삶을 사는 것을 넘어서는 강력한 종교적 암시가 내비친다. 잠언의 실용성으로 인해 그 내용에 담긴 종교적·도덕적 관심을 등한시하면 안 된다. 이에 대해 클레멘츠(Ronald E. Clements)는 얼핏 보기에 세속적 가르침으로 보이는 잠언의 내용도 종교적 기초 위에 세워져 있다고 지적한다.

> 지혜는 종교적 헌신에 바탕을 두고 인생 전반에 대한 합당한 태도를 취하는 것을 인생의 가장 중요한 일로 간주했다.…이와 같은 근원적 종교성에 비하면 다른 가르침들은 모두 부차적인 영향을 주었을 뿐이다. 가장 단순한 도덕적 의무의 실천조차도 근본적 인생관을 올바로 선택하는 데 달려 있으며, 결국 그러한 선택만이 긍정적이고 책임 있는 삶의 모습을 이끌어낼 수 있다.[19]

이처럼 잠언의 교육 목표에서 종교적 차원이 필수적 요소라면 그러한 가르침을 독자의 삶에 새겨 넣기 위해 잠언은 어떤 방법을 구사하는가? 클레멘츠는 "품성 윤리"(character ethics) 이론에서 품성 계발 개념을 도입해 설명한다. 즉 "교육을 통한 품성 계발은 지혜 전승의 일차적 관심사 중 하나다."[20] 바람직한 품성을 빚어내는 것이 교육 활동의 최정상이라고 보는 관념은 매우 오래된 것이지만 지혜문헌의 연구 맥락에서 새로운 관심을 받게 되었다. 일례로 브라운(William P. Brown)은 구약 지혜문헌 전체

19) Clements, "Wisdom and Old Testament Theology," 281.
20) Clements, "Wisdom and Old Testament Theology," 281.

를 "품성의 여정"이라는 관점에서 이해하는데, 이 여정은 품성의 형성(잠언)에서 시작해 "품성의 손상"(욥기)을 지나 "품성의 재구성"(전도서)으로 종결된다.[21]

물론 브라운이 제시한 모델은 지혜문헌보다 내러티브 본문의 분석에 더 적합할 수도 있다. 잠언이 품성의 형성 과정을 서술하는 내러티브를 제시하지 않는다는 사실은 브라운 자신도 인정한다. 하지만 그는 잠언에서 도덕적 갈등의 해결과 품성 형성의 진전이 감지된다고 말한다.

> 성경의 지혜는 본질상 내러티브가 아니지만, 지혜문헌에는 내러티브적 차원이 분명히 존재한다. 뒤에서 밝히듯이 잠언은 단순히 간략한 격언과 교훈을 모아 놓은 선집에 그치는 것이 아니다. 잠언은 그 마지막 장에 가서야 온전한 해결이 제시되는 메타 내러티브(meta-narrative) 구조를 보여준다.[22]

이러한 메타 내러티브는 학습자의 삶을 하나의 여정 혹은 **길**(PATH)로 비유해 기술한다.[23] 잠언 1-9장에 등장하는 학습자는 잠언 31장에서 유능한 여인과 결혼해 행복하게 살아가는 성숙한 남성이 되어 있다. 브라운은 잠언이 "말 없는 아들과 함께 시작해서 그 아들이 공동체 내에서의 책임 있는 삶과 가족을 향한 헌신을 배우는 것을 기록한 뒤, 그러한 책임을

---

21) William P. Brown, *Character in Crisis: A Fresh Approach to the Wisdom Literature of the Old Testament* (Grand Rapids, Mich.: Eerdmans, 1996).

22) Brown, *Character in Crisis*, 20.

23) 은유에 관한 고전적 연구인 George Lackoff와 Mark Johnson의 *Metaphors We Live By* (Chicago, 1980)의 선례를 따라 은유를 지시하는 어휘를 강조체로 처리했다.

성공적으로 완수한 장년을 보여주는 묘사로 마친다"라고 기술한다.[24]

잠언이 품성 계발에 관한 책이라는 주장은 점점 더 광범위한 지지를 받고 있다.[25] 머피는 브라운의 연구를 "잠언의 윤리를 파헤친 성공적 연구"라 부르면서, 잠언 1-9장을 "이상과 위험을 끌어안고서 젊은이가 추구해야 할 인생살이의 노정을 그린 내러티브"로 규정한 브라운의 입장에 동의한다.[26] 사실 브라운이 수행한 연구의 장점은 "전통적인 지혜문헌 세 권의 내용에 나타나는 도덕적 품성의 계발을 잘 포착한" 데 있다.[27] 브라운과 머피의 판단이 옳다면, 잠언의 격언집(saying collection)은 도덕적 품성의 발현과 성숙 과정을 그린 메타 내러티브로 읽을 때 그 의미를 바르게 이해할 수 있을 것이다.

그렇다면 품성 계발의 과정에서 지혜는 어떤 역할을 하는가? 품성 계발은 어떤 특정한 공식으로 농축시킬 수 없는 포괄적 과정이다. 어떤 규범을 준수하는 것만으로는 칭찬받을 만한 품성의 소유자가 되지 못한다. 매키넌(Christine McKinnon)은 다음과 같이 설명한다.

> 적절한 종류의 기술 개발과 훈련의 축적이 있어야만 그를 통해 기능적이고 윤리적으로 선한 사람의 특징적인 탁월함을 얻을 수 있다. 선한 사람이 되기를 배우는 일은 도덕률의 요구에 응하기를 배우는 것보다 비교할 수 없을 만치 더

---

24) Brown, *Character in Crisis*, 48.

25) Murphy, *Proverbs*, 275; Clements, "Wisdom and Old Testament Theology."

26) Murphy, *Proverbs*, 275.

27) Roland Murphy, *Tree of Life: An Exploration of Biblical Wisdom Literature* (3rd ed.; New York: Doubleday, 2002), 199.

어려운 과제다.[28]

덕스러운 품성을 획득하는 것은 지성적 이해나 의지적 수용의 수준 이상을 요구하는 일이다. 추구하는 가치를 개인의 삶에 내면화하는 힘겨운 과정은 명의 이전이나 상속을 통해 남으로부터 얻을 수 없기 때문이다. 잠언에 따르면 도덕성과 품성의 계발은 실질적 지혜의 도움을 통해서만 가능하다. 잠언 1-9장의 교훈 대다수가 독자들이 지혜를 얻도록 설득하는 일에 바쳐진 이유도 거기 있다. 지혜는 의롭고도 지혜로운 사람이 되고자 애써 추구하는 이에게 그 길을 열어준다.

1.3. — 의로움인가, 체다카인가?

이 책의 연구 방법에 관해 밝혀두어야 할 것이 있다. 이 책의 목적은 의로움이라는 개념과 가장 밀접한 히브리어 **단어** "체다카"(צדקה)에 관한 의미론적 조사가 아니다. 체데크(צדק)와 체다카(צדקה)에 대해서는 많은 연구가 진행되었으며 다양한 결론들이 도출되었다.[29] 그러나 이들 연구는 엄밀히 말해 의로움에 관한 직접적 연구가 아니다. 다음 인용문이 보여주듯

---

28) Christine McKinnon, *Character, Virtue Theories, and the Vices* (Ontario, Canada: Broadview Press, 1999), 230.

29) K. H. Fahlgren, *ṣedākā, nahestehende und entgegengesetzte Begriffe im Alten Testament* (Uppsala: Almqvist & Wiksells, 1932); Klaus Koch, *Ṣdq im Alten Testament: Eine Traditionsgeschichtliche Untersuchung* (Heidelberg, Universität Heidelberg, 1953); Jepsen, "צדק und צדקה im Alten Testament," 78-89; Ho, *Ṣedeq and Ṣedaqah*.

이, 히브리어에서 ק-ד-צ라는 어근과 관련된 의미의 범위는 대단히 넓기에 의로움과 동일한 의미 영역을 지닌다고 말할 수 없다.

> 성경에 사용된 체데크, 체다카와 관련해 학자들이 탐색한 광범위한 의미 및 강조점, 그리고 지향점의 목록은 다음과 같다. 영혼의 건강, 언약의 연결 고리, 통치 행위(Pedersen, 1926: 336-77)/ 공동체적 신실성(Fahlgren, 1932)/ 질서, 질서로의 편입, 구원의 질서(Procksch, 1950: 58-77)/ 번영, 구원의 증여(Cazelles, 1951)/ 공동체적 신실성(Koch, 1953; 1961; *THAT* 2:507-30)/ 야웨의 행동, 언약을 향한 야웨의 충실함, 관계성(*ROTT*, 370-83, 392-95)/ 공의(Düner, 1963)/ 심판, 사죄, 그리고 구원을 아우르는 법적·구원론적 과정(Justesen, 1964)/ 세계의 질서(Schmid, 1968; 1984)/ 야웨에 의해 가동하는 질서, 자신의 질서를 가동시키는 야웨의 구원 행동(Reventlow, 1971)/ 신성한 언약의 활동과 언약에 적절한 행동(Ziesler, 1972)/ 이스라엘과 고통 중에 있는 개인을 향한 야웨의 행동, 미래에 있을 야웨의 구원 행위(Crüsemann, 1976)/ 법적 질서, 공동체 내의 적절한 질서, 구원하고 해방하는 질서(*TRE* 12:404-11).[30]

스컬리온(J. J. Scullion)이 정리한 이 목록은 체데크-단어군의 의미 범위가 의로움과 겹치기도 하지만, 공통점을 갖지 않는 부분도 대단히 넓다는 것을 명백히 보여준다. 스컬리온이 나열한 어구들은 히브리어에서 체데크-단어군이 갖는 의미들에 상응하는 어휘의 목록이다. 스컬리온은 이

30) J. J. Scullion, "Righteousness: Old Testament," *ABD* 5:726.

런 관찰을 통해 결국에는 (체데크-단어군이 아니라) 의로움의 의미를 밝히고자 했지만, 도대체 이런 연구가 어떻게 해서 의로움에 대한 분명한 이해를 가져올 수 있는지는 설명되지 않았다. 물론 체데크-단어군이 성경 내에서 어떻게 사용되었는지를 종합해보면 의로움의 의미를 밝히는 작업에 도움이 된다. 하지만 양자는 결코 동일한 연구가 아니다. 스컬리온의 진술이 명료하지 못한 것은 결국 단어와 그 단어가 나타내는 개념을 혼동한 데서 기인한다.[31] 히브리어에서 의로움을 나타내는 표현은 체데크나 체다카 외에도 "탐"(תם), "야샤르"(ישר), "타호르 레브"(טהור לב) 등이 있다. 반면 체데크-단어군은 의로움과 무관한 다른 개념을 지칭하기도 한다. 체데크-단어군의 의미 범위와 의로움의 개념을 암묵적으로 혼용함으로써 "구약성경에서의 의로움의 개념"을 밝히려 한 스컬리온의 연구는 결국 체데크-단어군의 다양한 의미를 나열하는 결과에 그치고 말았다.[32] 체데크-단어군의 의미와 의로움의 공통점을 밝히는 것도 의미 있는 작업이지만, 양자의 차이점 역시 중요하다. 요약하자면, 체데크-단어군의 용례를 종합한 합성 사진으로 의로움의 정의를 이끌어낼 수 없기에 스컬리온이 한 것 같은 작업은 구약성경에서 의라는 개념이 어떻게 드러나는지를 명쾌하게 밝히지 못한다.

צ-ד-ק 어근이 지시하는 의미들은 워낙 광범위하기에 그 의미 영역 전체의 바탕이 되는 한 가지 근본 개념을 찾아내려는 의미론적 시도들은 대

---

31) 단어와 개념 간의 혼돈에 대한 신랄한 비평은 James Barr, *The Semantics of Biblical Language* (Oxford: Oxford University Press, 1961)를 참조하라. Silva의 *Biblical Words and Their Meaning*에도 이 주제에 관한 요긴한 소개가 포함되어 있다.

32) Scullion, "Righteousness," 724.

체로 실패했다. 어원에 대한 연구나 역사언어학적 연구는 나름의 설 자리가 있겠지만, 여러 "파생적인" 단어들의 의미를 규정하는 한 가지 "근본적인" 의미를 결정하려는 노력은 좀처럼 열매를 맺기 힘들다.

1.4. — 의로움을 정의하기

도덕 담론을 다룬 방대한 문헌 중에 의로움을 **정의**하려는 시도가 거의 없다는 것은 매우 놀라운 일이다.[33] 여기서는 이러한 연구의 결핍을 극복하려는 시도로서, 의로움에 관해 충분히 포괄적이면서도 명징한 정의를 시도하고자 한다. 이를 위해서 먼저 우리가 의롭다고 지칭하는 대상들의 특성(property)을 구별해보자.

1.4.1. — 개념과 개념상

의로움을 조사하고 정밀한 정의를 내리기 위해서는 의로움에 관해 이미 받아들여진 일반적 의미인 **개념**(concept)과 그 의미의 파생물인 동시에 그것을 상술하는 특정한 견해들인 **개념상**(conception)을 구별해야 한다. 이 구별의 필요성을 설명하기 위해 악트마이어(Elizabeth R. Achtemeier)가 의로움에 관해 진술한 내용을 살펴보자.

구약성경이 이해한 의로움은 철두철미 히브리적인 개념으로서 서구 지성에 낯

---

33) 의로움에 관한 논의들에서 그 개념 자체를 정교하게 정의하려는 시도는 찾아보기 어렵다. 사실 철학과 윤리학에 관한 참고 항목에서조차도 의로움을 독립적으로 다루는 경우는 극히 드물다.

선 것일 뿐 아니라, 이 용어에 관한 상식적인 이해와도 차이를 보인다. 의로움의 뜻을 파악하는 데 실패한 것이 아마도 구약성경을 신약성경의 은혜로움에서 멀리 이탈한 "율법주의적" 책으로 보는 견해를 만들어낸 주범일 것이다.[34]

악트마이어의 "구약 종교" 논의가 갖는 피상성이나 신구약 간의 미묘한 상관관계는 차치하고서라도, 이 인용문에서 문제가 되는 것은 악트마이어가 **개념으로서의** 의로움이 "철두철미 히브리적"이어서 "서구 지성의 상식적인 이해"와 상통하지 않는 것이라고 간주한다는 점이다. 하지만 우리가 유의미하게 비교할 수 있는 것은 의로움에 대한 서로 다른 개념들이 아니라 관심의 대상이 된 그 개념에 대해 우리가 갖는 다양한 관념들(notions) 혹은 개념상들(conceptions)이다.[35] 따라서 이번 장에서 제시하는 것은 개념으로서의 의에 관한 작업가설적 정의이며, 이 정의는 이후에 잠언과 여타 문헌에서 제시된 의로움의 다양한 개념상들을 논할 근거로 사용될 것이다.

---

34) Elizabeth R. Achtemeier, "Righteousness in the Old Testament," *IDB* 4(1962), 80.

35) Crisp는 개념과 개념상 간의 차이를 이렇게 설명한다. "복이라는 개념과 그것의 다양한 개념상은 다르다. 당신과 내가 인류의 행복은 무엇으로 구성되는지를 놓고 토론한다 치면, 우리는 근본적으로 행복에 관한 동일한 개념을 공유하는 것이다. 다시 말해 우리는 '행복'이라는 단어에 어느 정도 동일한 뜻을 부여하고 있으며 바로 그것이 우리가 토론을 벌일 수 있는 근거가 된다. 그러나 우리는 행복에 관해 상이한 개념상, 즉 행복의 구성 요소가 무엇인가를 놓고는 다른 생각을 가질 수 있다"(Aristoteles, *Nicomachean Ethics* [ed. Roger Crisp; Cambridge: Cambridge University Press, 2000], xi). Crisp의 이 구분은 의로움에 관한 논의의 과제가 무엇이고 집중해야 할 변수가 어떤 것인지를 규정하는 데 큰 도움을 준다. 의로움에 관해 우리가 다양한 (때로 상충하는) 개념상을 가질 수 있지만, 의로움이라는 개념이 무엇인지에 대해 일차적인 동의가 이루어진 후에야 그 개념에 관해 유의미한 토론이 이루어질 것이기 때문이다.

1.4.2. — 의로움의 특성들

어떤 사물이나 사람이 "옳다"(right)거나 "의롭다"(righteous)고 할 때 그 둘 사이의 근본적 차이점은 무엇인가? 개별적 행동은 그 행동의 맥락과 무관하게 옳을 수 있는 데 반해, 사람은 그 인격 전체를 고려할 때만 의롭다는 평가를 얻을 수 있다. 어떤 사람이 비윤리적 정책을 펴는 정부에 대해 저항 운동을 하는 것은 옳지만, 아내를 속이고 부정을 저지르면서도 그 옳은 일을 할 수 있는 것이 인간이다. 이처럼 인격이 격실화된(compartmentalized) 상황에서 그 사람은 올바른 일을 지지함으로써 용기 있고 올바른 사람이라 불릴 수 있지만, 아내를 배신하는 그 사람을 의로운 인물로 간주할 수는 없다.[36] 따라서 옳음은 의로움의 필요조건이지만 충분조건은 되지 못한다. 달리 표현하면 의로운 사람은 전면적이고 일관되게 칭찬받을 만한 행동 양식을 유지해야 하며, 특정한 행동들이 아니라 그 사람의 인격 전체로써 의로움이라는 이상을 체화(體化)해야 할 의무가 있다.

깊은 생각을 거쳐 정착된 도덕적 원리 없이는 선한 일을 거듭한다 해서 선한 품성이 계발되지 않으며, 의로운 사람은 옳은 일들을 충동적이거나 무작위적으로 행하지 않는다. 의인은 무엇이 옳고 선한가에 대한 일정한 원리를 체득하고 견지하는 사람이다. 예를 들어 누군가가 정직하고 솔직하지만 그 태도를 가지고 자기중심적인 성공의 추구에 몰두한다면 그 사람은 의롭다고 말할 수 없다. 정직과 솔직 자체는 미덕에 속하고 좋은

---

36) 이런 맥락에서 "옳음"은 도덕적 판단이다. 무엇이 "옳다"는 표현은 도덕과 무관한 상황에서도 사용된다. 예를 들어 "요즘 같은 불경기에는 연비가 좋은 차를 사는 게 옳다"고 말할 때 그 옳음은 도덕성보다는 현명함이나 유능함에 관한 평가다.

목적에 기여하는 **경향이 있지만**, 그 성품들을 자기 자신을 위해서 이용하는 경우라면 의로운 품성은 빛어지지 않는다. 반대로 의로운 사람이 저지르는 산발적인 무능력이나 판단 착오는, 그러한 좌절이 의도적이고 일관된 행동 양식이 아닌 한 그를 의인의 자리에서 내려오게 하지 않는다.[37]

"의롭다"(righteous)와 "공정하다"(just)라는 두 단어를 비교해보면 이 문제에 대해 더 깊은 이해를 얻을 수 있다. 두 단어 간에 겹치는 의미 영역은 대단히 넓기에 의로우면서도 공정하지 않은 상태나 공정하지만 의롭지 않은 상태를 상정하기가 쉽지 않다. 하지만 상세히 들여다보면 이 두 개념은 피차 구별될 수 있음을 알게 된다. 예를 들어 법리 판단에 착오가 없고 성실한 법관이 한 개인으로서는 오만하고 이기적인 사람일 수 있다. 그는 공정하지만 의인이라 불릴 수 없다. 공정함은 원리의 실행 문제인 반면 의로움은 인격 전체의 문제이기 때문이다.

"의로움"(righteousness)을 "정의"(justice)와 비교해보면 단지 정의를 흠없이 집행하는 것은 의로움과 동일하지 않음을 알 수 있다. 자신에게 할당된 재판에서 피고에게 법정 최고형을 선고하길 좋아하는 판사를 상상해보자. 그가 편견 없이 피고들을 공평하고 냉엄하게 대한다면 그는 기술적으로 잘못을 저지른 것이 없고 좁은 의미에서 정의는 성취할 수 있겠지

---

37) 마찬가지로 악한 인물도 칭찬할 만한 옳은 행동을 산발적으로 행할 수 있다. 그러나 무작위적인 선행과 선한 품성은 같지 않다. 의로운 품성과 악한 품성의 구별은 한 사람의 행동 양식의 전체적인 모양으로 결정된다. Peck은 우리는 남들을 보고 "그의 예절과 스타일을 포함한 행동 방식 전체에 근거해서" 그 사람을 평가한다고 말한다. M. Scott Peck, *People of the Lie: The Hope for Healing Human Evil* (New York: Simon and Schuster, 1983), 104.

만, 의로운 판사라 인정받기는 어려울 것이다.[38]

의로움은 엄격한 의미에서의 정의를 넘어서 약자에 대한 동정과 배려를 요구한다. 의로운 사람이 되려면 다른 사람의 필요에 대해 정의가 요구하는 것 그 이상으로 관심을 두며 상황이 요구할 때는 자애로움을 베풀 줄 알아야 한다.

의인이라는 칭호는 옳은 행동을 하겠다는 의지와 욕구를 가지고 일관성 있게 실행해가는 사람에게만 어울린다.[39] 선행을 하기는 하지만 투덜대며 한다든지, 동기와 수행 간에 불일치가 심하든지 할 경우 의롭다는 호칭은 어울리지 않는다.[40] 의로움은 특정한 미덕이나 개성이 아니라, 한 사람의 전인격을 품는 도덕적 가치 체계를 가리키는 용어이기 때문이다.[41]

1.4.3. — 의로움: 작업가설적 정의

이상의 관찰 사실에 근거해 의로움을 다음과 같이 정의해본다.

---

38) 이 예시는 한쪽 측면만 살핀 것이다. 만약 정반대로 생각해서 가장 흉악한 범죄자에게도 법정 최소형을 내리는 판사가 있다고 가정한다면, 물론 법률 적용에서 강경함보다는 너그러움이 좀 더 매력적이긴 하겠지만 그 역시 의로운 판사라 부르기는 어려울 것이다. 요점은 의로운 상태는 일정 수준의 동정심과 자애로움을 포함하는 것으로 이해된다는 데 있다.

39) 의도되지 않은 선행은 엄밀히 말해 칭찬의 대상이 아니다.

40) 덕스러운 성품 구현의 과정에서 자발성이 갖는 중요성에 관해서는 McKinnon, *Character*, 31에 좋은 토론이 나온다. Aristoteles의 윤리 체계에서 욕구가 갖는 중요성에 대한 논의는 Mortimer Adler, *Desires, Right, and Wrong: The Ethics of Enough* (New York: Macmillan, 1991), 8 이하를 참조하라.

41) 여기서 "사람"은 도덕적 판단과 결정의 주체로서의 생물학적 인간뿐 아니라 문학적 장치로서 등장인물을 가리키는 비유적 표현으로도 사용될 수 있다. "의로운 국가"라는 표현은 의인화를 통해 국가에 사람과 유사한 개체적 인격이 부여된 경우다.

의로움은 구체적인 행동을 넘어 인간 혹은 신적 개체 전체가 갖는 통합적 특성으로서 도덕적 선택에서는 반듯함으로, 사회적 거래에서는 공정함과 자비심으로 스스로를 드러낸다. 의로운 사람은 의로움이라는 가치를 자신 안에 철저하고 내면화된 품성으로서 체화하며 의로워지려는 욕구를 배양하고 그러한 욕구가 충족될 때 즐거워한다(Righteousness is the all-encompassing quality of human or divine character *in toto* above and beyond specific behaviors, which is actualized as rectitude in moral choices and fairness and benevolence in social transactions. A righteous person embodies righteousness as an internalized and pervasive character trait, cultivates the desire to be righteous, and finds pleasure when that desire is met).

제2장

의로움에 관한 성서학적 이론들

제2장에서는 성서학자들이 다양하게 제안해온 의로움의 정의를 검토한다.[1] 세부적으로는 상당한 다양성이 있지만, 의로움에 관한 이론들을 일별하면 옳음의 기준을 제시하는 규범의 문제, 그리고 옳음을 판단하는 집단 내의 관계성의 문제라는 두 가지 구심점을 향해 수렴된다는 사실을 알 수 있다. 규범을 중심으로 한 이론들은 무엇이 옳은가의 기준이 어떠한 상황에 놓인 이해 당사자들의 처지와 거리가 있는 외부에 존재하며, 결국 의로움이란 그 당사자들의 이익과 무관하다고 본다. 이와 반대로 관계성을 중심에 두는 이론들은 옳음의 기준을 사회적 정황에서 찾는다. 그 결과 이해 당사자들에게 좋은 것이 결국 옳은 것이라는 일종의 공리주의적 입장으로 기운다.[2]

---

1) 이러한 정의들을 정리한 Scullion의 논의를 참조하라. 이 책의 조사 범위는 잠언에 집중되고, 근본적으로 언어학적·의미론적이 아닌 문예적·사상적 탐구를 목표로 한다. 그러나 체데크-단어군에 관한 선행 연구들을 개관해보는 것은 뜻깊은 일이다. 그런 연구들이 의로움에 관한 우리의 연구에 유용한 시료(data)를 제공하기 때문이다. 의로움과 관련된 히브리어 어휘는 많지만 여전히 체데크-단어군이 의로움의 개념에 가장 근접하고 있다. 따라서 그 단어들이 갖는 의미 범위 중에서 의로움과 무관한 여타 부분들을 의로움에 관한 논의와 무분별하게 섞지만 않는다면, Barr가 "총체성의 불법 이체"(illegitimate transfer of totality)라 부른 오도된 방법론을 피할 수 있을 것이다.

2) 이러한 분류 등식에 예외가 될 만한 이론으로는 품성의 윤리, 혹은 미덕의 윤리가 있다. 이 이론들은 규범에 기초를 두는 것도 아니고 단순히 인간관계로만 규정되는 것도 아니다. 품

규범 중심 이론들에 따르면 의로움의 핵심은 모종의 규범이며, 의롭다는 것은 그 규범이 지켜지는 상태 내지는 규범의 요구를 충족시키는 데 필요한 준수 사항들을 의미한다. 그러나 이 이론들이 규범 자체가 곧 의로움이라고 우기는 것은 아니라는 사실에 유의해야 한다. 관계 중심 이론들은 의로움의 본질에 관계성이, 그것이 하나님과 사람 사이의 것이든 사람들 사이의 것이든 간에 존재한다고 설명한다. 그러나 이 이론들 역시 규범 자체를 부인하거나 관계성 자체가 의로움을 구성한다고 말하지는 않기에, 도덕적 판단을 내릴 때 어느 특정한 규범이 결정적인 역할을 하는지는 그 판단의 주체를 둘러싼 관계성이 중요한 역할을 한다는 주장으로 집약된다. 따라서 이러한 탐구의 진정한 논제는 규범과 어떤 공동체 사이의 선택이 아니라 규범과 구성체 간의 상관관계를 밝히는 데 있다. 규범 중심의 이론들은 구성체 외부에 존재하는 규범의 가치를 우선시하는 데 반해, 관계 중심 이론들은 그 규범들이 결국은 구성체의 통제하에 있으며 이 관계성 외부에 존재하는 규범들은 이차적 중요성만을 가진다고 주장한다.

성 윤리나 미덕 윤리에서 최우선의 관심사는 윤리의 규범이나 관계성이 아니라 "도덕 주체"(the moral agent)라는 인격체이고, 따라서 이 윤리 체계의 근원 질문 역시 "무엇이 의로운가" 대신 "어떤 사람이 의로운 사람인가"로 재규정된다. 품성에 기초한 윤리 이론들은 의로움의 본질에 관해 명료한 정의를 내리기보다는 논의에 유의미한 상황들을 상정하고 덕스러운 사람이 그 상황에서 어떻게 행동하는지를 보여줌으로써 덕스럽고(virtuous) 풍요로운(flourishing) 삶의 모델을 제시한다.

2.1. — 규범 중심 이론

체데크-단어군에 관한 기존 연구들은 의도적으로 어휘론적(lexical), 혹은 어원 연구적(etymological) 접근을 택해왔다. 그런 연구들의 작업 방식(*modus operandi*)은 해당 단어군의 "의미론적 핵심 요소"(semantic core)를 가려내고 그것을 그 핵심으로부터 파생되거나 더 진전된 것으로 가정되는 관련 어휘와 구별해 설명하는 것이었다. 예를 들어 게제니우스(Wilhelm Gesenius)의 연구가 기초한 가정 하나는, 모든 단어의 이면에는 그보다 이전에 존재했던 중심 개념의 흔적이 있으며 언어학적 분석을 통해 그것을 복원할 수 있다는 것이었다. 게제니우스의 신념은 카우취(Emil Kautzsch)와[3] 스미스(Henry Smith)에게[4] 큰 수정 없이 계승되었다. 하지만 그들의 연구는 근본적으로 한 단어, 혹은 특정 단어군이 역사적으로 거치는 "통시적 의미 변화"(diachronic semantic change)의 가능성이나 그 파생적 결과에 대해 무관심하다는 한계를 가지고 있다.

카우취는 체데크-단어군의 핵심적인 근본 의미가 "규범 일치" (Normgemässheit)라고 보았다. 이는 어떤 규범에 동조하는 선택이나 규범에 투철한 상태를 가리키는 말로서, 카우취는 사물이 제자리에 있는 상태로 이를 설명한다.[5] 스미스는 카우취를 뒤따라 체데크-단어군의 본질적 의미가 "옳은 입장에 있는 것, 옳은 이를 내 편—특별히 법과 관련해서—에 두는

3) Emil Kautzsch, *Über Die Derivate des Stammes* צדק *im alttestamentlichen Sprachgebrauch* (Tübingen, 1881), 166-68.

4) Henry Smith, "צדק and its Derivatives," *The Presbyterian Review* 3(1882), 165-68.

5) Kautzsch, *Derivative*, 28 이하, 53 이하.

것"이라고 기술한다.[6] 스미스는 아랍어 어휘의 의미에 지나치게 의존했던 이전 세대의 비교 언어학적 접근을 비판하고 극복하려는 노력을 기울였다. 하지만 그 역시 어원적 연구의 근본적 타당성에 대해서는 의문을 제기하지 않았다.

> 체데크의 원시적 의미에 가장 근접한 것은 **정상성**(normality), 즉 규칙이나 기준을 따르고 있는 상태다. 우리가 접근할 수 있는 자료로는 그 이상 시원적이고 적절한 대답을 얻을 수 없다. 이같이 정상성이란 개념으로부터 출발하면 법리적(forensic), 윤리적(ethical), 그리고 종교적(religious)인 세 영역에서 그 적용점을 관찰할 수 있다.[7]

그런데 이러한 서술은 절대적 규범을 택하고 관계성을 폐기하자는 의도에서 나온 것이 아니다. 사실 카우치조차도 규범이 어디에 위치하는가 하는 질문 앞에서는 윤리 원칙뿐 아니라 인간의 사상과 행동까지 고려함으로써 그 이해에 상당한 유동성을 허용한다.[8]

2.2. — 관계 중심 이론

규범을 온전히 이해하기 위해서는 그것이 구속력을 갖는 맥락, 즉 연루된

---

6) H. Smith, "צדק and its Derivatives," 166.
7) Smith, "צדק and its Derivatives," 167.
8) John Piper, *Justification of God: An Exegetical and Theological Study of Romans 9:1-23* (Grand Rapids, Mich.: Baker, 1983), 106.

당사자들이 의무 조항을 실행하도록 하는 관계가 파악되어야 한다. 규범이 규범으로 존속하기 위해서는 그것을 지켜야 하는 도의적 주체들이 전제되어야 하므로 규범은 사회성을 지닐 수밖에 없다. 따라서 의로움은 적절한 사회적 행동을 가리키는, 본질상 "관계적 개념"(Verhältnisbegriff)이라는 크레머(Hermann Cremer)의 생각은 그 이후의 연구에 막대한 영향을 끼쳤다.[9]

의로움의 본질이 관계성에 있다는 것을 입증하기 위해 크레머는 매우 특이한 논증을 펼친다. 즉 그는 성경에서 어떤 대상에 대해 체데크라는 술어가 사용되는 경우는 그 대상이 얼마나 의로운가와는 상관없이 그 대상이 속한 관계성을 언급할 뿐이라고 주장했다. 그에 따르면 "체데크는 시종일관 두 당사자의 실질적 관계성을 나타내는 용어로서…한 대상과 어떤 개념 간의 관계를 나타내는 것이 아니다."[10] 좀 더 구체적으로 말해 체데크와 관련한 언어학적 연결 고리는 화자(speaker)와 개념(idea)이 아니라 인격적 주체와 다른 개체 사이에 존재한다는 뜻이다.

> 체데크는 철저하게 관계적 개념으로서, 두 개체 사이, 주체와 객체 사이, 요구하고 요구할 권리가 있는 주체와 그것에 대해 정당하게 평가하는 객체 간의 실

---

9) Hermann Cremer, *Die paulinische Rechtfertigungslehre im Zusammenhang ihrer geschichtlichen Voraussetzungen*(2nd ed.; Gütersloh: Bertelsmann, 1900), 34 이하. Cremer를 따른 학자들 가운데는 Eichrodt와 von Rad(아래에서 더 살펴볼 것이다)라는 거성이 있다. 좀 더 근래에 Achtemeier가 쓴 의로움에 관한 논술도 거의 전적으로 Cremer의 개념에 기초한 것이다. Achtemeier, "Righteousness," 80-85.

10) Cremer, *Wörterbuch*, 273-75; Von Rad, *Old Testament Theology* (trans. D. M. G. Stalker; Edinburgh & London: Oliver & Boyd, 1962), 1:371에서 재인용.

> 제적 관계를 지칭한다. 그러나 판단하는 객체의 어떤 이상(Idee)이나 그의 이상과의 관계를 지칭하는 것은 아니다.[11]

크레머의 방법론은 그의 주저(*Wörterbuch*)에 스며들어 있으며, 훗날 키텔(Gerhard Kittel)의 저술(*TWNT*[=*TDNT*])에도 자취를 남기게 된다. 크레머가 펼친 추상적 논증들과 "근저 의미"(Grundbegriff)에 대한 그의 집착은 바아(James Barr)의 통렬한 비판 이후 거의 폐기된 상태다.[12]

그러나 관계성이 자신의 규범을 스스로 정의한다는 크레머의 확고한 입장을 위협하는 좀 더 필연적이고 본질적인 문제가 있다. 크레머의 의견을 자세히 살펴보자.

> 어떤 사람이 요구하는 권리와의 관계, צדק로 평가되는 객체[대상 혹은 상대]의 주체의 요구들에 대한 관계는 기본적인 개념이다.…이는 매우 구체적인 요구들을 포함하는 실제적인 관계와 함께 주어진다. 그래서 이러한 측면에서는 צדק로 평가된 객체[대상] 속에 놓일 수 있는, 하나님 혹은 인간의 이상을 포함하는 규범이 존재할 이유가 없다. **관계 자체가 규범이다.**[13]

---

11) Cremer, *Rechtfertigungslehre*, 34.

12) James Barr의 *Semantics*는 여전히 이 문제에 관한 근원적 연구로 남아 있다. Peter Cotterell과 Max Turner도 같은 문제를 좀 더 일반적인 언어학의 관점에서 다루었다. 히브리어와 히브리어 성경을 대상으로 자신의 통찰력을 더욱 예리하고 넓게 전개한 책으로는 Barr의 *Comparative Philology and the Text of the Old Testament* (Oxford: Oxford University Press, 1968; repr. Winona Lake, Ind.; Eisenbrauns, 1987)를 보라.

13) Cremer, *Rechtfertigungslehre*, 36; Mark A. Seifrid, "Righteousness Language in the Hebrew Scriptures and Early Judaism," in *Justification and Variegated Nomism, Vol I: The Complexity of Second Temple Judaism* (ed. D. A. Carson, Peter O'Brien;

폰 라트는 크레머의 공식을 한층 더 강렬하게 표현했다. 그에 따르면 "고대 이스라엘은 개별적 행동 혹은 행동의 성향을 이상적인 행동 규범에 비추어 평가하는 대신, 행동 주체(partner)가 어떤 시점에 자신의 신실성을 입증해 보여야 하는 특정한 관계성에 따라 평가했다."[14] 결국 이러한 논리 전개는 "행동의 주체가 처해 있는 관계 그 자체가 곧 규범이다"라는 결론으로 수렴된다.[15]

크레머는 이러한 주장들 속에 복잡하게 얽혀 있는 어휘와 개념 구조를 풀어낼 명확한 방법론을 제시하지 못했지만, 그의 연구는 의로움을 대상으로 한 소수의 개념적 연구 중 하나로서, 비슷한 목적의식에도 불구하고 결국은 체데크-단어군의 의미론적 연구라는 한계에서 그리 멀리 나아가지 못하는 많은 연구와의 변별성을 확보한다. 결론적으로 크레머는 의로움을 연구하면서, 참여하는 당사자들과 관계성에 부여하는 그들의 (권리) 요구로 초점을 옮김으로써 의로움의 연구에 중대한 공헌을 했다. 이렇게 볼 때 의로움은 결국 그러한 요구들의 상호 충족을 뜻한다.[16] 그런데 어찌 보면 크레머의 입장은 규범 중심의 이론들과 생각만치 다르지 않고, 다만 규범에 한 가지 수정 사항을 두었을 뿐이다. 즉 어떤 추상적이고 외래적인 근원이 아니라 특정한 관계성 속에 들어 있는 당사자들의 관계가 규범을 정의한다는 것을 수정 사항으로 채택하면 되는 것이다.[17]

Tübingen: Mohr Siebeck, 2001), 419에서 재인용. 강조는 덧붙인 것이다.

14) Von Rad, *Old Testament Theology* 1:371.

15) Von Rad, *Old Testament Theology* 1:371.

16) Cremer, *Rechtfertigungslehre*, 53.

17) 이 양자 간의 차이점은 Fahlgren이 계약/언약의 외형적 측면(적법성과 구속력)과 그 구속력의 쌍방성을 강조한 데 있어 보인다. 다시 말해 의로움은 계약 혹은 언약에 따라 묶인 쌍

2.3. — 비평적 평가

의로움을 규범 위주로 파악하는 방식이 폭 좁은 추상주의로 흐를 위험에 대해 크레머의 이론은 결정적인 보완책이 된다. 체데크-단어군은 종종 하나님과 인간의 관계를 가리켜 쓰이는데, 의로움의 관계적 이해는 종종 이 맥락에서 언약이라는 좀 더 정교한 신학적 개념을 끌어들이는 역할을 하게 된다.[18] 팔그렌(K. H. Fahlgren)은 사회성의 맥락이 체다카의 고유한 특성이라고 이해한다. 팔그렌은 행동과 그 결과 사이의 인과관계에 대한 관찰을 바탕으로, 개별적인 행동들은 사회가 택한 규범에 의해 평가받는데 그 이유는 "인생에서 선한 것은 모두 사회로부터 얻어지고 사회를 통해 나누어지기 때문"이라고 서술한다.[19] 따라서 팔그렌은 체다카를 "공동체 규범"(Gemeinschftstreue)이자 "사회적 교섭의 맥락"(Norm des

---

방에게 호혜적으로 적용될 때만 의미가 있다.

18) 일례로 Eichrodt의 조직신학은 의로움을 언약신학의 틀 안에서 다룬다(*Theology of the Old Testament* 2:240 이하 참조). 의로움의 관계 중심적 이해에 편향된 글로는 G. Schrenk, *TDNT* 2:195; Klaus Koch, *THAT* 2:514; Hans H. Schmid, *Gerechtigkeit als Weltordnung: Hintergrund und Geschichte der alttestamentlichen Gerechtigkeitbegriffes* (BHT 40; Tübingen: 1968), 185를 참조하라. 근래 들어 חסד에 관한 이해에 변화가 일고 있다. חסד를 "사랑스러운 인자" 혹은 "한결같은 사랑" 등의 관념으로 이해해온 전통적 이해가 이제는 관계 중심적 정의인 "언약에의 신실함"에 자리를 내주고 있으며, 그 결과 חסד의 풍성한 의미 중 공동체성에 좀 더 관심이 집중되고 있다. Sakenfeld는 친절함과 자비로움을 חסד의 중요 특징으로 설명한다. Katherine Sakenfeld, *The Meaning of Ḥesed in the Hebrew Bible: A New Inquiry* (HSS 17; Missoula, Mont.: Scholars Press, 1978).

19) Klaus Koch, "Ṣdq," *TLOT* 2:1053에서 재인용.

Gemeinschaftsverhältnisses)이라 정의한다.[20]

크레머의 융통성 있는 입장에 비하면 그 이후 일부 학자들은 의로움의 관계적 측면을 강조한 나머지 의로움이란 두 당사자 간의 의무를 충족시켜주는 일이라는 설명 **한 가지로** 충분하다는 입장을 취한다. 예를 들어 악트마이어는 다음과 같이 서술한다.

> [의로움이라는] 개념은 일종의 부정적인 정의를 필요로 한다. 구약에서 의로움은 윤리적, 법적, 심리적, 종교적, 혹은 영적인 규범을 따르는 행동을 가리키지 않는다. 의로움은 어떤 순수한 인성 혹은 신성에 의해 규정되는 행동이 아니고, 어떤 특정한 목표를 달성하는 일에 적절한 행동도 아니다. 치우침 없이 이웃을 돕는 사역이 의로움은 아니며 모든 사람에게 합당한 몫을 배당해주는 것도 의로움이 아니다. 오히려 구약성경에서 의로움이란 하나님 혹은 사람과 더불어 그 관계가 요구하는 바를 충족하는 것이다. 사람은 제각기 다수의 관계망 속에 존재한다. 제왕은 신민과, 판사는 원고와, 사제는 신도와, 여느 사람은 가족과, 부족의 일원은 부족과, 한 사회는 외국인 및 가난한 이들과, 모든 사람은 하나님과의 관계 속에 서 있다. 그리고 이런 관계들에는 저마다 그에 따르는 구체적 요구 사항이 있으며 그 요구 사항을 채우는 것이 곧 의로움이다. 관계들마다 요구 사항이 다르므로, 한 관계 내에서의 의로움은 다른 관계에서 불의가 될 수 있다. 관계 그 자체를 벗어나서는 의로움의 규범이란 존재하지 않는다. 하나님도 인간과 마찬가지로 자신에게 부여된 조건들을 충족시킬 때, 구약적

---

20) K. H. Fahlgren, *Ṣedākā, nahestehende und entgegengesetzte Begriffe im Alten Testament* (Uppsala: Almqvist & Wiksells, 1932), 82, 89ff.; "Die Gegensätze," 126-29.

관점에서 그는 의로운 존재다.[21]

이러한 설명은 전적으로 관계성에 의해 정의된 의로움이 애매하고 주관적으로 변질될 위험이 다분하다는 것을 잘 보여준다. 악트마이어는 의로움의 사회적 측면을 부각시켰지만 의로움을 정의했다고는 볼 수 없다. 의로움의 사회성에 동의한다 해도 질문은 여전히 남기 때문이다. 그렇다면 의로움이 도대체 무엇이란 말인가? 그래서(Carl Graesser)가 의로움을 정의하는 방식 역시 전적으로 관계성에 의존한다.

> 의로움은 관계의 단어다. 그것과 관련된 복합적 의미들의 근저에는 어떤 관계에서 요구되는, 그 관계를 지속하고 지탱하는 바를 행한다는 뜻이 위치한다.[22]

이러한 설명 방식에 따르면, 의로움이란 본질상 해당 구성원들이 "관계"라고 부르는, 서로에게 귀속되는 사회적 개체의 자기 보전을 위한 노력으로 환원된다. 만일 이러한 이해 방식이 옳다면 어떤 사람이 의롭다는 것은 곧 그 사람이 속한 관계들의 내부적 연결 상황의 문제로 귀착되며, 의로움의 여부를 결정하는 외부적이고 객관적인 기준이 불필요하게 된다. 나는 이러한 방식으로 의로움을 이해하는 것은 부당하다는 관점에서 이 주제에 대해 논구하고자 한다.

여기에 소개한 의로움에 관한 해설들은 본질상 순환 논리라는 의심을

21) Achtemeier, "Righteousness," 80.

22) Carl Graesser, "*Righteousness*, Human and Divine," *CurrTM* 10(1983), 134.

받는다. 의로움의 요구 사항을 충족시키는 구체적 행동들은, 그것을 무엇으로 명명하든 상관없이 특정한 관계에 따라 다르게 지정되기 마련이다. 의로운 사람이라면 그러한 의무 이행을 일관성 있게 해내야 함은 물론이다. 그러나 이처럼 직관적으로 자명해 보이는 명제도 **그 요구 사항들의 정당성이 확보될 때에 한해서만** 도덕적 정당성을 부여받는다. 이 단서 조항은 매우 중요하다. 어떤 관계는 부인할 수 없을 만치 잘못된 관계이기 때문이다. 사람들 간의 수많은 관계는 불공평하거나, 일방적이거나, 강요된 관계들이어서 이해 당사자들 모두에게 유익하지 않은 경우가 많다. 가해자(강도, 유괴범, 살해범, 강간범 등)와 피해자 사이에 존재하는 힘의 불균형, 그리고 동의 과정의 부재는 이러한 관계에 공정함이 결여되었다는 사실을 확인시켜준다. 따라서 이런 관계 내에서 자신에게 부과된 조건을 충족시키는 것만으로는 의롭다는 평가는 고사하고 그냥 옳다는 인정조차 받기 어렵다. 더 나아가 어떤 관계가 자발적으로 시작된 관계이고 쌍방에게 이익을 가져다준다 해도, 그 공유된 이해관계가 그 특정한 관계성 밖에 있는 이들에게 해를 끼칠 수도 있음을 기억해야 한다.

그래서(Graesser)가 제시한 의로움의 개념을 재고하기 위해 여기 범죄 조직이 하나 있다고 가정해보자. 그 조직원은 자신이 속한 그 특정한 관계를 보존하기 위해 불공정하고 부당하며 법을 어기는 행동을 한다. 그 과정에서 다른 관계들은 망가질 것이지만 그는 그 상황에서 조직을 위해 "옳은 일"을 했다고 주장할 수 있을 것이다. 갱단의 일원이 되기 위해 차로 길거리를 질주하며 사람을 쏴 죽인 지망생은 갱단이 요구하는 협의의 충성심을 만족시키는 대신 더 광범위한 관계망들을 해친다. 이런 가상의 예를 생각해보면 우리가 무엇이 옳고 의로운 일인지를 정할 때 객관적인 기준, 그 관계의 외부에 존재하는 기준이 필요함을 알 수 있다. "관계 그 자체를 벗어나서는 의로움의 규범이란 존재하지 않는다"는 악트마이어의 주장은 그래서(Graesser)가 의로움을 자기충족적 개념으로 설명한 것만큼이나 부적절하고 오해를 불러일으키는 서술이다. 의로움에 대한 이러한 이해는 그 도덕적 판단 주체로 하여금 다수의 관계가 종종 상충하는 요구들을 가해오는 인생의 복잡한 상황—인생은 늘 복잡하다—에서 인격의 내적 일관성을 잃지 않고 올바른 도덕적 판단을 내리게끔 도와주지 못한다.

따라서 우리는 특정 관계 가운데서 동의되는 것을 넘어서는 객관적 정의관이란 존재하지 않는다고 단정하지 말아야 한다. 의로움의 개념이 풍성하고 탄력적일 수는 있지만 악트마이어나 그래서(Graesser)의 설명이 함의하듯 임의적(arbitrary)이지는 않다. 의로움이 구체적으로 어떻게 실현될지를 결정하는 맥락이 있다 하더라도, 윤리적 상대주의자가 아닌 한 그 개념을 어느 정도 구체적으로 정의할 가능성을 부인할 수는 없다.[23]

구약이 그려주는 하나님은 인간을 향해 아무렇게나 요구 사항을 부과할 권리를 행사하시지 않는다. 그 증거로 우리는 구약성경 곳곳에서 인간이 하나님과 논쟁하는 장면들을 제시할 수 있다. 율법의 수여자이신 하나님은 당신 의지에 따라 법과 도덕의 기준을 정하신다. 그러나 로드(C. S. Rodd)가 지적했듯이, 하나님의 판단과 의지의 정당성을 평가내릴 수 있는 도덕적 기준을 인간 스스로 갖고 있지 않다면 구약에서 일부 대담한

---

23) 이는 Achtemeier가 윤리 상대주의자라는 단정이 아니라(그는 신중하게 정리된 윤리론을 진술한 바 없다), 그의 방식을 따르는 윤리 이론은 논리적으로 그러한 성향을 띨 수밖에 없다는 취지의 진술이다.

인물들이 하나님과 논쟁을 벌인 것은 아무런 의미가 없는 내용이 될 것이다.[24] 창세기 18:26-33에서 소돔과 고모라를 멸하겠다는 하나님의 뜻을 알게 된 아브라함은 비록 소수라 해도 그곳에 거주하는 의인들에 대한 고려가 없다면 과연 그것이 정당한지 의문을 제기한다. 아브라함의 주장은 공의로운 하나님이라면 정당한 일(사람)과 그렇지 않은 것(사람)을 구별해야 한다는 것이었다. 하나님의 창조 행위가 우주의 구성 요소 간에 경계선을 긋는 것으로 표현되었듯이 공의로움이라는 개념의 본질도 분별하는 행위에 있기 때문이다.[25]

---

24) C. S. Rodd, "Shall Not The Judge of All," *ExpTim* 83(1972), 137-39을 참조하라. Scullion은 "야웨 하나님의 행동 기준이자 모든 사람이 따라야 하는 규범으로서의" צדקה 는 본질상 어느 정도 호혜적일 수밖에 없다고 암시한다(J. J. Scullion, "*Ṣedeq-Ṣedaqah* in Isaiah cc. 40-66 with Special References to the Continuity in Meaning Between Second and Third Isaiah," *UF* 3[1971], 335). Barton은 "인간은 오로지 하나님이 계시하기로 작정한 내용에서만이 아니라 사물이 그러할 수밖에 없는 윤리적 이치로부터 자각한 내용을 통해 도덕적 규범을 확보할 수 있다"는 생각 그 자체가 일종의 자연법이라고 주장한다(John Barton, "Natural Law and Poetic Justice," *JTS* 30[1979], 44-64을 보라). J. Macquarrie, ed. *Dictionary of Christian Ethics* (London, 1967)에 수록된 Bourke의 글 "Natural Law"(「자연법」)는 자연법을 "인간이면 누구나 분별할 수 있는, 올바른 행동의 지침 혹은 규범들이 존재한다는 견해"라고 설명한다.

25) 흥미롭게도 아브라함이 원했던 것은 평등하다는 의미에서의 공의가 아니었다. 만일 그랬다면 아브라함은 하나님께 단지 각 사람이 당연히 받아 마땅한 처분을 내리시라고 요구했을 것이다. 아브라함이 주장한 내용의 핵심은 사람들을 무차별하게 멸망시키는 것은 부당하다는 것이었다. 그렇다면 아브라함은 왜 하나님께 몇 사람이 됐든 의인들은 살려주시고 나머지 악한 대중은 멸망시켜달라고 간구하지 않았을까? 아브라함에게 초미의 관심사는 의로운 자들을 대심판에서 건져내는 것이 아니다. 아브라함은 하나님이 그런 의미에서는 늘 공의로우신 분이라는 것을 알고 있기 때문이다. 아브라함은 엄격한 정의를 넘어서는 하나님의 관대함, 즉 소수의 의인을 보아 다수의 악인을 구해주는 관대함을 요청하는데, 이는 의인이 악인을 구하기 위해 대가를 치르는 것은 아니므로 대속적인 의미의 희생은 아니다. 그러나 우리는 여기서 악한 다수의 기준치를 넘어서는 잉여분의 의로움(아브라함의 경

사람이 하나님을 불의하다는 혐의로 몰아세울 수 있다는 사실은, 하나님과 사람이 피차 동의할 수 있는, 신인 관계의 외부에 위치하는 기준의 존재를 반증한다. 존재론적으로는 하나님이 초월적이겠지만 하나님도 스스로 정한 기준을 초월하지는 않으신다. 하나님조차도 어떤 도덕적 기준을 지키신다는 사실이야말로 의로운 재판장이자 정의의 수호자이신 하나님을 신뢰할 수 있게 하는 근거다.[26] 이상을 통해 우리는 의로움이 단지 모종의 "관계"가 아닌 객관적인 기준에 의해 규정되어야 한다는 논리적 귀결에 도달하게 되었다.

2.4. — 의로움을 보는 연관된 시각들

지금까지 의로움을 설명하기 위해 인용되는 규범과 관계의 두 개념상

우에 의인 열 명)이 다수를 위한 유익을 끼칠 수 있다는 흥미로운 관념에 주목해야 한다. Sarna는 이 본문에 하나님의 자비가 표현되어 있다고 확신하지만(Nahum Sarna, *Genesis* [JPS Torah Commentary; Philadelphia: Jewish Publication Society, 1989], 133), 나는 그것이 자비라고 생각하지 않는다. 악인들이 받을 자격이 없는 것을 하나님이 단지 자신이 원해서 주실 때만 그것을 자비라 부를 수 있다. 하나님이 다수 가운데 섞인 소수의 의인을 고려해서 심판하려던 의지를 철회한다면, 그것 역시 엄격한 의미에서 전적으로 자비의 결과는 아니다. 그러한 철회를 유발한 의인들이 이러한 결정의 수혜자들이 받을 유익에 대해 (최소한 부분적이나마) 끼친 공이 있기 때문이다. 겔 18장에는 노아, 욥, 다니엘 세 사람의 의인이 다 동원되어도 사악한 예루살렘을 구할 수 없고 겨우 자기 생명밖에는 건지지 못하리라는 경고가 있다. 역설적으로 이러한 경고는 탁월한 의인이 자신들의 의로움으로 남들을 구할 수도 있으리라는 기대를 반영한다.

26) James L. Crenshaw, "Popular Questioning," 383-84. 이 주제에 관한 논문 선집으로 *Shall Not the Judge of All the Earth Do What is Right? Studies on the Nature of God in Tribute to James L. Crenshaw* (ed. David Penchansky, Paul Redditt; Winona Lake, Ind.: Eisenbrauns, 2000)를 참조하라.

(conetption)을 살펴본 결과, 둘 중 한편만 가지고는 성경이 보여주는 정보를 일관되게 설명하지 못한다는 것이 명백해졌다. 이해를 돕기 위해 의로움을 설명하는 다른 이론들을 검토해보자.

2.4.1. — 영혼의 순전함

페데르슨(Johannes Pedersen)은 의로움의 다각성을 간략히 설명한다.

> 의롭게 행동한다는 것은 외부로부터 자신에게 주어진 규칙들에 따라 행동하는 것을 뜻하지 않는다. 선한 사람이 옳게 행동하는 이유는 그가 자기 영혼의 본성을 철저히 따르는 방식으로 행동하고 있기 때문이다. 영혼은 언약의 한 연결고리이기에, 언약을 유지함으로써 자신의 본성을 보호한다.[27]

페데르슨은 의로움을 인간 외부에 존재하는 어떤 추상적 법칙이 아니라 인간이라는 존재("영혼")의 특정한 상태라고 이해한다. 그런데도 개인의 품성을 그가 소속한 공동체와 분리해서 생각할 수 없다는 강경한 입장을 유지한다. 그에게 있어 인간의 인간됨은 근본적으로 공동체성(사회성)에 있기 때문이다.[28] 사람을 지탱해주는 공동체가 없이는 생명이 있을 수 없기에 결국에는 공동체—페데르슨이 언약이라고 부르는—가 의로움을

---

27) Johannes Pedersen, *Israel: Its Life and Culture* (London: Oxford University Press, 1953-54), 339.

28) 구약성경 내에도 인생에 대한 다양한 접근법을 함의하는 서로 다른 정의관이 공존하기에, 개인성과 사회성을 지나치게 양극화할 필요는 없다. 어떤 사회 문제에 대해 **서술된 진단과 처방**이 본문에 따라(예를 들어 예언서인지 지혜문학인지에 따라) 다르다는 사실은, 그러한 본문들 뒤의 저자들이 지닌 **서술되지 않은 전제와 신념들**의 다양성을 암시한다.

규정하는 주체가 된다. 페데르슨에게 의로움은 인간성 속에 깊이 새겨진 특성으로서 다른 것들과 별개로 다루어질 수 없다. 다시 말해 의로움의 **소재지**는 인간의 영혼이며, 다만 영혼이란 공동체에 늘 통합되어 있기에 의로움이 공동체적이고 관계적인 측면을 유지하는 것이다.

그러나 페데르슨이 의로움을 정의하는 작업은 정밀하지 않다. 페데르슨이 상정하는 의로움이란 인간 영혼과 관련해 모든 선한 것을 발생시키는 포괄적인 미덕과 축복이라고 부를 정도의 두리뭉실한 개념이다. 의로움에 관한 서술에서 그는 "축복과 평화의 배아", "영혼의 건강", "축복을 창조하는 강인함과 힘" 등의 현란한 개념들을 술어로 사용한다.[29] 또 다른 곳에서는 의로움이 "**승리**와 동일하다"고도 서술한다.[30] 그에게 의로움은 "적과 싸우는 전사가 가진 승리의 힘과 축복이며 제왕의 미덕"이다. 의로움은 "곧 **평화**와 **구원**이며", "의로움은 곧 번식력이다." 이처럼 정의 아닌 정의들 외에도 "의로움이 있는 곳에는 모든 근본적 가치들이 수반된다. 의로움이 생명을 창조한다"라는 포괄적 선언이 뒤따르기도 한다.[31] 이런 식이라면 도대체 의로움은 무엇**이란** 말인가? 페데르슨의 발언 중 의로움의 정의에 가장 근접하는 것은 그가 샬롬에 대해 말한 다음 기술에서 확인할 수 있다.

> 조화와 행복, 그리고 온전함(integrity)에 관한 일반적 호칭인 샬롬은 내적 건강이라는 의미에서 영혼의 의로움 혹은 온전함을 함축한다. 영혼의 한 속성인

29) Pedersen, *Israel*, 358.
30) Pedersen, *Israel*, 359.
31) Pedersen, *Israel*, 360.

온전함은 히브리어 톰(תם)과 그 파생 형용사인 타밈(תמים)으로 표현되지만, 이 두 단어는 동시에 행복을 함의한다.[32]

즉 의로움은 인간 영혼이 합당한 상태에 있을 때의 특성, 즉 온전한 영혼의 특성이라는 말이다. 페데르슨은 단어, 개념, 히브리어 어휘 연구, 구약적 인간학 등을 뒤섞어놓았다. 하지만 의로움이 인간 "영혼"의 상태이기에 "자신을 실현하려는, 그 본질에 일치하도록 행동하려는 의지와 능력"으로 그 모습을 드러낸다는 그의 통찰은 올바르다.[33] 페데르슨 자신이 요약하듯이 "의로움은 모든 사람에게 동일한 방식으로 부여되는 추상적 요구도, 사람의 외부에 존재하는 그 무엇도 아니다. 의로움은 영혼 자체를 이루는 그 무엇이다."[34]

페데르슨은 의로움이 갖는 개인적 특성과 공공적 특성 사이에 얽힌 복잡한 매듭을 끊어줄 만한 새로운 이론을 제시하지 않았다. 그러나 의로움을 사회적 연결 고리와 구별해 인간 품성의 중심에 자리하게 한 것은 페데르슨의 핵심적 기여다. 후대의 학자들에 의해 자주 오해를 당하고 오용되었지만 페데르슨의 패러다임은 의로움을 인간 마음 깊은 곳에서 찾고 살피는 폭넓은 이해의 길을 열어주었다.

---

32) Pedersen, *Israel*, 358-59.

33) Bent Mogensen, "*ṣᵉdākā* in the Scandinavian and German Research Traditions," in *The Productions of Time: Tradition History in Old Testament Scholarship* (ed. Knud Jeppesen, Benedikt Otzen; Sheffield: Almond, 1984), 72.

34) Pedersen, *Israel*, 361.

2.4.2. — 구원과 능력

구약성경 여러 곳에서 체다카가 구원 혹은 구원의 행위(구출)를 가리킨다는 것은 명백한 사실이다. 이러한 경향은 특별히 이사야 40-66장에서[35] 가장 두드러진다. 여기서 야웨 하나님은 이스라엘에 체다카를 주시는 분으로 그려진다. 그 문맥상 야웨가 주시는 체다카는 승리나 구원을 뜻한다. 유스테센(Jerome Justesen)에 따르면 체데크와 체다카는 "심판하고, 죄를 용서하고, 구출하는" 법정적이고 구원론적인 과정의 광범위한 의미 영역을 보여준다.[36] 이 주제에 관한 학문적 연구는 대체로 체데크-단어군이 특정 문맥에서 어떻게 구원이나 승리의 의미에 근접하는지를 다룬다. 그러나 이러한 논의에서 의로움이라는 개념과 "의로움"을 가리키는 단어 사이의 복잡한 관련성, 더욱이 의로움과 체다카 간의 연관성 문제는, 단순히 의미론적으로 해결할 수 없는 해석의 복잡성을 불러일으킨다.

이러한 해석의 복잡성은 의로움이라는 개념의 통시적 변화라는 요소를 고려하면 한층 더 심각해진다. 체데크-단어군의 의미 범위가 넓다 보니 이러한 경향이 생겨나는데, 그래서(Graesser)가 의로움을 설명한 내용이 이러한 시각을 잘 드러내 준다.

35) 많은 학자가 8세기 예루살렘에서 활동한 이사야와는 다른 저자의 저술이라는 의미를 담아 이 부분을 제2이사야라고 지칭한다. 이사야의 저작권 문제에 대해서는 매우 복잡한 논의가 이루어져 왔다. 이번 장의 논의에서 제2이사야가 언급된 경우, 나는 이사야서의 저술 및 전승사의 논점이 아닌, "צדקה =승리"라는 의미의 동질성이 사 40-66장에 걸쳐 집중적으로 나타난다는 문예 현상에 집중했다.

36) Jerome Justesen, "On the Meaning of ṢADAQ," *AUSS* 2(1964), 53-61. 특별히 60-61을 참조하라. 그의 분석에 따르면 이러한 경향은 사사기, 시편, 그리고 제2이사야에서 두드러진다.

> "의로움"이라는 용어를 "구출"이라는 뜻으로 쓰는 것은 이사야 40-66장의 저자들에게 특별히 귀중했던 것으로 보이는데, 그들은 하나님이 이스라엘을 바벨론으로부터 구출해 시온으로 복귀시키실 것이라고 선포했기 때문이다. 임박한 구출을 지칭해서 "의로움"이 "구원"과 평행법적으로 사용된 것만도 9회가 넘는다.…의로움은 이와 같은 용례에서 가장 영광스런 정점에 이른다.…의로움이란 용어가 "구원"이라는 의미를 **취하게** 된 것이다![37]

"의로움"이 역사를 거치며 통시론적 의미 변화를 겪었다는 그래서(Graesser)의 설명은 의문점을 남긴다. 의로움과 구원이라는 두 용어가 평행법적 관계에 있는 시행들에서 사용된 것은 두 단어 사이의 의미론적 관련성을 확보하는 근거로 제시된다. 그러나 복수의 단어들 사이에 동의성(synonymy)이 성립하려면 평행 관계에 있는 시행들에서 그 단어들이 함께 나타나는 것 이상의 언어적 맥락이 있어야 한다. 사실 두 시행이 동의법적 평행 관계라 하더라도 의미의 동질성 여부는 연구 대상인 특정한 문맥에서 체다카가 갖는 의미에 국한되기 때문이다.

폰 라트는 체다카가 **전적으로** 구속적 의미로만 사용되며 징벌적 의미는 전혀 없다고 주장한다. 그는 체데크-단어군은 야웨 하나님께 주로 사용되며, 인간에게 적용된 소수의 경우에는 오직 무력한 약자들과 관련되어서만 사용된다고 주장한다.[38] 그가 보기에 체다카의 징벌적 이해는 부당하다. 즉 "징벌적 체다카라는 개념을 지시하는 성경적 증거는 발견되지

---

37) Graesser, "Righteousness, Human and Divine," 139. 강조는 덧붙인 것이다.

38) 다음 제3장에서 다룰 의인에 관한 관찰을 종합해보면, von Rad의 설명이 암시하는 의인의 모습은 잠언이 그리는 의인의 실상과 매우 동떨어져 있음을 알게 된다.

않는다. 그것은 형용 모순적 용어 사용(*contradictio in adiecto*)이다."[39] 이러한 폰 라트의 결론은 매우 인상적이지만 과장되었다. 폰 라트에게 영향을 준 크레머는 구원적 의를 강조하면서도 징벌적 의를 부인하지는 않았다. 크레머의 요약에 따르면 구원적 정의(*justitia salutifera*)가 구약성경에서 주도적인 정의이고 분배적 정의(*justitia distributiva*)는 단지 암시될 뿐이다. 이와 관련한 자이프리트(Mark A. Seifried)의 다음 설명은 정확하다.

> 크레머의 견해에 따르면 하나님의 심판 행위는 가해자의 처벌과 피해자의 구출이라는 양면을 다 다루지만, 의로움을 가리키는 성경적 어휘들은 언제나 하나님이 하신 일의 구원적 측면을 표현한다. 따라서 신적 행위의 징벌적 측면은 이미 전제된 것이긴 하지만 겉으로 보기에 다만 암시로 남아 있게 된다.[40]

하나님의 의로움이 처벌보다는 구원과 관련된다는 주장은 타당성이 있지만, 그러한 구분은 단어 자체의 언어학적 특성보다는 그 단어가 사용된 본문의 문학적·신학적 특성과 더 깊이 관련된다.

결론적으로 체다카가 어떤 문맥에서는 "승리"나 "구원"에 가까운 대상을 지칭하는 것은 사실이더라도 의로움이 곧 승리나 구원을 의미하게 되었다는 진술은 부정확하다. 가장 대표적으로 인용되는 제2이사야 본문들

---

39) Von Rad, *Old Testament Theology* 1:377.

40) Seifrid, "Righteousness Language," 417. Cremer의 실제 서술은 Seifrid가 해석한 Cremer의 진술보다 더 강경하다. "이러한 개념의 분배 정의로의 의미 축소는 고려될 수 없다. 구약성경 전체에서 하나님의 정의/구원을 가져오는 정의는 구약성경 전체에 견고히 남아 있다"(Cremer, *Rechtfertigungslehre*, 33).

에서도 구원적 의미로서의 체다카는 인간을 주어로 하지 않으며 오직 야웨 하나님의 고유한 구원 행위에만 사용된다. 이처럼 특정 본문에 특정 의미가 집중되는 현상은 체다카나 의로움을 둘러싼 논의가 의미론 이상으로 이사야서의 신학으로부터 그 이해의 열쇠를 얻어야 할지도 모른다는 가능성을 시사해준다.

2.4.3 ── 세계 질서

이집트학(Egyptology)이 발전하고, 잠언 일부와 이집트 지혜문헌인 「아메네모페」(*Amenemope*) 간의 유사성이 발견됨에 따라 학자들은 이집트 사상과 문예 기법들이 성경 지혜문헌의 이해를 도와줄 것으로 기대했다. 그중에서 단연 최고의 관심을 끈 것은 "세계 질서"라고 이해된 마아트(Maat)다.[41] 마아트와 세계 질서라는 이론의 틀은 지혜 신학과 창조 신학에 지대한 영향을 주었는데, 슈미트(Hans H. Schmid)는 "창조의 질서"야말로 지혜문학의 사고 체계를 받쳐주는 초석이라는 견해를 다음과 같이 표현했다.

> 지혜의 윤리적·사회학적 차원이 갖는 근본적 의미 역시 잘 알려졌다. 이 사실을 안다는 것은 곧 본래적 창조 질서를 인식한다는 것과 전혀 다르지 않다. 고대 이집트의 경우는 법전 문서와 지혜 문서 양쪽 모두가 창조 질서라는 개념인

---

41) 마아트를 세계 질서와 동일시하는 해석에 대해서는 점차 많은 반론이 제기되었다. 이집트 지혜문학과 마아트의 해석, 그리고 성경 지혜문헌 연구와의 관련성에 대한 개관으로 Michael V. Fox, "World Order and Ma'at: A Crooked Parallel," *JANESCU* 23(1995), 37-48를 참조하라.

마아트를 중심으로 구축됨으로써 그러한 지식이 개념적 표현을 얻게 되었다.[42]

슈미트는 이사야 40-66장에서 "구원(Heil)은 체다카(의로움)의 개념에 의해 기술된다"라는 설명과 더불어 이렇게 주장한다.

> 이 경우들을 보면 "의로움"은 협의의 법정적 의미에서가 아니라 광의의 구원으로, 보편적인 세계 질서로 이해된다.[43]

슈미트의 주장은 구약성경 전체는 아니라 해도 최소한 이사야 40-66장에서만큼은 세계 질서, 의로움, 구원이라는 세 개념이 하나로 이어진다는 것이다.[44] 이사야에게 있어 "하나님의 일"은 "동시에, 그리고 구별할 수 없는 방식으로 하나님이 하신 창조의 행위와 역사 속 행동을 가리킨다." 따라서 "역사는 창조의 실행이자 창조 질서의 실현으로 이해된다."[45] 이러한 이해에 따르면 하나님의 구원 행위는 곧 창조 능력과 의로움의 현시(manifestation)다.

슈미트의 주장은 신학적 함의가 풍부하긴 하지만 과도하게 야심에 찬 일반화의 오류를 범하고 있다. 무엇보다도 이집트 종교관에서 마아트의

---

42) Hans H. Schmid, "Creation, Righteousness, and Salvation," in *Creation in the Old Testament* (Issues in Religion and Theology 6; ed. Bernhard W. Anderson; Philadelphia: Fortress, 1984), 105.

43) Schmid, "Creation, Righteousness, and Salvation," 107.

44) Schmid가 예시한 본문은 모두 사 40-66장에 있다(사 45:8, 23f; 46:12f; 51:6, 8; 54:14, 17). Schmid, "Creation, Righteousness, and Salvation," 116을 보라.

45) Schmid, "Creation, Righteousness, and Salvation," 108.

역할은 슈미트의 설명만큼 단순 명확하지가 않다. 슈미트의 설명에 따르면 성경의 의로움은 실질적으로 체다카와 동일한 것으로서 질서의 부여와 회복이 그 본질이다. 결국 히브리적 질서 개념은 이집트의 마아트, 즉 그것에 따라야만 풍요한 삶이 보장되는 세계 질서라는 개념의 파생물이 되어버리는 것이다. 그러나 이집트 종교관 내에서 마아트의 의미와 위치가 슈미트의 설명과 부합하는지는 분명치 않다. 근래의 이집트학 연구자들은 마아트가 곧 세계 질서라는 등식 자체에 의문을 제기한다.[46] 이집트 지혜문헌 내에서의 두드러진 위치에도 불구하고 마아트는 여전히 애매하고 정의하기 어려운 개념이다. 모렌츠(Siegfried Morenz)는 마아트의 이러한 특성을 다음과 같이 정리한다.

> 마아트란 무엇인가? 이것은 마치 빌라도의 질문과도 같다. 사실 마아트의 의미 중 하나가 "진리"이기도 하지만, 빌라도의 질문이 그랬듯이 이 질문 역시 단지 마아트란 이집트어 단어를 번역하는 것을 대답으로 삼을 수 없다. 마아트를 설명하기 위해서 최소한 네 문장은 덧붙여야 할 것 같다. 마아트는 자연과 사회의 올바른 질서로서 세계 창조의 행위에 의해 수립되었고, 따라서 특정한 상황에서 올바른 것, 법, 질서, 정의, 진리를 뜻한다. 이러한 의로움의 상태는 대소사 어떤 상황에서든지 보존되고 확립되어야 한다. 마아트는 올바른 질서이며 동시에 인간의 행동 목표가 된다. 마아트는 인간이 작정하고 달려들어야 하는 행동 목표인 동시에 그러한 목표가 달성되었을 때 보상으로 주어지는 약속과 보

---

46) 이집트학계의 이러한 방향 전환에 대한 개관으로는 Fox, "World Order and Ma'at," 37-48을 참조하라.

상이다.[47]

슈미트는 이집트 종교에서의 마아트 개념을 빌려와서 체다카를 세계 질서(Weltordnung)로 정의하고 이 질서가 윤리, 제의(cult), 자연이라는 세 영역에서 실현된다고 보았다.[48] 슈미트는 절대적인 세계 질서라는 개념이 고대 근동의 지혜 전승에서 중심적이고 지배적인 역할을 했다고 주장하는데, 이 세계 질서가 이스라엘의 지혜 전승에서는 체데크와 체다카로 불리었다는 것이다. 이에 대해 코흐(Klaus Koch)는 구약성경에서 체다카의 사용은 사회적 관계성에 국한되며 자연현상에 대해서는 사용된 바 없다고 올바르게 지적했다.[49]

2.4.4. —— 인과율(consequentiality)

이질적인 범주 간에 혼동을 일으키지만 않는다면 세계 질서의 개념은 유용하다. 그러나 그런 유용성이 성경의 인과율을 흐리게 할 위험은 여전하다. 예를 들어 침멀리(Walther Zimmerli)는 이렇게 진술한다.

> 세계는 질서다. 우주도 심지어 하나님도 규칙들을 존중하고 그것을 짓밟지 않는다. 하나님 자신이 이 질서의 정점이며 질서를 보장하는 분이신데, 지혜자들

47) Siegfried Morenz, *Egyptian Religion* (trans. Ann E. Keep; Ithaca, New York: Cornell University Press, 1973), 113.

48) Schmid, *Gerechtigkeit als Weltordnung*, 185-86.

49) Koch, *TLOT* 2:1052.

은 관찰을 통해 그 질서의 내부 구조에 접근할 수 있었다.[50]

침멀리의 요점은 하나님은 이성적 탐구로 관찰 가능한 영역인 도덕법과 자연법 속에 계시되어 있다는 것이다. 이러한 논지는 결국 인간사에 미치는 야웨 하나님의 영향을 극소화할 위험이 있지만, 침멀리 자신은 하나님이 인간의 영역 안으로 개입할 가능성을 배제하지 않는다. 이에 대해 뷔르트바인(Ernest Würthwein)은 하나님의 능력은 사실상 인간사의 운행에서 격리되어 있다고 주장한다.

하나님은 생명 세계 전부를 관통하는 그 질서의 보증인이시다. 그러나 하나님은 스스로 그 질서에 묶이신다. 신성한 존재일지라도 생명 세계 전부를 다스리는 법을 옆으로 치워버리지는 못한다. 그의 능력은 단지 인과응보의 법칙을 정당하게 운행함으로써 그 질서의 정당성을 유지하는 것으로 제한된다. 그래서 야웨 하나님은 계산 가능한 신이 된다. 하나님의 행동들 역시 어떤 법칙에 의해 묶이기 때문이다.[51]

이러한 설명을 따르자면, 삶을 정상적인 상태로 유지하는 힘은 신적인 보상이 아니라 행동과 결과의 자동적인 결합에서 나오는 셈이다. 결과적으로 하나님의 역할은 단지 이러한 인과 체계를 유지하는 것으로 축소

50) Zimmerli, *Die Weisheit des Predigers Salomo* (1936), 111.
51) Ernest Würthwein, "Egyptian Wisdom and the Old Testament," in *Studies in Ancient Israelite Wisdom* (ed. James L. Crenshaw; New York: Ktav, 1972), 122.

된다.[52]

코흐의 제안은 좀 더 극단적이다. 그는 행동과 결과의 결합을 외부의 참여자가 없는 자기충족적인 시스템으로 이해한다. 따라서 응보의 역학 관계는 특정 행동에 필연적으로 연결된 결과로 가는 권역(sphere) 내에서 정립한다. 코흐는 이 역학 관계가 우주적 질서라 보지 않으며 그것을 지칭해 질서라는 용어를 사용하지도 않지만, 그의 제안으로 인해 질서에 관한 일련의 논의가 활발히 일어나게 되었다.[53]

코흐의 주장은 하나님의 능력에 관해 질문하게 한다. 이와 관련해 코바치(Brian Kovacs)는 하나님의 통치를 응보 체계(system of retribution)를 통한 다스림으로 이해한다.

> 야웨 하나님은 다른 것에 종속되지 않는다. 유한한 인간과 달리 전지자이신 야웨만이 이 응보 체계를 온전히 알고 있으므로 그분은 응보 체계의 보증인이 되신다. 그렇지 않다면 그분은 기계적으로 운영되는 응보 체계에 개입해서 자신의 지혜와 정의의 이름으로 그 체계를 흔들어놓는 존재가 되어버린다.[54]

52) Preuss는 이러한 입장을 다음과 같이 요약한다. "이러한 인과율의 관계, 즉 행동과 결과의 결합을 발생시키고 작동하게 하시는 분은 다름 아닌 야웨 자신이다." H. D. Preuss, *Einführung in die alttestamentliche Weisheitsliteratur* (Stuttgart: Kohlhammer, 1987), 40, 55을 보라.

53) Koch는 자신의 이론을 우주적 질서에 관한 설명으로 간주하지 않는다.

54) Brian Kovacs, "Is There a Class-Ethic in Proverbs?" in *Essays in Old Testament Ethics: J. P. Hyatt, in Memoriam* (ed. James L. Crenshaw and James Willis; New York: Ktav, 1974), 180.

뷔르트바인은 의롭고 지혜로운 사람이 자신의 공로에 근거해 축복과 행복을 얻을 수 있다고 추론한다. 그렇다면 사람은 "성공과 행운을 위해 자신의 인생을 준비할 능력"을 제힘으로 확보할 수 있고 "하나님의 축복도 얻을" 수 있다.[55] 뷔르트바인은 이러한 사고 체계가 주류를 형성하는 구약성경의 가르침에서 지나치게 벗어난 것으로서 이스라엘 지혜 전승이 외부로부터의 강한 영향에 의해 형성되었다고 가정한다.

> 지혜의 영향에 의해, 언약의 틀에 매이지 않은 상태에서 누구나 자신만의 노력에 의해 하나님의 축복을 확보할 수 있다는 생각이 지혜 정신에 의해 일깨워짐으로써 이러한 관념[응보의 법칙]에 결정적인 변화가 일어나게 되었다.[56]

이러한 진단이 옳다면 이 세계는 하나님의 개입 없이 사전에 프로그램된 자율적 기제에 의해 움직인다고 이해해야 할 것이다.

지금까지 우리가 다룬 주장들은 여전히 결론지어지지 않은 상태다. 슈타이에르트(Franz-Josef Steiert)는 이스라엘 지혜문학을 고대 근동 문학, 그리고 구약 예언서와 신명기적 문헌들과 비교한 뒤 "야웨 신앙"(Yahwism)의 독특하고 강렬한 영향 아래 개개인의 책임이 강조되었다고 결론지었다. 슈타이에르트는 이러한 사상이 야웨 신앙 이전 단계의 부족 지혜 전승(tribal wisdom)에서 유래한 것이 아니라 훨씬 후대에 야웨 신앙의 흐름 속에서 독자적으로 형성되었다고 이해한다. 비록 사회적으로

---

55) Würthwein, "Egyptian wisdom," 112-22.

56) Würthwein, "Egyptian wisdom," 122.

적절한 행동이라는 형태로 나타난다 해도 의로움은 본질상 야웨 신앙적이고 관계적인 개념이다. 즉 "이 맥락에서 의로움은 정의롭다고 평가하는 그 사람의 행위 전체를 기술한다. 체다카는 동시에 야웨 신앙에 내재된 관계 개념이다."[57]

슈타이에르트에 따르면, 잠언 10장 이후에 등장하는 지혜자들은 언약을 지키시는 야웨의 신실성을 확신했기 때문에 악인의 행복이나 의인의 불행은 잠시 스쳐 가는 일시적 상황이라고 굳게 믿었다.[58] 보응이 철저하게 행해진다는 맹목적 믿음—슈타이에르트가 잠언 12:21과 13:21을 예로 들어 설명하는—은 비인격적인 우주 질서가 아니라 야웨 신앙 안에서 언약 질서를 대상으로 한 믿음이다.[59]

하지만 슈타이에르트의 연구가 내재하는 우주 질서에 대한 믿음이 과연 언약 신앙의 필연적 특징이라는 것을 증명했는지는 분명치 않다. 어떤 신조들을 야웨 신앙적이라 명명하는 것으로 그 신조들이 뜻하는 바가 설명되는 것은 아니기 때문이다. 슈타이에르트는 "예언자들의 개인적인 의식"을 이집트와 구별되는 이스라엘 고유의 사상으로 언급하면서 그것들이 이집트 지혜문학으로부터 유래했을 가능성은 매우 낮다고 평가했다.[60]

---

57) Steiert, *Weisheit Israels*, 129.

58) Steiert, *Weisheit Israels*, 130-31.

59) Steiert, *Weisheit Israels*, 130. 범우주적 질서는 이집트 마아트 사상에서 유래한다는 친숙한 주장에 대한 비판으로 Steiert의 *Weisheit Israels*에 대한 서평인 다음 글을 참조하라. Michael V. Fox, "review of F.-J. Steiert, *Die Weisheit Israels—ein Fremdkörper im Alten Testament?*, *JBL* 111(1992), 134-37.

60) 이집트 지혜문학이 개별성을 결여하고 있다는 인식은 Steiert의 책에 명시되지 않았지만 충분히 암시되어 있다는 것이 필자의 판단이다.

그러나 슈타이에르트가 이집트 지혜문학과 이스라엘 지혜문학을 지나치게 도식적으로 구분하고 그 차이점의 본질을 신학의 문제로 규정한 것은 지나치게 작위적이라는 비판을 받을 수 있다. 사실 이집트 지혜문학도 나름의 방식으로 신학적이며 양자 간에는 모티프, 언어, 시적 표상과 문예적 기법을 포함하는, 슈타이에르트가 인정한 것보다 훨씬 더 광범위한 공통 영역이 존재한다.

질서라는 주제 역시 그다지 도움이 되지 않는다. 이스라엘의 현자들이 어떤 추상적 "질서"라는 것에 관심을 가졌는지조차 확실치 않을 뿐 아니라,[61] 마아트가 과연 우주적 질서라는 거대한 개념에 해당하는지, 또 마아트의 용례와 구약성경에 나타난 히브리어 체다카의 용례 간에 신빙성 있는 대응 관계가 형성하는지 입증하기도 어렵기 때문이다.[62] 사실 이런 유의 비교 연구(comparative study)가 사용하는, 필요에 따라 데이터를 병치 혹은 대비시키는 그 방법론 자체가 좀 더 명확히 정립되어야 한다. 파커(Simon Parker)는 책임 있는 비교 연구는 유사점과 대조점을 모두 다루어야 한다고 지적한다.

> 정당한 비교는 양자의 공통점과 차이점 모두에 정당한 비중을 부여하고 그것

61) Murphy에 따르면 "본문을 선입견 없이 평이하게 읽을 때 과연 이스라엘의 현자들이 저 밖에 있는" 어떤 질서, 즉 그것을 알면 삶이 편안하고 유익을 얻을 그것을 정말로 찾고 있었는지는 분명치 않다(Murphy, *Tree of Life*, 116).

62) Fox는 질서의 개념을 예측 가능(predictable), 조성적(constructed), 기계적(mechanistic)이라는 세 측면에서 살핀 후, 그러한 질서 개념은 이집트 지혜문헌이나 이스라엘 지혜문헌에 존재하지 않는다고 보고한다. Michael V. Fox, "World Order and Ma'at: A Crooked Parallel," *JANESCU* 23(1995), 39-40을 참조하라.

을 모두 설명해야 한다. 즉 어떤 작품은 이스라엘이 이웃 혹은 선재한 문명권 들과 공유했던 문화의 일부로서, 혹은 특정한 한 문화 혹은 하위문화의 일부로서, 아니면 정말로 그것을 지은 저자(들)의 진정한 독창성의 산물로서 적절히 설명되어야 한다.[63]

이집트 문헌 내에서도 마아트는 혼란스러울 만치 다층적인 의미로 악명 높은데, 두 개의 폭넓은 개념을 양자 간의 일치점에 관심을 두고 나란히 비교하다 보면 당연히 정밀성이 모자란 수준에서 여러 가지 공통점이 쌓이는 현상이 발생한다. 세계 질서는 광범위한 현상에 연결할 수 있는, 변용성이 대단히 높은 개념인 동시에 그것으로 성경에서 발견된 자료를 정밀하게 해석하기에는 너무 모호하고 추상적이어서 유용성이 확보되지 않는다. 정리하자면 이집트에서 일어난 일은 이스라엘에서도 일어났을 것이라는, 입증할 수 없는 근본 가정은 이제 폐기되어야 한다.

2.4.5. — 사회 개혁

바인펠트(Moshe Weinfeld)는 광범위한 고대 근동 문헌을 대상으로 의로움(righteousness)과 공평(justice, 정의)이라는 개념이 정치적 문맥에서 어떻게 사용되는지를 조사했다. 그 결과 중 하나는 "미쉬파트 우체다카(וצדקה

63) S. Parker, "The Ancient Near Eastern Literary Background of the Old Testament," in *The New Interpreter's Bible* (ed. L. E. Keck; Nashville: Abingdon, 1994), 1:234. 일관성을 갖추고 신중히 결론짓는 비교 연구의 좋은 모델로 S. Talmon, "The 'Comparative Method' in Biblical Interpretation-Principles and Problems," VTSup 29(1977), 320-56을 참조하라.

משפט)라는 숙어(idiom)는 체다카 한 단어의 뜻과는 일치하지 않는 독특한 의미를 지닌다"는 사실이다.[64] 그에 따르면 이 숙어는 매우 구체적으로 고대 근동 역사에서 시행된, 왕의 즉위와 더불어 시행되는 사회 개혁과 정치적 해방을 가리켜 사용되었다.

> 구약성경에서 하나님의 즉위와 의로움(צדק/צדקה), 심판(משפט), 공평(מישרים)의 선포가 함께 나타나는 구절들은 고대 근동에서 널리 행해졌던 관습, 즉 왕의 즉위와 더불어 행해지는 공평의 실행을 의미하는 "의와 정의"에 비추어 이해되어야 한다.[65]

사회 변화에 관련된 체다카(צדקה), 미쉬파트(משפט), 메샤림(מישרים) 세 단어는 잠언 1:3에서 도덕 교육의 목표로 열거된 항목들과 그대로 일치한다. 바인펠트의 관찰이 맞는다면 잠언에 나타나는 의로움은 기존 관념보다 훨씬 더 구체적인 사회적 행동을 의미할 가능성이 크다. 게다가 잠언에는 상당한 분량의 "사회 정의 논의"가 포함되어 있다.[66]

그런데 잠언에 등장하는 이들 도덕 관련 어휘들의 공동 출처를 연구해보면 공평과 의로움의 시행(히브리어 동사 "아사"[עשה]가 주로 사용됨)도 있지만, 공평과 의로움을 배우고 연구하는 경우(히브리어 동사 "야다"[ידע] 등과

---

64) Moshe Weinfeld, *Social Justice in Ancient Israel and in the Ancient Near East* (Jerusalem: Magnes, 1995), 181.

65) Weinfeld, *Social Justice*, 182.

66) 잠언의 도덕 강화들의 수사학적 효과를 깊이 다룬 연구로는 Timothy Sandoval, *The Discourse of Wealth and Poverty in the Book of Proverbs* (Leiden: Brill, 2006; originally Ph. D. diss., Emory University, 2003)를 참조하라.

결합)도 많다. 더 의미심장한 것은 잠언에서 공정한 행동을 권하는 경우조차도 그 본문의 강조점은 딱한 처지에 처한 사람들을 즉시 돕는 것보다는 의로운 사람과 불의한 사람의 품성을 설명하는 데로 더 치우친다는 점이다. 공정하게 행하는 것(עשׂות משׁפט)은 의로운 사람에게 즐거움을 주지만(잠 21:15), 악인은 그러한 선행을 거부하는 사람이다(잠 21:7).

이러한 상황과 관련해 잠언의 특이성은 실제 시행하는 정의로운 행동만큼이나 (깨달음과 감정적 반응을 포함한) 사람의 태도에 대해 갖는 깊은 관심이다. 악인은 정의를 **이해하지** 못하지만 의로운 사람("야웨를 찾는 자")은 그것을 깊이("모두") 이해한다(잠 28:5). 사악한 거짓 증인은 "악인의 입"과 동의적 평행 관계에 있는 존재인 바(잠 19:28b), 그는 단지 의로움의 요구를 위반할 뿐 아니라 의로움 자체를 **비웃는다**.

바인펠트가 상정한 전형적인 사회 정의 담론들은 잠언과 거리가 멀다. 잠언의 인간 이해는 이진법적 인간상(binary anthropology)이라는 핵심으로 수렴되며, 사회 개혁보다 교육을 앞세워 바른 성품을 함양하는 데 집중한다. 결론적으로 잠언은 의로움을 사회적 규범보다는 개인의 가치 체계로 취급한다.[67] 의로움은 가장 근본적인 미덕이며 품성 개발의 열쇠가 된다.

67) 이 문장은 보편성을 부인하기 위한 것이 아니라 개별성의 중요성을 일깨우려는 의도에서 진술되었다.

제3장

잠언이 묘사하는 의인

3.1. — 잠언의 인간론

앞서 살펴본 의로움의 학문적 이해를 바탕으로 이번 장에서는 잠언에 나타난 의로움의 개념상들을 조사해보고자 한다. 히브리어 성경에 대한 통계 자료를 보면 잠언에서 의로움과 관련된 단어들은 92회 등장한다. 그중 "차디크"(צדיק)가 형용사("의롭다")로, 혹은 그 형용사의 파생 명사형("의인")으로 사용된 횟수가 66회다. 이는 다른 명사형인 체데크(צדק)나 체다카(צדקה)보다 월등히 높은 빈도다. 따라서 잠언이 의로움을 어떻게 가르치는지 파악하기 위해서는 차디크의 문예적·신학적 중요성을 살펴볼 필요가 있다.[1]

이러한 전제는 잠언의 도덕적 강화가 인간론, 즉 다양한 인간형(human type)의 탐구에 기반을 둔다는 사실과도 잘 들어맞는다. 물론 이 인간형들은 서로 고립된 조각들이기보다는 양극을 두고 이어지는 연속체(continuum)로 봐야 마땅하다. 하지만 잠언의 수사법은 강력히 대조

---

1) David J. Reimer는 체데크-단어군의 분포 상황을 볼 때 잠언은 추상적 개념으로서의 의로움보다 의인에게 더 관심을 둔다고 지적한다(*NIDOTTE* 3:757). Reimer는 언어학적 근거만으로는 뒷받침하기 어려운 포괄적인 주장을 한 것이지만, 그의 직관은 문제의 핵심을 적절히 짚은 것으로 판단된다.

되는 양극의 인간형들, 즉 의로운 사람과 사악한 사람, 현명한 사람과 우매한 사람, 근면한 사람과 게으른 사람 등으로 짝을 지어 보여주는 방식을 택한다.[2] 이 책에서는 이러한 인간학을 "이진법적 인간학"(binary anthropology)이라 부르고자 한다.[3]

제3장에서 우리는 이진법적 인간학이 지혜자들의 인간 이해가 투박해서가 아니라 오히려 교육적·수사적 목표를 위한 전략적 선택으로 인해서 생긴 결과물임을 살펴볼 것이다.

---

2) 잠언이 이처럼 반어적 어휘 쌍을 사용한다고 해서 모든 사람이 그중 한 편에만 속하는 것은 아니다. 이들 단어 쌍은 축자적으로 "양극단"을 가리키지만 그 사이에는 연속성이 있고 실제 사람들은 양쪽 "극지점"이 아닌 중간 어딘가에 위치하기 때문이다. 어떤 사람이 악인이 아니라고 해서 자동으로 의인일 수 없고 지혜자가 아니라고 해서 모두 어리석은 것도 아니다. 개념군의 양극화와 대조에 대해서는 John Lyons, *Semantics* (Cambridge: Cambridge University Press, 1877), 1:270-90; Peter Cotterell, Max Turner, *Linguistics & Biblical Interpretation* (Downers Grove, Ill.: IVP, 1989), 157-58; 그리고 D. A. Cruse, *Lexical Semantics* (Cambridge: Cambridge University Press, 1986)를 참조하라. Heim은 차디크/라샤(의인/악인)의 상반적 관계를 "반대 위치적 상반성"(antipodal opposition)으로 설명한다. Heim, *Like Grapes of Gold*, 90 참조. Heim의 "Coreferentiality Structure and Context in Proverbs 10:1-5," *Journal of Translation and Textlinguistics* 6(1993), 192도 유용하다.

3) 이러한 반어적 관계를 지칭할 적절한 용어를 고르기는 쉽지 않다. 정신분석에서 사용하는 양극성(bipolar) 개념은 한 인격체 내에서 양극단의 상태가 공존한다는 사실을 알려준다(『정신질환의 진단 및 통계 편람』(*DSM*) 5판에서 "bipolar disorder" 부분을 참조하라). 내가 "이진법적"이라는 용어를 선호하는 이유는 인간 품성 안에 발견되는 양극단의 상태들이 대조적일 뿐 아니라 상보적이기도 하다는 것을 잘 드러내 주기 때문이다. 이 책에서 이진법적 인간학은 Ferdinand de Saussure의 언어학 체계에서 사용되는 "binary opposition"과 유사성을 가진다. 즉 이진법적 체계에서의 한 짝을 이루는 개념들(예를 들어 지혜롭다/어리석다, 의로움/사악함 등)은 서로의 의미를 정의하거나 존재 자체를 가능하게 하는 관계다.

3.1.1. —— 이진법적 인간학

일부 학자들은 잠언에 보이는 이진법적 인간학은 더욱 광범위한 신학적인 혹은 이념적인 틀에서 유래한다고 생각한다. 슈미트는 잠언의 신학적 가르침은 근본적으로 이집트에서 가져온 원형(prototype)이 야웨 신앙에 맞추어 변용된 것이라고 본다.

> 그러나 이 장들[잠 10-29장]은 그 **인간** 이해와 관련해 이집트의 인간관과 차이점을 보인다. 그것은 바로 인간의 행동보다 **품성**을 강조하고 사람들을 의인(선인)과 악인, 즉 정확히 반대 방향에 자리한 양극화된 인간형으로 나누는 태도다. 이것은 야웨 신앙에서 기인하며, 그 영향 아래 잠언의 인간학이 인과응보의 **교리**라는 개인적 성향으로 변질됐다.[4]

이에 대한 와이브레이(R. N. Whybray)의 논점은 두 가지다. 첫째, 사람의 행동보다 품성을 강조하는 태도가 잠언의 독특한 관점이라는 것이다. 둘째, 잠언의 이진법적 인간학이 야웨 신앙의 보응 교리에 뿌리를 둔 사고 체계라는 것이다. 이 두 가지 명제 모두 명확한 설명이 필요하다. 잠언이 품성에 비중을 둔다 해서 행동의 중요성을 배제하는 것은 아니다. 사람의 행동을 제쳐놓고 품성만을 논한다는 것은 불가능할 뿐 아니라 잠언의 많은 격언은 행동과 품성의 양분을 허용하지 않는 복합성을 보여주기

---

4) Whybray, *The Book of Proverbs: A Survey of Modern Study* (Leiden: Brill, 1995), 123에서 재인용. Whybray가 Schmid의 견해를 총체적으로 어떻게 평가하는지는 불명확하다. 그러나 여기에서는 Whybray의 평이 제기하는 문제의식이 Schmid에 관한 그의 해석보다 더 중요하다.

때문이다. 사실 잠언의 인물 묘사는 구체적인 행동으로 가득 차 있다. 하우스만(Jutta Hausmann)은 다음과 같이 말한다.

> 한 개인을 지칭해 정직한 사람이나 악한 사람이라고 규정하는 행동은 그 사람의 품성을 추론할 수 있게도 하지만 그보다는 그의 행동에 대해 더 많은 것을 알려준다. 마찬가지로 지혜로운 자와 어리석은 자에 대한 기술 역시 두 집단의 행동에 관심의 초점이 놓여 있다. 특정한 행동에 기초한 다양한 동사들이 빈번하게 사용된 것이 그 증거다.[5]

사실 이집트 지혜문학도 인간 품성에 깊은 관심을 보이기 때문에 이와 관련해 흔히 거론되는 이집트 지혜문학과 이스라엘 지혜문학의 차이는 과장되기 쉽다. 이집트 지혜문학은 이상적 인간상을 제시하고 그를 모방하도록 권하며 교훈(Instruction)이라는 장르에 걸맞게 학습자가 온당한 품성을 갖추도록 돕는 것을 주요 목표로 한다.[6]

야웨 신앙이 잠언에 일방적으로 영향을 끼쳤다는 서술은 타당성을 검증하기 어려운 역사적 이해를 전제한다. 잠언이 저술 편찬된 과정에 대한 우리의 이해도 제한되어 있지만, 야웨 신앙 자체가 다양한 갈래들이 통합된 복합체이므로 한 사상에서 다른 사상이 배태되어가는 방향성을

---

5) Jutta Hausmann, *Studien zum Menschenbild der Älteren Weisheit* (FAT 7; Tübingen: Mohr Siebeck, 1994), 63.

6) Fox, *Proverbs 1-9* (AB 18A; New York: Doubleday, 2000), 21; M. Lichtheim, *AEL* 2.146-47; Fox의 *Moral Values in Ancient Egypt* (OBO 155; Göttingen: Vandenhoeck & Ruprecht, 1997)는 이집트 지혜문학에서 품성과 덕성의 문제를 심층적으로 다룬다.

판단하기란 쉽지 않다. 이에 관해 매케인(William McKane)은 야웨 신앙의 흔적이 이진법적 인간학 자체가 아니라 잠언이 긍정하는 인과성, 즉 특정한 행동은 예외 없이 상응하는 결과를 낳는다는 개념에 남아 있다고 평가한다.

> 차디크와 라샤의 대치는 야웨 신앙의 한 신조, 즉 신정론(theodicy)의 교리를 반영하는 교조적 분류법이다. 여기서 신정론의 교리라 부르는 것은 하나님이 의인에게 상을 내리고 악인에게 벌을 줌으로써 사람들에게 도덕적 질서를 부과한다는 믿음을 말한다.[7]

다시 말해 각기 상반되는 생활 방식에 대해 하나님의 상벌이 직접 주어진다는 생각은 잠언의 형성 과정에서 야웨 신앙이 도입한 특별한 신학적 혁신이라는 것이다. 매케인은 의인과 악인 간의 대조는 본래 지혜자와 우매자의 대조라는 세속적 주제에 야웨 신앙의 새 옷을 입힌 결과라고 이해했다. 결국 그는 세속적 지혜(매케인의 분류법에서 A 그룹에 속하는 격언)가 오랜 세월에 걸쳐 경건한 재해석(C 그룹)에 이르는 편집의 켜가 쌓였다고 설명한다.[8]

매케인과 와이브레이는 이스라엘 지혜문헌에 일종의 진화론적 유형

---

7) 이러한 신념이 전제하는 행동과 결과의 상응 관계는 Tat-Ergehen Zusammenhang, deed-consequence nexus, act-character nexus 등 다양한 용어로 기술된다. 행동과 결과의 상응성은 구약신학 안에서 정당한 위치를 갖는 개념이긴 하지만, 잠언이 행동의 보상을 일종의 자동 장치로 이해하는지는 분명치 않다. McKane이 말하는 신정론의 개념상은 전통적 의미에서 보상(retribution) 개념에 매우 가깝다.

8) McKane, *Proverbs*, 10-22.

론(typology)을 적용한다. 즉 효능과 실질을 추구하던 초기 지혜 전승이 후기로 와서 더 신학적이고 교조적인 형태로 변용되었다고 보는 것이다. 그들은 이러한 설명 과정에서 "신학화"를 촉발한 것이 성경 내의 다른 전승, 혹은 고대 근동 문명의 다른 교훈(didactic material)이라는 전제를 별 다른 논증 없이 도입한다.

그러나 한 전승에서 다른 전승으로 이어지는 단순하고 직접적인 연결 관계를 상정하는 것은 타당성을 보장하기 어렵다. 특별히 상반되는 인간 유형의 대조를 통해 도덕적 교훈을 전달하는 것은 야웨 신앙의 고유 기법이 아니라 고대 근동의 여타 지혜문학에서도 발견되는 수사 장치다.[9] 위크스(Stuart Weeks)는 아람어 지혜 문서인 「아히카르」(*Ahiqar*)에 나타난 보응의 개념을 살핀 뒤 다음과 같이 결론짓는다.

> 의인과 악인에 관한 잠언의 격언들은 비 이스라엘 지혜문헌에도 나타나는 하나의 공통된 격언 유형이며, 그러한 격언들이 후대의 야웨 신앙으로부터 유래했을 가능성은 적어 보인다.[10]

그러나 이진법적 인간학이 이스라엘에서 기원하지 않았다 해도 실용성보다 도덕성을 더 강조하는 성향은 이스라엘 지혜문학의 고유한 특성

---

9) 이집트 지혜문헌에서 발견되는 예들은 이 책의 제6장을 참조하라.

10) Stuart Weeks, *Early Israelite Wisdom* (Oxford: Oxford University Press, 1994), 69-70. Weeks는 「아히카르」의 시행 126, 128, 167, 173행이 의인을, 168행과 171행이 악인을 언급한다고 지적한다. 또 다른 분석으로 John Day, "Foreign Semitic Influence," in *Wisdom in Ancient Israel: Essays in Honour of J. A. Emerton* (ed. John Day, et al.; Cambridge: Cambridge University Press, 1995), 63를 참조하라.

이라고 할 수 있다. 특히 도덕 담론의 주도적 장치로 사용하는 의인 개념은 잠언의 형성 과정에서 독특한 "변별성"(*differentia*)으로 자리 잡은 듯이 보이는데, 침멀리는 이 점에 관해 균형 잡힌 평가를 내놓는다.

> 잠언은 의인과 악인의 대조를 고대 근동의 어떤 지혜문헌에서보다 극단적으로 강조하는데, 이러한 현상은 모든 지혜를 야웨의 이름에 종속시킨 데서 비롯되었을 것이다. 수많은 금언에서 지혜문헌 본연의 주제인 "지혜로움/어리석음"의 대조를 "의로움/악함"의 대조로 대치한 것이 바로 그것이다. 일상생활의 이성적인 관찰에서조차 지혜는 의로움을 요구하는 야웨의 뜻에 따라 결정되는 세계 내에서만 가동된다.[11]

잠언은 지혜 금언의 선집으로서 인간 본성에 대한 이진법적 관점의 관찰 내용을 제공할 뿐 아니라 선택된 지혜 금언 전체에 질서와 일관성을 부여하는 신학적 틀도 제공한다. 사실 이진법적 인간학은, 지혜 전승 사고 체계의 근본 전제 중 하나인 도덕적 판단의 주체로서의 인간의 자유와 책임의 중요성을 표현하기 위한 수사학적 장치다. 잠언의 도덕 담론은 이러한 사고를 강조하기 위해 길(PATH)의 비유를[12] 거듭 사용하는 수사 기법을 구사한다.[13]

---

11) Walther Zimmerli, *Old Testament Theology in Outline* (Edinburgh: T&T Clark, 1993), 159-60.

12) 제1장에서 이 비유의 표기와 관련해 전개한 논의를 참조하라.

13) Kwakkel은 이렇게 설명한다. "이스라엘인들의 관점에서 사람은 의인이 아니면 악인이라는 해석은 근본적으로 옳다. 이러한 상극 관계가 지혜문헌에서 주로 צדיק와 רשע에 의해 표시된다는 것도 대체로 정확한 관찰이다. 이 어휘 쌍이 시편 여러 곳에 등장하는 현상 역시

3.1.2. —— 신학적 인간학

잠언의 인간학은 엄격한 교리 체계가 아니다. 잠언은 보응의 원칙을 규정처럼 떠받들지도 않는다. 오히려 잠언의 인간 이해는 현실적이지만 경건하며, 전체적으로 일관성 있는 도덕적 정언과 믿음을 유지하면서도 인간사에 미치는 하나님의 역할을 도외시하지 않는 균형 감각을 보여준다. 잠언의 인간학은 **신학적 인간학**이다. 여기서 신학적이란 말은, 잠언이 양극단의 두 인간형을 대조할 때 행동 양식만이 아니라 그들이 각기 하나님과 유지하는 관계의 양상 역시 대조한다는 특징을 보인다는 의미다.[14] 따라서 한 사람에 대한 평가는 그가 다른 사람과 맺는 관계에 의해서만 내려지지 않는다. 그 사람의 가치를 결정하는 기준은 무엇보다도 하나님이 그를 좋아하시는가 혐오하시는가에 있다. 잠언 11:20을 보자.

תּוֹעֲבַת יְהוָה עִקְּשֵׁי־לֵב וּרְצוֹנוֹ תְּמִימֵי דָרֶךְ

마음이 굽은 자는 하나님이 혐오하시나

지혜문헌의 영향일 것으로 추정된다"(Gert Kwakkel, *According to My Righteousness: Upright Behaviour as Grounds for Deliverance in Psalms 7, 17, 18, 26, and 44* [OtSt 46; Leiden: E. J. Brill, 2002], 299).

14) 여기 "인간학"이란 단어는 인본주의적 관점과 무관하다. Boström의 적절한 평을 보라. "잠언이 놀라운 점은 인생에 대한 인간 중심의 접근과 하나님 중심의 접근이 서로 상충하지 않는다는 것이다. 아마도 잠언을 쓴 현자들이 그 둘을 상호배타적인 관계가 아닌 상보적(complementary) 관계로 인지했기 때문일 것이다"(Gustav Boström, *The God of Sages* [Stockholm: Almqvist & Wiksell, 1990], 139). Hemchand Gossai도 잠언의 격언들이 갖는 신학적 성격에 주목했지만 그 신학성이 잠언 전체에 침투해 있다는 것을 깊이 인식하지는 못했다. 일례로 Gossai는 잠 10:3이 비신학적이라 평가한다. 그러나 "야웨 하나님은 의인이 굶주리도록 허락하지 않으신다"라는 진술은 단지 경험적 서술일 수 없는, 신학적 확신에 근거한 고백적 진술이라 봐야 마땅하다.

가는 길이 반듯한[15] 이는 하나님이 기뻐하신다(잠 11:20).[16]

여기에 나오는 평가성 어휘들("혐오스러운 것"[תועבה], "호의"[רצון], "사랑하다"[אהב] 등)은 본질상 감성적이며 모두 하나님과 연결된다. 즉 한 사람의 가치는 신본적 관점, 즉 하나님 중심의 관점에 의해 결정된다.

3.2. — 구약성경에 나오는 의인

3.2.1. — 차디크의 분류와 영역

앞서 제2장에서 우리는 체데크-단어군이 그 의미 범위가 넓고 그 용례들을 분류할 방법론에 대해서도 다양한 제안이 있음을 살펴보았다. 그 방법론 중 하나는 (의미 있는 단위로 본문을 잘랐을 경우 저마다 충분한 개성과 내적 일관성이 있다고 가정하고) 여러 본문에 나타나는 다양한 이해들을 목록화하는 것이다. 예를 들어 신명기에 나타난 의로움과 잠언에 나타난 의로움을 비교해서 정리하는 경우다. 그러나 이런 방법론을 차디크라는 단어의 연구에 적용하면 유용성이 매우 낮아진다. 왜냐하면 구약성경에서 차디크의 출처는 시편과 잠언에 고도로 집중되며 다른 곳에서는 거의 나타나지 않기 때문이다.

이런 약점을 극복할 수 있는 또 다른 방법은 그 단어들과 가까운 문맥

15) "길이 반듯하다"라는 의미로 쓰인 תמימי דרך는 "흠 없다"라는 형용사 תם과, "길"을 지칭하면서 종종 인생 전체의 은유로 사용되는 명사 דרך가 합쳐진 표현이다.

16) 잠 12:22; 15:8, 9; 16:5; 17:15; 20:10, 23도 참조하라. 잠 15:26 은 תועבה가 טהור와 대조되는 점에서 특이하다. 잠 21:27은 대응절에 대구 명사가 없이 사용된 "תועבה-경구"다.

을 고려해서 분류하는 것이다. 물론 체데크-단어군의 의미 범위가 넓은 만큼 그 문맥도 다양하다. 하지만 나는 차디크가 이상적 인간형을 지칭해 사용되었을 경우 법정적, 사회적, 그리고 제의적이라는 세 가지 기본틀(rubric)로 분류할 수 있다고 본다.[17] 이제부터 살펴볼 이 세 영역은 사람들 간의 상호작용이 발생하는 지점, 즉 의로움과 관련된 근본적 가치 판단이 일어나는 공간이다. 특히 이 책의 논증은 각 영역이 잠언과 어떻게 연결되는지에 집중된다.

3.2.2. ── 법률적 맥락에서의[18] 차디크

법률적 맥락에서 차디크는 법정에 접수된 죄목과 관련해 정당성을 인정받거나 무죄하다는 의미를 가진다. 신명기 25:1은 이스라엘이 법적 판단이 필요한 사안들을 엄밀히 조사하고 판단을 내릴 의무가 있음을 분명히 한다.

---

17) צדיק의 구약 용례에 관한 연구에서 Gossai는 צדיק를 규명하는 세 특성을 종교적, 법리적, 그리고 윤리적 영역으로 잡는다(Hemchand Gossai, *Justice, Righteousness and the Social Critique of the Eighth-Century Prophets* [New York: Peter Lang, 1993], 63-73). 좀 더 과거에 쓴 글에서 그는 신학적, 법리적, 그리고 경제적 영역을 주장했다. 이에 대해서는 Hemchand Gossai, "*Ṣaddiq* in Theological, Forensic, and Economic Perspectives," *Svensk Exegetisk Årsbok* 53(1988), 7-13을 참조하라. 이러한 분류 작업들이 피할 수 없는 주관성을 고려하더라도 Gossai가 주장한 경제적 영역은 근거가 희박해 보이고 신학적 영역은 그 유용성이 기대에 미치지 못한다. צדיק란 호칭이 갖는 속성의 규명을 위해서 신학적 혹은 종교적 측면이 고려되어야 하겠지만 그 작업은 צדיק라는 단어의 의미론적 맥락을 밝히는 일과는 무관한 별도의 연구 과제다.

18) 이 맥락을 가리켜서 법률적, 법정적, 사법적 등의 비슷한 용어들이 사용된다. 특별히 기술적 구분이 필요한 경우에는 용어를 선별하겠지만, 사안을 전체적으로 다루기에는 "법률적"이란 용어가 가장 적절하리라 판단된다.

사람들 간에 분쟁이 있어 법정에 출두하게 되면, 판사들은 그들 가운데 누가 옳은지를 밝혀 무고한 이(צדיק)의 혐의를 벗겨주고 범죄자(רשע)에게 유죄를 선고해야 한다(신 25:1).

여기서 차디크(צדיק)는 무죄 판결을 받은 사람, 라샤(רשע)는 유죄인 사람을 가리킨다.[19] 이 문맥에서 두 단어는 모두 법률상의 기술적 측면에서 사용될 뿐이며 판결을 받은 이의 품성이 어떠한지는 고려 대상이 아니다. 즉 법률적 문맥에서 차디크는 품성과는 무관하고 특정 사건에 관한 입지만을 설명한다.

이스라엘 역사에서 불의는 늘 사회 문제로 불거졌다. 예언자 이사야는 이스라엘 지도자들이 스스로 지혜롭다 생각하면서도 뇌물을 받고 정의를 세우는 일에 실패하는 모습을 보며 나라의 불의를 꾸짖었다.

הוֹי חֲכָמִים בְּעֵינֵיהֶם וְנֶגֶד פְּנֵיהֶם נְבֹנִים׃

הוֹי גִּבּוֹרִים לִשְׁתּוֹת יָיִן וְאַנְשֵׁי־חַיִל לִמְסֹךְ שֵׁכָר׃

מַצְדִּיקֵי רָשָׁע עֵקֶב שֹׁחַד וְצִדְקַת צַדִּיקִים יָסִירוּ מִמֶּנּוּ׃

21 아, 제 스스로 보기에 의로운 자들이여![20] 제 눈에 똑똑한 이들이여!

---

19) נקי는 혐의나 책임이 없다는 의미에서 무죄를 가리키는 좀 더 일반적인 용어다. נקי가 일부 문맥에서는 차디크와 연결될 수 있지만(욥 22:19; 27:17 등), נקי와 צדיק는 각기 고유한 의미 영역을 가진다. 평행법적 관계에 있는 시행(poetic line)들 안에서 두 단어가 밀착되어 사용된다 해도 그들 간에 어원적으로 동의성이 있다고 쉽게 가정할 수 없다. 일례로 출 23:7-8의 "무죄한 자 의로운 자를 살해하지 말라"는 명령에 근거해서 무죄한 자와 의로운 자가 동의어라고 결론지을 수는 없다.

20) חכמים בעיניהם(제 눈에는 현자)이라는 표현이 조롱으로 쓰인 관용구인지 실제로 현자라는

22 오호라, 술 마시는 일에 용맹하고 술 섞는 일에 뛰어나구나.
23 뇌물에 넘어가 악한 자는 의롭다 하고 무죄한 이의 명예는 빼앗다니(사 5:21-23).

이 비난의 핵심은 지도자들이 올바른 일을 할 능력이 있으면서도 그러지 않기를 선택했다는 점이다. 이사야는 그들의 도덕적 판단력에 문제가 있다고 생각할 틈을 주지 않는다. 그들은 단지 불의한 이익을 위해 불의를 행하고 추문을 일으킨 자들임이 확실하다. 죄지은 자가 법망을 빠져나가게 해주고 무죄한 사람을 죄인으로 만드는 행태는 우주와 도덕 질서를 창조하신 하나님의 성품을 근본적으로 짓밟는 행위다. 창세기의 창조 기사가 영역 간의 경계선을 긋고 피조물을 분리하여 (새로운) 질서를 부여하는 과정을 강조한다는 사실은 우연이나 사고가 아니다.

시내 산에서 선포된 법 조항 중 하나인 출애굽기 23:6-8에 기록된 엄한 경고가 이 점을 잘 드러내 준다. 이 법 조항은 법을 악용해 불의한 재

사회 계층을 전제한 것인지는 쉽게 결정할 수 없다. 잠 26:12은 자신을 현자라고 생각하는 자는 교만할 뿐 아니라 어리석은 자라고 힐난하면서 그들은 악한 바보보다도 더 가망 없는 존재라고 선언한다. 이스라엘에 חכם(현자)으로 불리는 무리가 있었다면 사법적 판단을 내리는 역할을 했겠지만(Whybray는 이들이 나름의 사회적 계층을 이루었을 가능성을 거부한다), 이 구절에서 צדיק와 רשע가 특정한 집단을 나타낼 가능성은 적다. 이에 대한 Pleins의 관찰 결과는 다음과 같다. "지혜문헌에서 서로 대치되는 무리들은 예언서에서처럼 사회학적으로 규정되어 있지 않다.…그런데도 잠언에는 집단 간의 대치를 전제한 수사법이 존재하며 그것이 지혜자들이 자신들의 신조를 규정하는 한 가지 방편이 되고 있다는 것은 분명한 사실이다"(David Pleins, *Social Visions of the Hebrew Bible: A Theological Introduction* [Louisville, Ky.: Westminster John Knox, 1995], 464).

물을 취득하는 자를 정죄한다.[21]

לֹא תַטֶּה מִשְׁפַּט אֶבְיֹנְךָ בְּרִיבוֹ׃

מִדְּבַר-שֶׁקֶר תִּרְחָק וְנָקִי וְצַדִּיק אַל-תַּהֲרֹג כִּי לֹא-אַצְדִּיק רָשָׁע׃

וְשֹׁחַד לֹא תִקָּח כִּי הַשֹּׁחַד יְעַוֵּר פִּקְחִים וִיסַלֵּף דִּבְרֵי צַדִּיקִים׃

6 너희 가운데 가난한 이의 송사가 있거든 판단을 그릇되게 하지 말라.

7 거짓을 멀리하고 무죄한 자, 의로운 이를 죽이지 말라. 나는 악인을 의롭다 하지 않는다.

8 뇌물을 받지 말라. 뇌물은 밝은 눈도 어둡게 하고 의인의 판단을 굽게 만든다(출 23:6-8).

여기서 8절의 내용은 보통 "무고한 자의 청원"이 불공정하게 억압된 상황이라 이해된다. 이 구절과 여타 유사 구절들(예를 들어 신 16:18-20)의 전반적 의미는 분명하다. 다만 불확실성의 소지가 있다면 "디브레이 차디킴"(דברי צדיקים)이란 표현의 모호성이다.[22]

---

21) 이 법 조항은 흔히 "언약의 책"이라 불리는 토라의 첫 번째 율법 단락에 속한다. Sarna는 이 단락에 속한 법 조항들이 특별히 신학적이라는 사실에 주목하면서 "단정적이고 정언적인" 이 단락의 법 조항들이 실제로 집행되었을 가능성은 적으며 결국 "율법의 원천과 권위는 신적인 데 있다는 확신을 불어넣고 양심을 일깨우려" 호소하는 데 그 존재 의의가 있다고 평가한다. Nahum Sarna, *Exodus* (The JPS Torah Commentary; Philadelphia: Jewish Publication Society, 1991), 117-18 참조.

22) 신 16:18-20의 어구 דברי צדיקים을 "의인들이 내리는 판결"로 읽을 때 또 다른 해석 가능성이 열린다. 만약 צדיקים이 사법적 권위를 가진 이들을 지칭한다면 דברי צדיקים은 그들이 재판에서 내리는 판결로서 עיני חכמים과 완벽한 평행 구조를 이루게 된다. 뇌물 수수는 법 집행 책임자들의 지각(눈)과 발언(말)을 왜곡할 수 있으므로 뇌물을 멀리하라는 명령이 법

7절의 "키 로 아하디크 라샤"(כי לא אחדיק רשע)는 "나는 죄 있는 자를 의롭다 하지 않기에(않을 것이기에)"라는 의미의 동기절(motive clause)이다. 좁은 의미에서 이 표현은 죄지은 자에게 합당한 정의를 실행하겠다는 하나님의 신적 의무감, 즉 그전에 발생한 범죄 행위에 대한 반응이자 후속 조치에 대한 것으로 이해될 수 있다. 그러나 더 넓은 맥락에서는 하나님이 절대로 죄 있는 자를 의롭다 하지 않는다는 원론적 선언이 된다. 다시 말해서 변하지 않는 신적 성품으로서의 의로움이 존재하고 그것이 모든 도덕적 법률적 판단의 기초가 되는 것이다.

결국 지금 살펴보는 맥락에서 어떤 사람이 צדיק라는 것은 그 사람의 품성에 대한 판단이기보다는 **특정한** 법적 공방에서 그의 처지를 가리키는 말이다. 창세기 38장에서 유다와 다말의 경우 역시 같은 개념을 보여준다. 신전의 창녀로 가장해 시아버지와 근친상간을 한 다말을 가리켜 유다는 "며느리가 나보다 옳다"라고 선언한다.[23] 이에 대해 프로이스(Horst

---

집행자들에게 주어진다. 결국 חכמים과 צדיקים은 동일한 지시체, 즉 의롭고 지혜로운 법 집행자들을 가리키며 본문의 경고는 그들이 피고인의 신분에서가 아니라 재판관의 입장에서 바른 판단을 내리도록 주어진 것이다. *HALOT* 1:758은 סלף를 "비틀다, 왜곡하다"의 의미로 풀었다(출 23:8; 신 16:19). 하지만 다른 맥락(잠 13:6; 19:3; 21:12; 22:12; 욥 12:19)에서 이는 "잘못 인도하다, 망하게 하다"라는 의미다. 같은 어근의 명사 형태인 סלף(타락, perversity)는 그 소유자의 품성을 가리키는 단어로서 잠 11:3에서는 תם(올곧음, integrity)의 대척점에, 15:4에서는 מרפא(치료, healing)와 평행 관계에 있다. 이러한 이해를 가장 첨예하게 보여주는 구절은 잠 19:3로서 "사람의 어리석음(תסלף, 피엘형)"이 사람들의 판단을 그르치듯이 뇌물도 재판관(צדיקים)의 판단을 굽게 한다. דבר가 "판결"의 뜻으로 쓰인 경우는 신 17:9-11과 대하 19:6이 있다.

23) 여기서 동사 צדק를 "의롭다"로 옮기는 것은 만족스럽지 못한 번역이다. 전치사 מן은 비교의 의미 대신 "무엇이 없다"라는 뜻으로 쓰이는 경우가 종종 있다. 이에 대해 Waltke와 O'Connor의 *IBHS* 14.4e는 바로 이 구절을 인용하면서 "내가 **아니라** 그녀가 옳다"라고 번

D. Preuss)가 제시한 결론은 이런 논지를 완전히 놓치고 있다.

> 체데크의 어학적 용례들이 반드시 우리가 가진 의로움이라는 개념과 상응하지 않는다는 것은 창세기 38장에서 다말이 의롭다고 판정받는 것에서 확인할 수 있다. 본문에 따르면 "자기 남편의 이름을 존속하게 하려고 혼인 관계를 맺은" 다말은 의롭고 유다는 그렇지 못하다.[24]

유다는 다말이 더 도덕적인 품성을 가졌다고 시인하는 것이 아니다. 단지 다말의 법적 권리를 유다가 무시해왔기 때문에 그녀의 비행을 나무랄 처지가 못 된다는 뜻이다. 즉 유다와 다말 간에 언급된 의로움의 판단은 전체적인 도덕적 품성과 무관하다. 차디크가 특정한 경우만을 놓고 한정적으로 쓰인 것이다. 결론적으로 법률적 문맥에서 어떤 사람을 차디크라 지목하는 것은 그의 도덕성 여부를 판단하는 것이 아니다. 차디크라는 평가는 소송에서 더 설득력 있는 주장을 펼 수 있는 처지, 혹은 상대측의 고소에 대해 무혐의 판정을 받은 처지에 있음을 나타내는 기술적인 의미로 한정된다.

역한다(265). 많은 주석가도 같은 관점에서, 완벽함에 정도를 매겨 더 완벽하다 덜 완벽하다 말할 수 없는 것처럼 의롭다는 것 역시 상대화하기 어려운 개념이라고 주장한다. 그러나 나는 여기서 유다가 옳지 않다는 것은 당연하지만 그것은 이 본문의 논점이 아니라고 본다. 논점은 두 사람 중 한 편이라도 의로운가(의인인가)가 아니라, 둘 사이에서 누가 **더, 상대방보다** 옳은가에 있다.

24) Preuss는 이 대목에서 Koch를 인용한다(Preuss, *Old Testament Theology*, 2:168). Klaus Koch, *Spuren des hebräischen Denkens: Beiträge zur alttestamentlichen Theologie* (Neukirchen-Vluyn: Neukirchener Verlag, 1991), 110을 확인하라.

그러나 여기서 다룬 관점은 잠언의 해석 작업을 위해서는 충분치 못하다. 잠언(특히 10-15장)에 수록된 수많은 반어 평행적 격언이 보여주는 차디크와 라샤의 대조는 분명히 비법률적인 문맥에서 이루어지기 때문이다. 잠언이 의로운 생활 방식과 악한 생활 방식의 동기와 행태 및 결말을 간결히 대비시켜 보여주는 서술 방식에서는 대담한 일반화의 성향이 보인다. 이러한 관찰에 근거해 우리는 이 격언들과 그들의 총합으로 이루어지는 도덕 담론의 관심사가 산발적인 법률적·도덕적 논점들을 다루는 데 있지 않다고 결론짓게 된다. 이 격언들은 추상적인 법률 명제 대신 차디크와 라샤로 대표되는 구체적 인간 유형들을 통해 도덕적 교훈을 전달한다.[25] 심지어 법률적 맥락에 기원을 둔 격언의 경우조차도, 대조적 인간 유형의 묘사로 독자의 관심을 유도하는 잠언의 도덕 담론으로부터 그 특성들을 물려받은 것을 확인할 수 있다.[26]

3.2.3. —— 사회적 맥락에서의 차디크

사회적 신분과 부의 소유 여부가 한 사람의 도덕적 입장에 어떤 영향을 주는지는 복합적 양상을 보이기에 그 사이에 존재하는 명확한 직접적 관련성을 속단할 수 없다. 한쪽 극단에는 신앙—의로움도 마찬가지다—을

---

25) 격언들은 근본적으로 서로 독립적(discrete)이다. 하지만 잠언 내의 같은 선집(collection)에 속하면서 동일한 논점을 다루는 격언들의 경우는 그 전체를 포괄하는 집합체로서의 의미를 논할 수 있을 것이다.

26) 흥미로운 사실은 의인의 묘사보다 악인의 묘사가 더 발달했다는 점이다. 이는 잠언에서 악인은 רשע라는 단어에 다 담을 수 없는 다면적인 모습을 보인다는 사실을 염두에 두어야 이해할 수 있다. 이와는 대조적으로 의인의 묘사는 צדיק라는 단어 하나에 상당히 집중되어 있다.

위해서는 가난이 필수적이라고 믿고 부를 정죄하는 여러 학파와 종파들이 있는가 하면, 반대 극단에는 부는 곧 하나님의 축복이자 믿음의 보상이라고 설파하는 입장이 있다. 금욕주의는 전자, 현대의 번영신학은 후자의 일례라고 할 수 있다.[27] 잠언 전체가 이 두 입장 중 어느 편으로 더 기우는지를 놓고 엄청난 양의 연구와 토론이 축적되었다.[28] 그러나 이 책의 목적을 위해서라면 과연 잠언 안에 한 사람의 의로움과 그가 소유한 부 사이에 논박의 여지 없이 명확한 상응 관계가 있다는 신념이 서술되어 있는지를 밝히는 작업에 초점이 맞춰져야 할 것이다. 카펠루드(Arvid Kapelrud)는 차디크에 관한 아모스의 진술에서 부와 경건을 동일시하는 경향이 드러난다고 주장한다. 그에 따르면 아모스 2:6과 5:12에서 차디크란 단어는 한 사람의 사회경제적 입지를 가리킨다.

> 주께서 말씀하신다. "이스라엘의 죄악 서너 가지가 있으니, 내가 절대로 징벌을 거두지 않으리라. 왜냐하면 저들이 무고한 이(צדיק)를 은을 받아 팔고 핍절한 자(אביון)를 샌들 한 켤레에 팔아넘기니 말이다"(암 2:6).

27) 의인을 가난한 자와 동일시하고 악인을 부자와 사실상 동일시하는 근래의 저작물로 Peter Doll, *Menschenschöpfung und Weltschöpfung in der alttestamentlichen Weisheit* (Stuttgarter Bibelstudien 117; Stuttgart: Katholisches Bibelwerk, 1985), 45-48을 참조하라.

28) 이 문제에 대한 입체적 시각을 얻기 위해서는 R. N. Whybray, *Wealth and Poverty in the Book of Proverbs* (JSOTSup 99; Sheffield: Sheffield Academic Press, 1994)와 H. Washington, *Wealth and Poverty in the Instruction of Amenemope and the Hebrew Proverbs* (SBLDS 142; Atlanta: Scholars Press, 1994)를 참조하라.

너희 죄가 얼마나 많고 얼마나 고약한지 내가 알고 있다. 너희는 뇌물을 받는 자들, 무고한 이(צדיק)의 원수, 재판정에서 어려운 이들(אביונים)을 밀쳐내는 자들이 아니더냐!(암 5:12)

카펠루드는 "고대 이스라엘에서 한 사람의 빈곤과 고난은 그가 차디킴(צדיקים)의 지위에 끼지 못하는 사람이라는 것을 반증하는 것이며" 그가 "진정한 차디크로 인정받기 위해서는 더 성공적인 상태로 먼저 회복되어야 했다"고 말한다.[29] 만일 부와 권력이 의로움의 필수 요소라는 생각이 아모스의 독특한 사상이 아니라 고대 이스라엘의 사회적 규범이었다면 그와 같은 태도가 잠언에도 나타나야 할 것이다. 그러나 이제부터 진행할 논의에 따르면 이 문제에 대한 잠언의 입장은 단일하지 않다.

고사이(Hemchand Gossai)는 아모스에 나타난 차디킴은 부와 권력을 틀어쥔 자들에게 부당하게 착취를 당하는 피해자들이지만 사실은 그들을 괴롭히는 권력자들이 **본래는** 차디크라 불렸다는 절묘한 주장을 펼친다. 고사이(Gossai)의 설명을 살펴보자.

이른바 차디크라는 사람들이 이제는 가난하고 힘없는 이들을 억압해 자신들의 위치를 지키고 있었다. 그 결과로 가난하고 무력한 사람들은 통상적 의미에서 차디크의 위치에 결코 도달하지 못하는 상황이 되어버린 것이다.[30]

---

29) Arvid Kapelrud, "New Ideas in Amos," VTSup 15(1966), 202. Kapelrud는 더 나아가 탄원시와 감사시에 드러나는 고난과 회복의 본질은 경제적인 것이라고 주장한다. 하지만 그 증거는 매우 빈약해 보인다.

30) Gossai, *Justice*, 88.

고사이(Gossai)는 아모스가 차디크라는 호칭을 역설적으로 사용했기 때문에 스스로를 의인이라 부른 사람들은 그 호칭을 가질 자격이 없고, **현재** 고통받고 어려움 속에 있는 이들이야말로 진정한 의인이라고 가정한 듯하다. 차디크와 에브욘(אביון)을 아모스의 본문에서 동의적 평행 관계에 있다고 본 것이 고사이(Gossai)가 펼친 논증의 전제다. 하지만 카펠루드와 고사이(Gossai)는 구약성경은 물론 아모스 전체의 맥락을 고려한 설명 없이 아모스 2:6과 5:12을 매우 좁은 문맥에서만 다루기 때문에, 이 두 구절을 근거로 차디크란 단어에 대해 의미론적 판단을 내리기란 쉽지 않다. 사실 그 본문들은 불의한 억압이라는 정황을 피해자의 사회경제적 처지에 관한 언급 없이 다루고 있다는 정도가 공정한 평가가 될 것이다.

아모스는 불의한 재판과 착취로 차디킴을 괴롭히는 무리를 정죄한다. 차디크와 에브욘의 평행 구조가 최우선으로 알려주는 것은 두 그룹이 부당하게 고통받는 처지를 공유한다는 점이다. 그들의 경제적 능력은 그들의 무죄함과는 별도로 고려되어야 할 정황이다.[31] 고사이(Gossai)는 차디크라는 호칭이 사회학적으로 규정 가능한 권력 계층을 가리켰을 가능성을 제시한 공이 있지만, 의인 혹은 차디크의 경제적 신분에 대한 그의 결론은 여전히 사변적인 것으로 남는다. 결론적으로 의로움은 사회적 혹은 경제적 신분으로 환원될 수 없다. 부도 가난도 의롭기 위한 전제 조건은 아니다. 잠언은 부와 가난의 문제를 자기 나름의 방식으로 다루지만 그 양자의 관계는 결코 단순하고 직선적이지 않다는 점을 염두에 두어야 한다.

---

31) Heinz-Josef Fabry는 암 2:6에서 "차디크는 '의로운' 사람을 의미하지 않고 단지 어떤 혐의에 대해 무죄한 사람을 가리킨다"라고 서술함으로써 차디크란 단어의 경제적·종교적 함의를 완전히 무시한다("דל," *TDOT* 3:223 참조).

3.2.4. — 제의적 맥락에서의 차디크

시편은 구약성경에서 의로운 사람의 품성을 중요하게 다룬 또 한 권의 책이다. 시편에는 자신을 차디크라 부르는 이들의 탄원이 여러 번 등장하는데 그 내용에는 대단한 신학적·도덕적 주장이 담겨 있다.[32] 자신이 절대적으로 의롭다고 주장하는 이 탄원자들의 태도를 보면 도대체 자신의 의로움을 그토록 확신할 수 있는 근거가 무엇일까 궁금해진다. 폰 라트는 그와 같은 확신을 유도할 수 있는 유일한 근거는 이스라엘의 제의라고 본다. 그에 따르면 "[이스라엘의 예배자들은] 제의를 통해 오직 야웨만이 이 호칭[차디크]을 부여할 수 있으며 결국 그 호칭은 야웨께 굳게 매달리는 이들에게 돌아간다는 사실을 알고 있었다."[33] 확신의 근거는 오직 하나님이므로 결국에 "그들은 자신들을 바로 그 차디킴이라고 부른다. 왜냐하면 이스라엘 제의에 어떤 형태로든 적극적으로 참여하는 자들은 누구나 차디크이기 때문이다."[34]

그러나 "야웨께 굳게 매달리는" 행동이 폰 라트의 제안처럼 반드시 제의의 준수일 필요는 없으며, 시편의 관련 성구 해석이 개신교의 구호인 **오직 믿음**(*sola fide*), 혹은 이신득의(justification by faith) 성향으로 가야만 하는 것도 아니다. 오히려 시편에서 이들 탄원자들은 자신들이 하나님을

---

32) צדיק는 시편에 52회 나타나는데 צדק(49회)나 צדקה(34회)보다 많다. 잠언은 형용사 형태인 צדיק(66회)가 명사형 צדק(9회)와 צדקה(18회)를 합친 것보다 더 많이 사용된 유일한 책이다.

33) Gerhard von Rad, "'Life' and 'Righteousness' in the Cultic Language of the Psalms" in *The Problem of Hexateuch and Other Essays* (trans. E. W. Trueman Dickens; Edinburgh: Oliver and Boyd, 1966), 243-66; *Old Testament Theology* 1:381.

34) Von Rad, "'Life' and 'Righteousness,'" 249.

위해 실제로 무언가를 **했다고** 말한다.[35] 그리고 시편은 인간의 충성을 가볍게 다루지 않는다. 하나님께 매달린다는 것을 조금 더 넓게 살피면 언약에 충성을 다하고 그 수반 의무를 다한다는 의미일 수 있다. 즉 의로운 사람은 제의적 측면뿐 아니라 윤리적 측면에서도 지킬 바를 지킨다고 해석하는 것이 좀 더 정확하다. 이렇게 볼 때 차디크라는 호칭은 결코 일방적이지 않은, 공들여 가꾸어진 관계성을 지시해주는 용어다. 설령 인간의 의로움이 기초할 유일한 토대는 결국 야웨 하나님뿐이라고 양보한다 해도, 그 사실만으로 의로운 인간이 하나님과의 관계를 적절히 유지하기 위한 자신의 몫을 행할 책임을 면제받는 것은 아니다. 따라서 차디크의 제의적 차원은 좀 더 광범위한 의무의 틀에서 검토되어야 한다. 시편의 일부 구절은 야웨 하나님을 차디크라 호칭한다. 그러므로 우리는 인간에게 부여된 의로움의 준칙은 본질적으로 하나님처럼 되고 하나님처럼 행하라는, 그래서 하나님의 의로움을 모방하라는 요구인 것으로 가정해볼 수 있다.

잠언의 연구에서, 의인의 신분과 제의를 연결한 폰 라트의 제안은 다른 성경에 대한 연구만큼의 적절성을 갖지 못한다. 왜냐하면 잠언에는 제의와 연관된 내용이 매우 적기 때문이다.[36] 사실 잠언의 격언들은 차디크

---

35) 이와 관련해 시인 자신의 무죄함과 의로움을 주장하는 시편들을 살펴볼 필요가 있다. Kwakkel, *According to My Righteousness*를 참조하라. 이 논지는 앞으로 제7장에서 더 상세히 다룰 것이다.

36) Leo Perdue, *Wisdom and Cult: A Critical Analysis of the View of Cult in the Wisdom Literature of Israel and the Ancient Near East* (SBLDS 30; Missoula, Mont.: Scholars Press, 1977)는 지혜 사상에서 제의가 차지하는 역할에 대해 새로운 관심을 불러일으킨 획기적 연구서다. 그런데도 잠언과 제의의 빈약한 관련성에 대한 위의 평가는 여전

의 생각과 기질을 주로 묘사하는 데다가 언급된 행동들 역시 특별히 종교적인 면을 부각하지 않는다. 따라서 차디크란 호칭으로 불리는 인물의 묘사는 제의를 수행하는 것보다 훨씬 폭넓은 영역을 아우른다. 만일 제의에 참여하기 위한 선결 조건을 이야기하기 위해서였다면 차디크의 품성에 탁월한 도덕성이 함축될 필요는 없었을 것이다. 그러나 잠언이 그려 보이는 의인은 이스라엘인이 으레 마주칠 평범한 예배자도 아니고 제의에 참여하기 위해 선결되어야 할 자격 같은 것도 아니다. 오히려 의인은 고상함과 영향력을 가진 사람으로 존경을 끌어내는 존재다. 따라서 의로움의 본질을 밝히기 위한 폰 라트의 제안을 잠언에 적용하려면 본래의 가설에 근본적인 수정이 필요할 것이다.

잠언에 따르면 한 사람이 차디크의 위치에 있다는 것은 제의 공동체에 속한 것만으로 누리게 되는 특권이 아니다. 물론 예배자가 의인으로 인정받게 되는 일종의 통과의례가 있었는지를 상상해볼 수는 있겠지만 잠언은 한 사람이 어떻게 의인이 **되는지**에 대해서는 침묵한다.[37] 단지 잠언은 한 사람의 의인이 어떻게 인생행로를 걸어가는지를 그의 생각과 행동을 통해 우리에게 보여줄 뿐이다.

3.3. — 잠언에 나타난 차디크의 묘사

잠언이 의인을 묘사하는 내용과 방법은 구약성경 전체의 윤곽에 비추어

히 유효하다.

37) 사람이 어떻게 의로운 존재가 되는가 하는 질문은 대부분의 구약신학에서 중요하게 다루는 논제다.

볼 때 매우 두드러진 것으로서 그 빈도와 생생함, 효과성을 고려해 별개로 다룰 가치가 충분하다. 잠언의 도덕 담론에서 차디크, 즉 의인이 차지하는 비중을 볼 때 의로움은 여러 미덕 가운데 하나로 취급될 수 없다. 의로움은 다채로운 격언들의 선집인 잠언에 일관성을 부여하는 중심적 주제이자 문학적 장치다.[38] 이 격언들의 분석에서 드러나는 의인의 모습은 도덕률의 학습과 내면화를 통해 이상적 인간상을 만들어낸다는 잠언의 교육 목표를 그대로 보여주는 실물 표본이 된다.

의인은 의식적이든 무의식적이든 유용성보다는 정당성을 기준으로 도덕적 선택을 내리는 사람이다. 이러한 사람의 행동 패턴은 유혹의 극복, 절제와 훈련, 약속 이행, 신뢰도 유지 등으로 나타난다. 의인은 거짓을 미워하고(잠 13:5), 뇌물을 받지 않으며(잠 15:27), 타인의 친족 재산권을 존중하며(잠 22:28), 넉넉히 베푸는 사람이다(잠 21:26).

잠언에는 의인의 올바른 행동에 대한 언급은 물론이고 **의로워지려는 욕구**에 대한 언급이 여러 번 나온다. 의인은 의의 씨앗을 뿌리고(잠 11:18) 의로움을 추구한다(잠 15:9). 좀 더 내면적으로 보면 의인은 공의의 실현을 계획하지만 악인은 거짓을 꾸며낸다(잠 12:5).

מַחְשְׁבוֹת צַדִּיקִים מִשְׁפָּט תַּחְבֻּלוֹת רְשָׁעִים מִרְמָה

의인의 계획은[39] 공의이지만

---

38) Steiert도 나의 논지와 사실상 동일한 주장을 편다. "의인은 잠언 신학의 중심 개념이자 행복한 삶의 비밀을 푸는 암호다. 행복한 삶의 기초는 야웨와의 인격적 관계다"(Steiert, *Weisheit Israels*, 156).

39) מחשבות와 תחבלות는 둘 다 복수 형태로 그 의미상 군집 명사(collective noun)다.

악인의 전략은[40] 사기다(잠 12:5).

의인은 단지 옳은 일을 하는 데 그치지 않는다는 사실을 주목할 필요가 있다. 여기서 의인을 묘사하는 단어들(계획하다, 씨 뿌리다, 추구하다 등)은 단지 과제의 수행과 성취의 측면이 아니라 도덕적 행동 주체로서 의로움을 향해 갖게 되는 욕구와 의도를 보여준다.

우리는 잠언이 어떻게 의인을 기술하는지 자세히 관찰함으로써 잠정적인 묘사를 보강할 수 있다. 아래 제시된 특징들은 앞서 제2장에서 제시한 의로움의 정의를 기초로 선험적으로 도출한 내용도 아니고 그 정의를 수정하게 하는 것도 아니다. 이번 단락에서 다룰 내용은 잠언의 **변별성**에 관한 서술로서, 앞서 내렸던 폭넓은 정의를 **보강**할 수 있는 잠언 특유의 개념상들(conceptions)을 다룬다. 이 내용들은 상호 관련성이 없는 품성의 특징들을 무작위적으로 모아놓은 것이 아니라는 전제가 성립할 때 의미가 있다. 잠언이 그리는 의인은 일관성 있는 인격체이며 상황의 요구에 따라 필요한 특징들을 내보여줄 수 있는 냉철한 사람이다. 이제부터 잠언의 의로운 인간상이 드러내는 특성을 살펴보자.

3.3.1. — 유력함

유력함은 일반적으로 의로운 사람이 갖추어야 할 특성으로 여겨지지는

---

40) תחבלות의 어근이 "밧줄"을 의미하는 חבל이라는 추론은 근거가 빈약하다. תחבלות은 선한 의도이든 악한 의도이든 사용할 수 있는 가치 중립적(amoral) 정신 기능이다. Fox는 잠 12:5을 "지적 능력이 악한 목적에 사용될 수 있음을 인정하는, 잠언을 통틀어 몇 안 되는 구절 중 하나"라고 평했다(Fox, *Proverbs 1-9*, 37).

않는다. 우리가 앞서 내린 정의에 따르면 사람은 어려운 처지에서, 심지어 억압당하는 상황에서도 충분히 의로울 수 있다. 사실 의인이 악한 자들에게 고통을 받는다는 상황은 성경 곳곳에, 특별히 시편에 많이 나타나기에 낯선 개념은 아니다. 그러나 잠언은 그런 처지에 있는 의인의 모습을 묘사하지 않는다. 그와 반대로 잠언에 나오는 의인은 신분상 특권과 부를 누리는 이스라엘의 엘리트 계층에 더 근접해 보인다. 따라서 차디크의 기본적 의미라 여겨지는 "무죄함, 혐의를 벗은"이란 뜻은 잠언에 그려진 차디크라는 인물상을 온당히 그리지 못한다. 사실 잠언에는 법률적 상황 자체가 드물게 나타나고(잠 17:15, 26; 18:5 정도), 법적 의미에서의 무죄함 혹은 무죄 입증에 대한 관심이 보이지 않는다.[41] 잠언에서 차디크는 법정에서 변호가 필요한 존재로 비치지 않으며, 잠언 14:19을 보면 오히려 그 반대의 상황이 묘사되기도 한다.

> שַׁחוּ רָעִים לִפְנֵי טוֹבִים וּרְשָׁעִים עַל־שַׁעֲרֵי צַדִּיק
>
> 못된 자들이 선한 이들 앞에 머리를 숙이는구나.
>
> 악인들 역시 의로운 [이의] 성문 곁에서(잠 14:19).

이 구절에서 성문이 무엇을 가리키는지가 분명치 않아 해석에 두 가지 가능성이 생긴다. 만약 "의인의 성문"이 사람들이 모이는 성문 곁에

---

41) 잠 17:15은 악인이 무죄 판정을 받고 의인이 정죄당하는, 법질서의 파괴에 대한 교과서적 기술을 보여준다. 잠 17:26에서 의인은 "귀족"을 의미하는 נדיב(*HALOT* 1:674)와 평행 관계에 놓임으로써 높은 사회적 신분을 짐작하게 해준다. 잠 18:5은 편애를 받는 악인과 대비해 억울한 대접을 받는 의인의 모습을 그린다.

서 일어나는 재판 행위와 연관된다면 본문의 의인은 사법 정의를 집행하는 지도자를 가리키는 말이 된다. 이는 잠언에 여러 번 묘사된 상황과 일치한다(잠 1:21; 8:3; 22:22; 24:7; 31:23, 31).[42] 그러나 또 다른 가능성은 BDB(1045, "שַׁעַר")나 *HALOT*(4:1616, "שַׁעַר")의 제안처럼 이 "성문"을 성읍의 문이 아닌 개인 주택의 대문으로 읽는 것이다. 머피는 대문은 부의 상징이라면서 이 본문이 "법정의 모습이 아니라, 의인이 명예롭게 대접받는 호사스러운 저택을 묘사한다"고 서술한다.[43] 이 경우 역시 의인은 또 다른 수단, 즉 부에 근거한 힘을 소유한 유력한 존재이므로 잠언 14:19에서처럼 악인이 종국에는 의인에게 패배하고 무릎을 꿇을 수밖에 없다. 다시 말해 이 절은 악인이 제 몫의 대가를 치르며 의인의 처분을 기다리는 상황을 그려준다.

의인이 부를 누리는 상황은 잠언의 다른 곳에서도 발견된다. 의인의 집에는 보화가 있고(잠 15:6), 의인은 배불리 먹으며(잠 13:25), 재앙을 걱정하지 않는다(잠 13:21). 의인의 집에 복이 있다는 표현은 부요함을 강하게 암시한다(잠 3:33). 악인이 소유한 재물은 오래갈 것 같아도 결국에는 의인에게 돌아간다(잠 13:22).[44]

잠언 21:12에 따르면 차디크는 악한 자에게 파멸을 가져온다.

מַשְׂכִּיל צַדִּיק לְבֵית רָשָׁע מְסַלֵּף רְשָׁעִים לָרָע

---

42) Waltke 역시 이 잦은 언급에 주목한다(Waltke, *Proverbs 1-15*, 598).

43) Murphy, *Proverbs*, 105.

44) 소유의 전이가 구체적으로 어떻게 일어나는지 설명하지 않았지만, 이 격언의 충격 효과는 여전히 강렬하다.

의로운 자가 악인의 집을 지켜보고

악한 자를 파멸로 이끈다(잠 21:12).

문맥상 별다른 단서가 없어 본문에 언급된 의로운 자가 의로우신 하나님인지(NJPS) 아니면 의로운 사람인지(RSV)는 결정하기 어렵다. 하나님이 악인에게 합당한 조치를 하신다는 것은 잠언에서 친숙하게 볼 수 있는 주제다. 하나님은 의인을 대신해 악인을 벌하시고(잠 21:18), 악인의 집에 저주를 내리시며(잠 3:33), 악인의 부를 의인에게 돌리신다(잠 13:22). 심지어 악인이 멸망 당하는 광경을 보고 겁에 질리지 말라는 경계의 말씀도 있다(잠 3:25). 하나님은 인간의 도덕적 품성과 행동에 깊은 관심을 두고 계시며, 의로운 자들의 편에 서서 손수 불의를 응징하는 분이시다.

하지만 성경에서 하나님의 의로움이 자주 언급되더라도 차디크는 하나님의 칭호로 사용되지 않는다(사 24:16이 유일한 예외다).[45] 고대 역본들 대다수가 차디크를 의인으로 옮기는데 이를 거부할 특별한 증거가 없음을 고려하면, 이 구절은 의인이 악인에게 맞서 공의를 실행하는 상황을 기술한 것으로 결론지을 수 있다.[46]

---

45) Richard J. Clifford, *Proverbs* (OTL; Louisville, Ky.: Westminster John Knox, 1999), 191.

46) 히브리성경 내에서 ס-ל-ף의 용례가 잠 21:12의 차디크가 누구인지를 결정해주는 것은 아니다. 잠 13:6에서 죄인을 망하게 하는 것은 하나님이라기보다는 그의 죄 자체다. 잠 19:3에서는 인간의 어리석음이 그의 앞길을 막는다(Clifford, *Proverbs*, 191의 진술과는 반대다). Waltke는 잠언에서 차디크는 항상 인간에게 적용되지만 오직 잠 21:12에서만큼은 "죄인을 땅에 쓰러뜨리는 이"라는 구절과의 평행 관계를 이유로 하나님을 가리킨다고 주장한다(Waltke, *Proverbs 1-15*, 161). 한 편의 주장을 결정적으로 입증할 다른 증거가 없어 이 구절의 해석은 여전히 난제로 남아 있다.

3.3.2. —— 공감 능력

의로움은 약자에 대한 배려를 포함하며, 의인은 공감에서 나온 행동을 자기 인생에서 빼놓을 수 없는 요소로 간주한다. 잠언은 의로움과 정의를 행하는 것이 제물을 바치는 것보다 우선되어야 한다고 단호하게 말한다(잠 21:3).[47] 바인펠트가 명확히 보여주었듯이 이 표현은 절박한 형편에 있는 이들에게 실질적이고 구체적으로 자애를 베풀어 고통을 덜어주는 것을 말한다. 의인은 자신을 절박한 이들의 하나님이라 선언하시는 야웨 하나님께 충성하기를 원한다. 그 충성의 표현으로 어려움에 처한 이웃을 돕기 위해 애를 쓰는 것이 의인이기에, 바인펠트가 말한 의로움과 정의의 실천은 의인의 표지가 되는 것이다. 그런데도 잠언의 관점에서 의로움은 자선 행위나 사회 운동을 넘어서는데, 의로움은 행동만이 아니라 인격체로서의 개인의 성향과 태도까지 포함하는 개념이기 때문이다. 잠언에 따르면 의로운 사람은 가난한 이들을 향한 예민함과 공감을 보이는 데 반해 악인은 그런 이해가 결핍되어 있다.

> יֹדֵעַ צַדִּיק דִּין דַּלִּים רָשָׁע לֹא־יָבִין דָּעַת
>
> 의인은 가난한 자의 형편을 이해하지만
>
> 악인에게는 그런 지식이 없다(잠 29:7).

47) 이 면에서 아모스, 호세아, 이사야 등 8세기 예언자들과의 교감이 엿보인다. 미 6:8은 이러한 정신을 잘 요약해준다. "사람아! 주께서 너에게 무엇이 선한지 그분께서 네게 무엇을 원하시는지 알려주셨으니, 바로 공의를 행하고 인자함을 사랑하면서 겸손히 그분과 동행하는 것이다."

악인의 둔감함은 부주의가 아니다. 악한 자는 가난한 이들을 멸시하고 그들의 부르짖음에 귀를 닫아버린다.

> אֹטֵם אָזְנוֹ מִזַּעֲקַת-דָּל גַּם-הוּא יִקְרָא וְלֹא יֵעָנֶה
> 가난한 자의 울부짖음에 귀를 닫는 자는
> 자신이 부르짖을 때 들을 자가 없으리라(잠 21:13).

이 격언은 가난한 이에게 도움 베풀기를 거절하는 악인이 마찬가지로 딱한 신세가 되어버리는, 일종의 인과응보(poetic justice)적 상황을 그리고 있다. 약자에게 **고의적으로** 무심했던 무자비한 인간은 바로 그 행동으로써 자신의 운명을 결정짓고 만 것이다.[48] 본문은 이 사람에게 악인이라고 꼬리표를 붙이지는 않지만, 우리는 수사적 장치 구조를 통해 충분히 그것을 알 수 있다. 악한 자가 타인의 아픔과 고난에 대해 자신을 차단하는 행동은 그와 대조되는 공감 능력이 품성 개발의 핵심 요소이자 근본적 미덕이라는 사실을 역으로 드러내 준다. 엄연한 현실을 보고 듣지 않는 자세는 자신에게 눈과 귀를 주신 창조주의 뜻을 의도적으로 멸시하는 것과 다르지 않다.

책임 방기(negligence)는 종종 악의 근원이 된다. 미글리(Mary Midgley)는 도덕적 책임 방기가 가져오는 결과를 다음과 같이 설명한다.

---

48) 히브리어 동사 אטם은 "귀를 닫아버리다"(*HALOT* 1:37)라는 뜻으로 의도하지 않은 부주의가 아닌 고의적 무관심을 가리킨다. 사 33:15(14-16절의 문맥 참조), 시 58:5, 잠 21:13이 모두 그러한 고의성에 대해 말해준다. 잠 17:28과, 비유적으로 시 69:16에서는 같은 단어가 입술을 다무는 행동을 묘사한다.

용서받지 못할 행동들은 대체로 광기나 기이한 도덕관념보다는 자신의 행동에 내재한 도덕적 원리와 그 행동이 가져올 결과에 대한 무관심에서 비롯된다.[49]

그런 의미에서 게으름은 "인간의 도덕적·지적 능력의 무력화, 이상과 원칙들에 대한 고의적인 무시"이며 죄의 근원이다.[50] 참으로 공포스러운 것은 선과 악 사이에서 선택을 내릴 수 있는 자유가 차츰 빛바래가는 과정이다. 악을 행할수록 선을 행하기는 그만큼 어려워진다. 그 결과 그의 도덕적 지각과 분별력은 손상되고 온전한 판단을 내릴 수 있는 능력은 망가진다.

יֹדֵעַ צַדִּיק דִּין דַּלִּים רָשָׁע לֹא־יָבִין דָּעַת

의로운 사람은 가난한 이의 상황을 이해하지만

악한 자는 그러한 지식을 짐작하지 못한다(잠 29:7).[51]

---

49) Mary Midgley, *Wickedness: A Philosophical Essay* (London: Routledge & Kegan Paul, 1984), 63.

50) Midgley, *Wickedness*, 63. Midgley의 철학적 분석을 보충하는 관점으로 Scott Peck의 정신분석 접근이 있다. Peck 역시 정신분석 접근을 통해 나태함이 인간 죄성의 본질이라고 결론짓는다.

51) 동사 ידע(잠 29:7a; 12:10a, 진행되는 논의를 살펴보라)를 "보살피다"(NIV)나 "관심을 갖다"(NJPS) 등으로 옮기는 것은 잠언이 견지하는 지식과 미덕의 밀착된 관련성을 무력화하는 과잉 번역이다. 잠언에서는 지식이 곧 미덕이라는 등식이 성립한다. 같은 맥락에서 야웨의 종이 자기 백성을 "그의 지식으로"(בדעתו) 구원하리라는 이사야의 예언도 의미심장한 언명이다(사 53:11). דין의 법정적 의미에 비추어 이 격언이 (의인이 유력한 자의 입장에서) 가난한 이의 송사(legal case)를 돕는 정황을 암시할 가능성도 있다. 그러나 구체적 문맥 없는 분석이기에 여기서는 일반적인 상황을 지칭하는 것으로 해석했다.

여기서 주목할 것은 한 사람의 도덕적 태도와 선택들이 결국은 그 내면의 모습을 형성하는 결정적 요소가 된다는 사실이다.

יוֹדֵעַ צַדִּיק נֶפֶשׁ בְּהֶמְתּוֹ וְרַחֲמֵי רְשָׁעִים אַכְזָרִי

의인은 자기 가축의 목숨도 헤아리지만

악인은 잔인함이 그의 자비다(잠 12:10).

서로 정반대의 위치에 있으면서도 의로움과 악함은 사실 많은 특성을 공유한다. 양자가 다 인격체 내부에 깊이 새겨져 있고 저마다 특정한 종류의 욕구를 수반한다는 것이 그 하나다. 위 격언은 동물 보호나 개인적 취향에 관해 말하는 것이 아니다. 중요한 것은 상반되는 방향으로 진행된 인격 형성 과정의 결과와 함축된 의미다. 의인은 가축들에게까지 민감하고 동정적인 마음을 갖게끔 그 마음이 빚어져 있는 반면, 악인은 악을 향해 마음이 기울어져 있다. 이 격언들에 적나라하게 드러난 두 인격체의 강렬한 대비가 보여주는 분명한 사실 하나는 바로 악인은 자기 의지대로 선과 악을 나누어줄 능력이 없다는 것이다. 악이 악인의 감성을 마비시킴으로써 그가 내면에 갖고 있던 공감 능력의 기능이 정지되었기 때문이다.

이 과정에서 악인이 보이는 잔인함은 자의적 선택의 결과가 아니다. 스스로는 너그럽고자 해도 결과적으로는 그 내면을 채우고 있는 잔인함이 드러나기에, "뼛속까지 썩은" 인격의 기준에서의 자비가 실상은 잔인함이 되고 마는 상황일 뿐이다.[52] 이처럼 악인은 인격이 좀먹어 무감각 상

52) McKane은 악인을 "무감각하고 가책을 느낄 줄 모르는…돌덩이같이 굳어진 인간"이라고

태를 넘어 철저히 망가진 존재로 그려진다. 그 이유가 무지함(남들에게 도움이 되는 것이 무엇인가에 대해 잘못된 관념을 가진 경우)이든 게으름(남들에게 도움이 되는 것을 알아보려 하지 않는 경우)이든, 아니면 마음속 깊이 있는 적대감이든 결국 악인은 남을 돕는 방식으로 살지 못한 사람이다. 이 단계에 이르면 악함은 다른 성향과 더불어 관측되는 또 하나의 속성이 아니라 그 인격 전체를 움직이는 지배적 성향이 되어 있다. 이것이 와이브레이가 "인격의 완전한 부패"라고 명명한 그 상태다.[53]

그와 대조적으로 의로운 사람은 동물을 향해서도 동정심을 품는다. 도덕적으로 반듯한 사람은 선한 것에 마음이 기우는 성향과 더불어 약자들을 향한 공감 능력을 갖추고 있다. 따라서 잠언이 원수가 몰락해도 기뻐하지 말라고 명하는 것은 당연한 일이다.

> בִּנְפֹל אוֹיִבְךָ אַל-תִּשְׂמָח וּבִכָּשְׁלוֹ אַל-יָגֵל לִבֶּךָ
>
> 너의 대적이[54] 넘어질 때 즐거워하지 말라.
>
> 그가 넘어질 때 네 마음이 기뻐하게[55] 말라(잠 24:17).

잠언을 기록한 현인들은 선행이 사회적 통념이나 선심에서 비롯된 인도적인 행동 그 이상의 무엇이라고 믿었다. 가난한 이들에게 동정심을 갖

묘사한다(McKane, *Proverbs*, 452).

53) R. N. Whybray, *Proverbs* (NCBC; Grand Rapids, Mich.: Eerdmans, 1995), 80.

54) 케레 독법을 따라 אויבך로 읽는다(LXX, Syr, Vulg). 케티브는 אויביך다.

55) 이 교훈은 궁정의 복잡한 정략 행위를 일상적으로 접해야 하는 젊은 관료들에게 값진 조언이었을 것이다. 잠언은 그 지시에 대해 다음과 같이 신학적 정당성을 덧붙인다. "야웨께서 보시고 그분의 진노를 그로부터 옮기시지 않도록."

는 것은 그들의 창조주를 향한 공경인 반면, 그들을 조롱하는 것은 다름 아닌 창조주이신 하나님을 모욕하는 행위가 된다.

> עֹשֵׁק־דָּל חֵרֵף עֹשֵׂהוּ וּמְכַבְּדוֹ חֹנֵן אֶבְיוֹן
>
> 가난한 이들의 몫을 움켜쥔 자는 그들의 창조주를 대적하고[56]
>
> 어려운 이들에게 은혜를 베푸는 자는 그분께 영광을 돌린다(잠 14:31).

> לֹעֵג לָרָשׁ חֵרֵף עֹשֵׂהוּ שָׂמֵחַ לְאֵיד לֹא יִנָּקֶה
>
> 가난한 이를 조롱하는 자는 그 창조주를 대적하는 것이며
>
> 남의 불행에 기뻐하는 자는 반드시 벌을 받으리라(잠 17:5).

가난한 이를 향해 마음을 두는 것은 가난한 자, 고아와 과부를 보호하시는 하나님께 대한 충성의 표현이었다.[57] 가난한 자들에게 예민하고 동정적인 마음을 가지면 보상이 따른다. 크렌쇼(James L. Crenshaw)는 이를 "가난한 이들에게 너그러운 사람에게는 가장 높은 수준의 복이 약속되어 있다"라고 요약한다.[58] 잠언은 다음처럼 이 사실을 잘 알고 있다.

---

56) 히브리어 본문상 주어와 목적어가 모두 3인칭 남성단수("그")로만 표시되어 있기에, 영광을 돌리는 자와 받는 이가 분명하지 않다.

57) 약자를 보호하는 하나님이란 개념은 이스라엘 종교성의 근본 요소이며 고대 근동의 종교 문화와 깊이 교감하는 부분이다. 이 주제에 관한 훌륭한 저술로 F. Charles Fensham, "Widow, Orphan, and the Poor in Ancient Near Eastern Legal and Wisdom Literature," *JNES* 21(1962), 129-39를 참조하라.

58) James L. Crenshaw, "Poverty and Punishment," in *Urgent Advice and Proving Questions: Collective Writings on Old Testament Wisdom* (Macon, Ga.: Mercer, 1995), 400.

בָּז-לְרֵעֵהוּ חוֹטֵא וּמְחוֹנֵן[59] עֲנָיִים אַשְׁרָיו

자기 이웃을 멸시하는 자는 죄인이고

가난한 자를 불쌍히 여기는 자는, 복되어라!(잠 14:21)[60]

3.3.3. — 현명함

잠언에서 의인과 지혜자(현인)에 관한 묘사 중 상당히 많은 부분이 겹치는 현상은 종종 당연한 것으로 간주된다. 머피는 두 집단이 동일성(identification)을 가진 같은 대상이라고 이해한다.

> 지혜문학의 특징이자 놀라운 변천 하나는 의인(차디크)과 현인(하캄)을 동일시하게 된 것이다. 인간을 현인과 바보로 나누는 분류법이 의인과 악인의 분류법과 짝을 이루게 되었다.…성경의 지혜를 도덕률로 축소시킬 수는 없더라도 도덕과 지혜는 분리되어선 안 된다.[61]

그러나 잠언의 도덕 담론에서 차디크와 하캄(חכם)의 용례를 살펴보면 이 두 단어가 가리키는 지시 대상의 상관관계는 단순히 동일성으로 규정할 수 없다. 두 개념이 근접 거리(문장 내 혹은 앞뒤 문장 내)에서 한 지시

59) 케티브와 다수의 고대 역본을 따른다. 케레 독법으로는 이를 "낮은 자"(ענוים)라 읽는다. 이에 대해 Whybray는 잠언에서 "가난한 자"와 "낮은 자"는 해석상의 차이가 없다고 주장한다(Whybray, *Wealth and Poverty*, 14). 그의 결론은 다소 과장되었지만 그 논지에는 정당성이 있다. 최소한 이 구절에서 가난한 자와 낮은 자의 구분은 무의미하다.

60) "복되도다"라는 감탄문은 잠 3:13; 8:32, 34에도 나타나지만 이 절의 히브리어 표현(אשריו)은 다른 구절의 표현(אשרי)과 다른 독특한 형태를 취한다.

61) R. E. Murphy, "Wisdom in the OT," *ABD* 6:926.

대상에 적용된 경우는 매우 드물다. 사실 잠언 10-15장에 나오는 145개의 반어적 평행 구절 중 단지 두 개만이 의인과 현인을 직접 연결하고(잠 10:31; 11:9), 단 한 번만이 어리석은 자와 대비한다(잠 10:21).[62] 사회학적으로 말해 잠언의 의인이 직업적 현인 그룹에 속한다고 볼 증거는 없는 것이다.[63]

따라서 의인과 현인의 동일시는 지나친 단순화의 오류다. 두 호칭은 상호 개념적 독립성을 유지하면서도 이상적 인간형으로 상정된 같은 대상에게 적용되고 있을 뿐이다. 의로움과 지혜는 갖추지 않으면 긍지 있고 성공적인 삶을 살 수 없는 중요한 가치이다 보니 그러한 공존이 자연스럽게 이루어질 뿐이다.[64] 어떤 의미에서 의와 지혜는 단순한 미덕이 아니라 다른 미덕들을 흡수해 한 사람의 인격 전체의 특징을 결정짓는 "거대 미덕"(meta-virtue)의 구실을 한다. 따라서 의와 지혜의 동일성보다는 성숙한 도덕성을 갖춘 사람의 인격에는 의와 지혜가 공존하기 마련이라는 의미에서 양자 간의 통합성을 논하는 것이 의미 있는 작업이 될 것이다.

이상적인 제왕상을 다룬 고대 근동의 제왕 이데올로기 역시 그런 논

---

62) R. B. Y. Scott, "Wise and Foolish, Righteous and Wicked," VTSup 23(1972), 146-65.

63) Whybray는 *The Intellectual Tradition in the Old Testament* (BZAW 135; Berlin: Walter de Gruyter, 1974)에서 이스라엘에 חכמים, 즉 "지혜자들"라 불린 전문가 집단은 존재하지 않았다고 단언한다.

64) 지혜와 의로움은 둘 다 최고의 가치를 지닌 미덕으로 간주되기에, 의로운 바보나 사악한 현인이 존재한다면 어떤 인격체일지 상정하기란 쉽지 않다. 여기서 의롭다는 의미의 영어 형용사 righteous가 "옳다"(right)와 "현명하다"(wise)의 합성어라는 점은 시사하는 바가 크다. 대표적인 영어 사전들(*Oxford English Dictionary*, *Webster's Third International Dictionary*, *Random House Dictionary*)이 모두 이 어근 분석에 대해 동일한 견해를 보여준다.

지에 부합한다. 의와 지혜는 이상적인 왕이 갖출 덕목으로 늘 다루어지기에 양자를 함께 명시하는 것은 왕들의 비문에 항상 등장하는 중요한 특징이다. 이에 관해서는 아지타와다(Azitawadda) 비문과 파나무와(Panammuwa II) 비문이 가장 유력한 예가 될 것이다.[65] 이 두 비문이 왕권의 정당성을 변호하려는 의도를 가진 글로서 의와 지혜를 진정한 왕의 모습으로 언급한다는 사실은 매우 흥미롭다.

따라서 잠언의 수사법을 이해하기 위해서는 지혜와 의를 통합적으로 보아야 한다. 몇 가지 사실이 이런 관점을 뒷받침한다. 첫째, 어휘적 증거들이 있다. 잠언의 서문은 지혜의 유익을 독자들에게 설득하면서 지혜와 관련된 어휘들을 쏟아놓는다.[66] 그 이유는 그들 중 어느 한 단어만 가지고는 지혜 수련의 결과로 얻게 될 영적인 지혜를 온전히 표현할 수 없기 때문이다. 예를 들면 히브리어 하캄은 영어 "wisdom"이나 우리말 "지혜"보다 훨씬 넓은 의미 범위를 갖기 때문에 악한 사기꾼도 하캄이라 불릴 수 있다.[67] 이와 대조적으로 잠언의 도덕 강화는 이상적 인간상을 가리켜 하캄과 차디크를 동시에 사용함으로써 하캄이라는 단어가 잠재적으로 암시할 수 있는 교활함이나 간사함을 배제한다.[68] 그러나 이러한 논지는 두 단

65) Stuart Weeks, *Early Israelite Wisdom* (Oxford Theological Monographs; Oxford: Clarendon, 1994), 70. Azitawadda 비문은 Karatepe 비문이라고도 알려졌다(*KAI* 26 A [I]). Panammuwa II(*KAI* 215), line 2도 참조하라.

66) 이들 어휘에 대한 철저한 분석은 M. Fox, "Words for Wisdom," *ZAH* 6(1993), 149-69; *Proverbs 1-9*, 28-38를 참조하라.

67) 삼하 13:3은 요나답을 "이쉬 하캄 메오드"(איש חכם מאד), 즉 매우 영리한 사람이라 부른다. 물론 본문에 나타난 요나답의 행태에 적절한 단어는 지혜가 아닌 교활함일 것이다.

68) 그러나 חכם의 다른 속성인 "숙련성" 혹은 "전문성"의 의미는 유지되고 있다.

어의 결합으로 하나의 의미를 나타내는 헨디아디스(hendiadys), 즉 이사일의(二詞一意) 기법이나 상투적 어휘 쌍을 평행절 내에 전략적으로 배치하는 등의 언어적 장치 대신 논리적 연관성을 통해 전개된다. 하캄과 차디크는 동일 문장 내의 가까이서 **호칭으로** 공용되기보다는 동일 대상을 묘사함으로써 두 단어의 의미를 상호 한정하는 기능을 한다. 누군가가 지혜로움을 원한다면 그것이 의로움의 속성을 지녀야 제대로 된 지혜라 할 수 있고, 의로움을 추구한다면 지혜의 인도를 받아야 온당한 의로움이 된다. 결국 잠언의 관점에서는 지혜에서 의로움을 배제할 수 없고 의로움은 지혜로 채워져야 한다.

둘째, 문예적 증거다. 의인과 현인이라는 두 인물상을 비교해보면 특성에서 겹치는 부분이 많은 것을 알 수 있다. 의인은 재산 관리에 현명하고 대인 관계에 유능하다(잠 10:16; 15:6). 말을 잘하고 평정심을 유지하는 지혜의 대표적인 특성들이 현인에서만큼이나 의인에게서도 발견된다.[69] 잠언은 의인의 생각과 말이 현명함을 자주 묘사하는데 의인의 말은 생명의 능력이 있고(잠 10:11), 많은 이를 유익하게 하며(잠 10:21), 지혜를 펼치고(잠 10:30), 상황에 어울리는 특성들로 인해 공동체를 이롭게 한다(잠 10:32). 의인의 "축복"이 성읍을 이롭게 한다는 언명은 의인의 기도(마음속의 생각만을 가리킬 수도 있겠지만)가 가져오는 유익을 언급한 것으로 보인다(잠 11:11).

의인에 관한 이러한 묘사들은 통상적으로 현인에 대한 묘사와 매우

69) 공교롭게도 이 두 가지는 이집트 지혜문헌에서 이상적 인간상인 "고요한 사람"의 두드러진 특성 두 가지와 일치한다.

유사하다. 따라서 의와 지혜가 단어의 의미상으로는 겹치지 않는다 해도 그 둘이 동일한 대상을 지시하는 사례들이 빚어내는 효과는 언어학적 맥락을 넘어서서 실체화된다.[70] 그리고 개념과 의미의 맥락에서 둘 사이에 구분이 지어지더라도 두 인물상이 갖는 문예적·이념적 기능이 사라지지는 않는다. 이것은 우리가 제1장에서 관찰했던 이론적·철학적 관점의 결론과 일치한다.

두 개념 간의 역동을 분석한 후르비츠(Avi Hurvitz)는 의인과 현인의 **동일시**가 지혜 전승 사고의 전형적 형태라고 결론짓는다.[71] 그러나 양자의 관련성은 후르비츠의 언어학적 분석이 함의하는 것보다 더 넓은 외연을 갖는다. 왜냐하면 그 현상은 지혜문헌 저자들의 언어학적 특이성보다는 잠언이 가진 "개념상의 특이성"(conceptual *differentia*)을 더 반영하기 때문이다. 잠언을 저술 및 편집한 현자들은 의도적으로 도덕과 지성을 통합하는 수사법을 사용해 잠언의 교훈을 전달했다. 잠언의 독자들이 성공적인 인생을 살기 위해서는 지혜가 필요하다. 그런데 참된 지혜는 반드시 의로움을 동반한다는 사실을 알아야 한다.

미덕 윤리(virtue ethics) 역시 비슷한 논리 전개를 보여준다. 미덕 윤리에서 사람이 의로움을 얻기 위해서는 지혜가 필요하다. 의롭기 위해서는 지혜로워야 한다. 매키넌은 이를 다음과 같이 설명한다.

---

70) Heim, "Coreferentiality," 196.

71) Avi Hurvitz, "*Ṣaddiq* = 'wise' in Biblical Hebrew and the Wisdom Connections of Ps 37," in *Goldene Äpfel in silbernen Schalen* (Frankfurt a.M.: Lang, 1990), 109-13. 강조는 덧붙인 것이다.

실질적 추론의 탁월성은 타고나는 것이 아니다. 물론 인지적으로 뛰어난 사람과 부족한 사람은 있게 마련이고 자라난 환경이 좋은 사람과 그렇지 못한 사람이 나뉘지만, 실질적 지혜를 획득하고 도덕적·지성적 탁월함을 보이는 사람은 고된 노력과 훈련을 통해서만 그런 결과를 낼 수 있다. 좋은 사람이 되고 좋은 삶을 살겠다는 의지가 없이는 그 어떤 훌륭한 환경이나 특권도 사람을 선한 사람 혹은 현명한 사람으로 변화시킬 수 없다.[72]

매키넌은 프로네시스(*pronesis*, practical wisdom), 즉 실질적 지혜가 의로운 삶을 영위하는 데 중심적 역할을 한다고 강조한다. 도덕과 품성 계발에서 실질적 지혜가 중요하다는 것은 미덕 윤리의 근본적 신조로서 아리스토텔레스(Aristoteles)에서 아퀴나스(Thomas Aquinas), 칸트(Immanuel Kant)를 거쳐 현대의 누스바움(Martha Nussbaum),[73] 자그제브스키(Linda Zagzebski)에 이르는 많은 사상가의 지지를 받았다.[74]

의인은 어쩌다 보니 의롭게 살게 된 것이 아니다. 의인은 도덕적 삶을 살기 위해 그 원리들을 배워 이해한다. 그런 의미에서 의인은 지혜로워야 할 필요가 있다. 이 반대의 명제도 참인데 참으로 현명한 사람은 의로운 방식으로 살 수밖에 없기 때문이다. 이 내용을 잠언이 가르치는 방식은 단순하다. 참된 지혜는 하나님 경외가 그 출발점이자 종착점이라는

---

72) McKinnon, *Character*, 229.

73) 이 논점과 관련해 가장 유용한 작품은 Martha Nussbaum, *The Fragility of Goodness: Luck and Ethics in Greek Tragedy and Philosophy* (Cambridge: Cambridge University Press, 1986)이다.

74) Linda Zagzebski, *Virtues of the Mind* (Cambridge: Cambridge University Press, 1996).

강조가 바로 그것이다. 사실 오래된 실용주의 관점에서 보더라고 하나님을 기쁘게 하지 않고는 성공적인 삶을 살 수 없으니 이것은 꼭 이스라엘의 신학이 아니어도 유신론적 세계관을 공유했던 현자들과 그 청자들이 가졌던 선이해였을 것이다. 따라서 현명한 사람은 의로워야 하고, 의로운 사람은 당연히 현명할 것으로 기대되는 것이다. 이러한 이해, 즉 지혜 습득과 성품 계발의 초점을 제공해주는 의와 지혜의 통합적 관점은 잠언의 진정한 기여분이라고 할 수 있다. 이 내용을 집약해주는 이상적 인간형을 가리키는 일차적 호칭이 바로 "의인"인 바, 그는 의로움과 현명함의 이상적인 학습자이자 실천가다. 광범위한 참조 자료에서 밝혀지듯이, 이 "하캄-차디크"(의롭고 현명한 자)는 의미론적으로는 분리되지만 기능적으로는 통합된 의와 지혜의 두 측면을 몸으로 체화한 존재다.

3.3.4. —— 행복함

잠언이 그리는 의인은 부와 힘을 부여받는다. 그는 부와 장수, 안전, 명성 등 성공적인 삶의 요소들을 누리는 존재다. 그의 삶은 일상적 삶의 수고와 격리된 듯하다. 그의 적수인 악인도 그의 안정되고 고요한 삶을 늘상 위협하는 것은 아닌 듯하다. 의인은 재판에서 이기고(잠 11:4), 원하는 바가 이루어지며 기도가 응답받는 경험을 한다(잠 10:24; 15:8).[75] 그의 존재는 생명과(잠 10:16; 11:19; 12:28) 축복으로(잠 15:9) 특징지어진다. 야웨 하나님이 그를 보호하고 안전을 베풀기에 그의 근원은 위협받지 않는다(잠

---

75) 기도의 응답은 더 깊은 차원의 의미로도 설명할 수 있겠지만, 잠언의 진술대로 그가 요청한 것을 얻는다는 단순한 사실은 변함이 없다.

10:3, 30; 11:3).[76] 야웨는 악인의 유산이 의인의 손에 넘겨진다는 보장까지 하신다(잠 13:22). 잠언은 의인에게 보상이 있어야 **마땅하다**고 말하는 데서 그치지 않고 의로운 삶이 충분한 보상을 받고 **있고**, 받게 **되리라는** 절대적 확신을 드러낸다.

이와 같은 의인의 특권적 위치를 고려하면, 의인의 중요한 특징이 기쁨과 행복이라는 사실에 수긍이 간다. 의인의 삶은 기쁨으로 채워진다.

> תּוֹחֶלֶת צַדִּיקִים שִׂמְחָה וְתִקְוַת רְשָׁעִים תֹּאבֵד
>
> 의인의 기대는 즐거움이나
>
> 악인의 희망은 사라지리라(잠 10:28).

의인의 모습은 우울함이나 완고함과는 거리가 멀다. 오히려 잠언의 도덕 강화에 나오는 의인의 묘사는 그를 긍정적이고 쾌활한 모습으로 그려낸다.[77] 잠언에 나타난 의인의 모습을 보면 고요함과 기쁨의 적절한 조화가 의로움의 한 가지 지표임을 알 수 있다. 결국 의인이 이상적 인간형이라면 자신의 삶에 만족할 것이 분명하다. 기쁨 혹은 행복이란 관념은 의미상으로는 의로움과 관련성이 없다. 사람의 행복이 그가 의롭다는 증거

---

76) Gossai는 차디크에 관한 모든 진술은 "종교적 성향을 전혀 보이지 않는다"고 결론짓고, "야웨께서 의인의 굶주림을 허락지 않으시고, 악인이 탐내는 것은 내주지 않으신다"는 잠 10:3의 내용이 유일한 예외라고 진술한다(Gossai, *Justice*, 86). 그러나 잠 10:3의 서술은 경험과 관찰로만은 도달할 수 없는 대담한 선언이며 신학적 고백의 최고봉에 자리한다고 보는 것이 마땅하다.

77) Steiert는 의인의 성품을 요약하면서 "평강의 사람", "기쁨과 삶의 온전한 긍정을 가진 사람", 그리고 "자비의 사람"이라고 표현한다. Steiert, *Weisheit Israels*, 157-63 참조.

가 될 수도 없다. 하지만 의로운 사람의 모습을 살펴보면 의로움은 좁은 의미에서의 도덕률 이상의 것으로서 정서적 영역을 포함한 전인격을 포함하는 개념임이 분명하다. 감출 수 없이 드러나는 기쁨이야말로 의인을 악인과 대칭점에 놓는 대조점이 된다.

> בְּפֶשַׁע אִישׁ רָע מוֹקֵשׁ וְצַדִּיק יָרוּן וְשָׂמֵחַ
>
> 악인은 자신의 죄에 갇혀 있지만
>
> 의인은 노래하며[78] 즐거워한다(잠 29:6).

이 기쁨의 원천은 명확하다. 그가 하나님과 맺은 흔들림 없는 관계가 그것이다. 의인은 탁월한 사회적 지위에도 불구하고 자신이 자족할 수 없는 존재로서 하나님께 의존해야 한다고 선언한다.[79]

> 야웨의 이름은 강한 성루,

---

78) *HALOT* 3:1248은 "발목이 잡힌다"는 뜻의 מוקש와의 반어적 평행 관계가 더 자연스럽다는 추론에 근거해 MT의 ירון 즉 "(즐겁게) 외친다" 대신 ירוץ 즉 "달린다"로 읽어야 한다고 제안한다. 반 절(bicolon)에 대등한 사상이 반복되는 경우가 드물기는 하지만 MT 본문은 "달린다"와 "기뻐하다"가 밀접하게 결합된 이사일의(hendiadys)의 수법이 쓰인 경우로 이해할 수 있으며, 고대 역본들 역시 예외 없이 MT를 지지한다. Clifford는 "의인은 자신이 보호받고 있음을 알고 즐겁게 갈 길을 달리지만, 악인은 발이 묶인다"라고 평한다(Clifford, *Proverbs*, 251).

79) 의인의 사람됨을 보여주는 특징 외에도 이 구절은 흔히 지나친 낙천주의 성향이라고 (부당하게) 낙인찍히는 잠언의 "현실주의적" 면모를 드러낸다는 점에서 특별하다. 의인도 위험을 면제받지는 못하지만 그들은 하나님의 도움과 피난처를 위해 부르짖는다는 것이 다르다. 이 모티프는 시편 중에 시인이 자기 자신의 의로움을 선언하면서 무죄 판결과 보호, 그리고 회복을 간구하는 일련의 시들에서 생생하게 표현된다.

의인은 그리로 달려가 피신한다(잠 18:10).

신뢰와 의존의 모티프는 의인의 종교성에서 중요한 위치를 차지한다. 그리고 그러한 의존의 결과로 의인은 정서적 안정과 고요함을 얻는다.

נָסוּ וְאֵין-רֹדֵף רָשָׁע וְצַדִּיקִים כִּכְפִיר יִבְטָח

악인은 아무도 쫓아오지 않아도 도망치고
의인은 사자처럼 안심한다(잠 28:1).

이런 고양된 관점에서 보면 부와 힘을 맹목적으로 추구해보아도 행복의 원천과 올바른 관계에 있지 않다면 참된 행복을 얻을 수 없음이 명확해진다. 잠언 앞부분에서 갱단, 행실 나쁜 여인, 우매한 여인들의 주장과 유혹을 조직적으로 해부하고 해체해 보임으로써 아버지가 폭로한 내용의 본질이 바로 이것이다. 아버지는 그들이 제시하는 눈먼 돈, 즉흥적 성행위, 노동 없는 쾌락의 유혹이 허구적임을 폭로한다. 그들이 추구하는 목표는 방향이 틀렸으며 결코 실현될 수 없다. 매력적인 겉모습과 달리 이들의 파괴적 힘은 순진한 피해자들을 결국 불행과 수치로 이끈다. 더구나 잠언 후반부(잠 10-29장)의 격언들은 현명한 삶의 원리, 즉 겉모습 이면의 진실을 보아야 한다는 원리에 바탕을 두고 있다. 악한 사람이 인생을 즐기는 것처럼 보일 수 있지만 실상은 그렇지 않다. 자세히 살펴보면 악인들은 두려움에 밀려다니는 공허한 삶을 살기에 전혀 행복하지 않다. 그와 대조적으로 의인은 소박해 보이지만 자세히 보면 그들이야말로 오늘 이 순간의 참된 행복을 누리는 자들이다. 의인은 솟아오르는 해처럼 점차 밝아져 영광스러운 결말을 보게 된다(잠 4:18).

이쯤 되면 궁금증이 생긴다. 이런 진술들은 과연 관찰된 사실의 표현인가, 아니면 희망과 믿음의 선언인가? 그처럼 대담한 진술들이 결국에는 삶의 현실과 충돌을 일으킬 때, 거침없는 낙관주의와 하나님의 정의를 믿는 믿음이 과연 지속될 수 있을까? 블렌킨솝(Joseph Blenkinsopp)이 적절히 지적했듯이 이런 진술들은 "관찰과 경험에만 근거해서는" 말할 수 없는 내용을 담고 있다.[80]

> 의인과 악인의 대조적인 결말에 관한 단조로운 서술은 구체적인 종교적 전제들에 기초를 둔다.…악인은 때 이른 종말을 맞고 의인은 자신의 수를 다 누린다는 진술은 더더구나 그렇다.[81]

잠언의 그러한 진술들은 깊은 종교적 확신에서 배태된 것이다. 슈타이에르트는 이를 "신학적이고 케리그마에 기초한 신앙의 증언"이라 부른다.

> 이들은 "자연현상들"의 중립적인 관찰의 보도 기사들이 아니라 신학적이고 케리그마에 기초한 신앙의 증언이며, 한편으로는 주관적 확신을 전달하기 위한 개인적 경탄을 담은 기록이다.[82]

---

80) Joseph Blenkinsopp, *Wisdom and Law in the Old Testament: The Ordering of Life in Israel and Early Judaism* (rev. ed.; Oxford: Oxford University Press, 1995), 47.

81) Blenkinsopp, *Wisdom and Law*, 47.

82) Steiert, *Weisheit Israels*, 126.

잠언은 의로운 삶이 명성, 부, 장수와 같은 손에 만져지는 유익을 통해 보상받는다고 말한다. 그러나 의롭고 현명한 삶의 유익은 기쁨과 고요함 같은 내적 성품들도 포함한다. 기쁨과 고요함은 그 자체로서 행복이라 부르기 어렵지만, 그들을 통해 잠언이 권면하는 미덕들을 체화하는 내적 삶이 어떤 것인지를 짐작하도록 도와준다. 비교 우위 잠언들(better-than proverbs)에서 드러나듯, 잠언은 덕스러운 삶이 누리는 구체적 유익들을 짚어가면서 학습자들이 초월적이고 영속적인, 더 훌륭하고 진실한 삶을 살도록 안내해준다.[83]

인생의 쾌락과 행복에 관해 현자들이 어떤 태도를 가졌는지와 관련해 다음 격언에 주목해보라.

> רָשָׁע עֹשֶׂה פְעֻלַּת-שָׁקֶר וְזֹרֵעַ צְדָקָה שֶׂכֶר אֱמֶת
>
> 악한 자는 거짓된 임금을 벌지만
>
> 의로움을 뿌리는 자는 참된 보상을 얻는다(잠 11:18).

이 잠언의 호소력은 의인이 누릴 보상의 진정성을 악인의 운명과 대조해서 보여주는 데 있다. 악인이 집착하는 권력과 부는 매력적인 현실로 보이지만 그것은 거짓이고 허상일 뿐이다. 이 격언에서 "의로움을 뿌리는 자"와 악한 자 사이의 반어법적 평행법에 주의할 필요가 있다. 씨를 뿌리고 거두는 행동의 표상은 "성품과 결과의 상응 관계"(character-

83) 비교 우위 잠언에 대한 자세한 분석과 "초월성 및 영속성"이 어떻게 도덕적 안내자가 되는지에 대한 설명은 이 책 제5장을 참조하라.

consequence nexus)를[84] 떠올리게 하는 동시에, 미덕을 원하는 욕구가 갖는 도덕적 함의를 강조해준다. "악을 추구하는 자는 자기의 죽음과 마주치게 된다"고 말하는 잠언 11:19 하반부 역시 이 같은 관념을 뒷받침해준다. 이 격언은 "사악한 (자의) 부라는 비정상성에 대한 한 가지 설명을 제공"함으로써 악인의 성공을 정당화하는 측면이 있지만,[85] 외면적 행태를 넘어 내면의 생각을 드러냄으로써 "행동과 성품과 결과의 상응 관계"(act-character-consequence nexus)라는 일반 원리를 더 깊이 음미할 수 있는 장을 마련해준다.

84) Van Leeuwen은 다음과 같이 평한다(Van Leeuwen, "Proverbs," 119). "씨를 심고 거둔다는 표상은 성품과 결과의 상응 관계를 가리키는 성경의 기본적인 은유다"(욥 4:8; 시 126:5; 잠 22:8; 호 10:12; 고후 9:6; 갈 6:7).

85) 사실 이 구절은 "악한 재물"을 설명하기보다는 얕잡아보려 한다. 다시 말해 부당한 이익은 믿지 못할 허상일 뿐이라는 믿음을 심어주는 것이 이 구절의 의도에 가깝다.

제4장

의인은 어떻게 만들어지는가?

4.1. — 의로움의 길: 열린 길

잠언에서 의인이 누리는 특별한 위치를 생각하면 악인에게 인생행로를 바꿔 의롭게 되라는 권고의 말이 잠언에 없다는 사실은 놀라운 일이다. 달리 말해 잠언은 개심의 필요성이나 가능성에 대해 무관심하다. 잠언은 의로움을 성취하는 어떠한 구체적 프로그램을[1] 제시하지도 않고 의인에게 더욱 의로워지라고 요구하지도 않는다. 반면 지혜로운 자에게는 학습을 통해 더 지혜로워지라고 권고한다(잠 1:5; 9:9; 16:21). 잠언 9:9의 평행관계를 살펴보자.

현인을 가르치면 지혜를 더하겠고

---

1) 여기서 프로그램이란 학습자가 의로움에 더 다가가도록 돕기 위한 방향성과 의도를 갖고 마련된 일련의 절차를 가리킨다. 사실 잠언의 격언들은 어떤 행동이 의로운 행동인지 상세히 설명하지 않는데, 이것은 독자가 의로운 행동이 무엇인지 이미 알고 있다고 가정하거나 격언들이 제시하려는 의로움의 개념상이 개별적 행동들을 넘어서는 실체를 가리키고 있어서일 것이다. 이와 대조적으로 지혜를 습득하기 위한 프로그램은 존재한다. 잠언의 서론, 특히 잠 1:3은 지혜를 가르치는 목적이 의와 공평, 그리고 정직의 훈련에 있다는 매우 흥미로운 설명을 제시한다. 이러한 진술은 지혜의 획득은 그 자체가 목적이 될 수 없고 더 높은 목표를 위한 전제로서의 의미가 있다고 암시하는데, 아마도 이것이 잠언 전체를 통틀어 의로움을 얻는 프로그램에 가장 근접한 서술일 것이다.

의인을 가르치면 배움을 더하리라(잠 9:9).

잠언에서 지혜로운 사람은 당연히 지식을 추구하는 사람으로 묘사된다(잠 18:15). 반면 비웃는 자(לֵץ[레츠])는 지혜로운 이에게 배우러 가지 않는다. 지혜롭고 의로운 사람도 더 지혜롭기 위해서는 배울 수 있고 또 배워야 한다는 것이 잠언의 중심 주제 중 하나다(참조. 잠 1:5). 그렇다면 우리는 사람이 **더욱** 의로워지는 방법에 관해 잠언이 침묵하는 현상에 대해 그 침묵의 본질이 무엇인지 질문해야 한다. 이 침묵은 사람이 지혜를 얻으면 저절로 더 의로워질 것이라는, 인간의 도덕성 형성에 대한 일종의 낙관주의에 기인할까? 아니면 의로움은 어떤 시점이 되면 사람에게 온전한 형태로 부여되기에 의로움에 관한 한 더 이상의 진보가 필요 없다는 뜻일까? 흥미롭게도 잠언은 의로움의 **추구**와 관련해 진보의 필요성을 말하면서도 어떻게 의로움의 상태에 처음 발을 들여놓는지는 언급하지 않는다. 사실 지혜로운 **동시에** 의롭게 사는 방법을 이해하는 것은 잠언을 관통하는 강조점이다.[2] 예를 들어 의로움의 가치를 가장 강력하게 주창하는 격언 중 하나인 잠언 15:9은 하나님의 사랑을 빌려 그 주장을 전달한다.

תּוֹעֲבַת יְהוָה דֶּרֶךְ רָשָׁע וּמְרַדֵּף צְדָקָה יֶאֱהָב

악인의 길은 야웨께서 혐오하시나

---

2) 잠언의 서문(잠 1:1-7)은 지혜를 배우는 목적은 지혜 그 자체의 획득이 아닌 의로움, 정의, 공평과 같은 미덕들을 이해하는 데 있다고 분명히 서술한다.

의를 추구하는 이는 그가 사랑하신다(잠 15:9).

이 격언의 아름다움은 하나님의 사랑의 대상이 의를 추구하는 사람이라는 데 있다. 이 시행의 평행 구조에 의해 독자는 하나님이 사랑하시는 대상이 (악인과의 대비로서) "의인"이라고 자연스레 기대할 것이다. 하지만 의인 대신 "의를 추구하는 자"가 언급됨으로써 의로움은 사람의 실행과 성취만큼이나 그 태도와 성향으로도 표현된다는 암시가 주어진다.[3] 따라서 우리는 학습자가 방향을 올바르게 지키고 있는 한 같은 방향성을 가진 그 누구와도 **동일한 정도로 의롭다**는 함축적 결론에 도달한다. 의인의 의로움에는 등급이, 즉 완전히 의로운 사람과 간신히 의로운 사람을 가르는 구분이 없다.[4] 결국 의로운 삶이 끼치는 유익은 이제 막 의로움을 좇는 길에 들어선 이들에게도 온전히 허용되며, 누군가가 도덕적으로 올곧은 삶을 살 때 얻을 궁극적 유익은 하나님이 그에게 주실 보상보다는 그와 하나님과의 관계 자체에서 찾아야 한다(잠 15:9).

여기서 또 한 가지 중요한 것은, 의인과 현인이 종종 "동일지시적"(co-referential) 관계로 연결되긴 해도 사랑의 언어로 매개되는 친밀한 관계를 하나님과 맺는 쪽은 현인이 아닌 의인이라는 사실이다. 하나님의 혐오

---

3) 공의는 특정한 행동의 실행과 관련되지만, 의로움은 한 사람의 인격 전체와 관련된 일이라는 점이 이미 앞서 논의되었다.

4) Waltke는 "더욱 밝아지다"라는 개념이 "사실상 의로움에도 진보가 있고, 그에 따라 이미 확고한 행로가 더욱 견고해진다는 것을 암시한다"고 설명함으로써 잠 4:18에 의로움의 진전 개념이 있다고 평가한다(Waltke, *Proverbs 1-15*, 292). 그러나 이 구절에 진보가 나타나 있다면 그것은 의로움의 정도보다는 의인이 누리는 신분의 격상, 의로운 삶이 창출하는 유익의 증가를 의미할 것이다.

와 사랑이라는 극단적 대립 관계 및 그 정서적 어조에서 알 수 있듯이, 의로움은 합법성이나 도덕성을 뛰어넘어 극히 개인적이고 종교적인 차원에 닿아 있다. 잠언은 단순한 도덕률 지침서를 넘어선, 실질적일 뿐 아니라 관계성과 심오한 종교성을 동시에 확보한 강력한 도덕적 비전을 제시하는 책이다.

4.2. — 전범으로서 의인의 역할

잠언은 도덕적이고 경건한 삶의 본보기로서 의인이라는 인간형을 제시하며, 따라서 의인은 학습자가 재연해야 할 삶의 전범(paradigm) 역할을 한다. 그러므로 어느 사회에서 의인이 성공하고 행복하게 살 수 있는지는 그 사회의 도덕성을 측정하는 척도가 된다. 의인이 자신의 도덕적 순전함을 양보하지 않고서도 행복하고 성공적으로 있어주기만 해도 그 자체가 사회를 돕는 행동이다. 그런 의미에서 의인의 존재가 한 나라를 높여주는 것은 그가 행하는 선행 때문만이 아니라, 그의 성공이 타인으로 하여금 그의 행로를 따라오도록 격려하는 역할 때문이기도 하다(잠 11:11; 14:34).

따라서 의인을 칭송하는 도덕 담론의 수사학적 기능은 독자들에게 의인이라는 이상적 인물을 따르고 싶은 욕구를 심어주는 데 있다. 지성적 동의만으로는 행동의 수정을 일으키기 어렵다. 행동을 바꾸기 위해서는 어떤 이상형을 닮고 싶은 욕구가 있어야 한다. 잠언의 도덕 담론에서 지혜가 바로 그런 방식으로 장려된다. 이에 대한 팍스의 설명을 살펴보자.

> 지혜는 지성적 요소 외에도 태도와 정서의 요소를 갖고 있다. 학습자("아들")가

> 지혜를 배울 뿐 아니라 그것을 사랑하고 원하게끔 촉구하는 이유가 바로 그것이다(잠 4:6-8). 지혜는 영혼의 구성 상태이자 **도덕적 품성**이다. 도덕적 품성을 함양하는 것은, 조금도 과장 없이 말해, 어느 시대에서나 교육의 지상 목표가 된다. 또한 그것은 최고난도의 과제이기도 하다. 도덕적 품성이란 결국 합당한 대상을 향한 욕구로 귀착되는데, 우리는 어떻게 욕구를 가르칠 수 있을까?[5]

욕구를 가르칠 수 있는가? 없다. 하지만 우리는 **욕구할 만한 것들을 보여줌으로써** 욕구를 유도해보려는 시도는 할 수 있다. 도덕적 훈육은 본질상 설득의 과정이며 설득이란 거칠게 말하면 유혹의 한 형태다. 그리고 유혹을 하려면 구체적으로 감지되는 이익의 전망이라는 미끼가 있어야 한다.

잠언의 도덕 담론은 독자들이 의로운 삶을 맛보고 그 결과로 의인의 대열에 합류하도록 설득하려는 의도로 진행되는 언어 행위다. 잠언에 등장하는 의인의 칭송은, 인생 경험이 부족한 젊은 독자들이 도덕적 선택과 그 결과들의 상관관계를 생생히 볼 수 있도록 독자의 관심을 끌기 위한 것이다. 더 나아가 그러한 교습의 목표를 이루기 위해 인생의 교본으로 주어진 존재가 바로 의롭고 지혜로운 사람이다. 미덕 윤리에 의하면 도덕의 원리와 법칙을 가르치는 것보다는 본받을 만한 이상적인 삶을 보여주는 것이 더 탁월한 설득 방식이다. 이에 대해 올더만(Harold Alderman)은 다음과 같이 주장한다.

---

5) Fox, *Proverbs 1-9*, 348.

…무엇을 행해야 할지 결정하는 과정은 하나의 법칙을 알고 적용하는 것, 혹은 좋은 목표를 확정하고 그 목표에 도달하기 위한 최적의 행동 방식을 예측하는 것으로 되지 않는다. 사람은 모범인(paradigmatic individual)을 상정하고 동일한 상황에서 그 사람은 어떻게 행동할지를 알게 될 때 도덕적 모호성을 극복하고 확고한 선택을 내리게 된다. 그리고 그것을 알아내기 위해서는 그 모범인이 행동하는 과정을 그려보는 사고실험(Gedanken experiment)이 필요하다. 우리는 그런 모범인과 함께 살든지, 그런 삶의 기록을 읽든지, 아니면 그러한 인물과 인격적 관계를 맺었던 제자와의 만남을 통해 그런 사고실험을 준비할 수 있다. 어떤 경우이든 본질은 어떤 인물을 본받는다는 데 있다. 앞서 말했듯이 아리스토텔레스는 덕스러운 인격을 갖기 위해서는 자신이 그런 덕스러운 인물이 **된 것처럼** 행동할 필요가 있다는 사실을 간파했다.[6]

다시 말해 학습자는 이상적 존재의 생활 방식을 연습하고 재연하면서 결과적으로 그 자신도 그런 존재가 되도록 격려받아야 한다. 이 길을 걷기로 작정한 이들에게 의인은 자신의 처지에 맞춰 구체적인 가치와 행동으로 "어형 변화를 불러일으킬" 삶의 범례(paradigm)가 된다.[7]

욕구는 인간의 인간됨에서 너무나 근본적인 요소이기에 한 사람이 어

---

6) Harold Alderman, "By Virtue of a Virtue," in *The Virtues: Contemporary Essays on Moral Character* (ed. Robert B. Kruschwitz, Robert C. Roberts; Belmont, Calif.: Wadsworth, 1987), 61.

7) 영어로 된 원저에서 "paradigm"이라는 단어의 선택과 그 용례(관점, 교본, 기준 등의 다양한 뜻으로 쓰임)는 나의 독립적 선택에 따른 것이지만, "한 단어의 어형 변화를 체계적으로 정리한 표"라는 의미로서의 paradigm을 도덕적 원리의 다양한 적용 및 실천을 지칭하는 비유로 사용한 것은 나의 스승 Fox 교수와의 토론 과정에 빚진 바가 크다.

떠한지는 그의 욕구가 무엇인지로 묘사될 수 있다. 욕구는 그 소유자가 삶에서 내리는 선택을 좌지우지하며 그 삶의 외양과 결말에 강력한 영향을 미친다. 이처럼 욕구가 품성 형성의 핵심 요소인 만큼 좋은 욕구를 일깨우고 나쁜 욕구를 억누르는 두 측면이 도덕 교육에서 으뜸가는 목표를 구성하게 된다. 이 주제는 심리치료 분야에서도 자주 다루어지므로 욕구와 연관된 도덕성 형성의 문제에 정신분석학의 범주들을 적용해보고자 한다. 여기서 욕구는 좋든 나쁘든 단순한 충동보다 잠재력이 크다.[8] 브랜트(Richard B. Brandt)는 정신분석학의 전제 위에서 심리 문제의 성공적 처치에 필요한 열쇠를 쥐고 있는 것이 바로 욕구와 혐오라고 주장한다.

> 이용할 수 있는 적절한 정보들이 확고하게 새겨진다면, 다시 말해 환자들이 적절한 시간에 이상적으로 생생한 방식으로 자신들에게 적절한 정보를 제공한다면, 그리고 그 적절함이 뜻하는 바가 그들이 그 정보를 깊이 생각함으로써 자신의 욕구와 혐오의 내용에 변화가 일 것이 분명하다는 뜻이라면 어떤 고유한(intrinsic) 욕구와 혐오가 그들 안에 생겨날 것이다. 여기서 "이상적으로 생생한 방식"이란 그 사람이 주저함이나 의심 없이 필요한 정보를 관심의 최우선에 두는 것을 의미한다. 물론 그 정보는 최대한의 생생함과 구체성을 띠고 있는 것이어야 한다.[9]

---

8) 욕구는 그 자체로서는 도덕과 관계가 없다는 주장이 가능하지만, 잠언은 욕구에 대해 중립적이지 않으며 특정한 종류의 욕구는 좋고 다른 종류는 나쁘다는 가치 판단을 내린다. 이에 대해서는 이번 장 중간에 이어질 "별첨 논의: 좋은 욕구와 나쁜 욕구"를 참조하라.

9) Richard B. Brandt, *A Theory of the Good and the Right* (Amherst, N.Y.: Prometheus, 1998), 111-12.

적절한 정보와 통제의 지원을 받아 욕구는 한 사람의 도덕적 의사 결정 과정에 깊은 영향을 미친다. 심리치료사들은 적절한 정보를 원하는 환자들의 필요에 대응하기 위해 환자의 삶에 개입해왔다.

> 심리치료사들의 임상 보고 중에는 적절한 정보를 접한 환자들의 욕구와 혐오감이 의도된 방향으로 영향을 받는다는 입장을 지지하는 경험적 증거들이 존재한다.…많은 치료사가 환자들이 사실에 근거한 자기 자극(self-stimulation)을 통해 욕구를 바꾸어놓는 일에 상당한 성공을 거두어왔다고 평가한다.[10]

브랜트의 논지를 정리하자면 상상력에는 사물을 변화시키는 능력이 있다는 것이다. 적절한 정보가 "이상적으로 생생한 방식"을 따라 전달된다면 그 정보의 수신자는 거기에 따라 행동을 변화시키려고 노력한다. 이런 과정은 긍정적 재강화(건설적 행동의 욕구를 자극함)나 부정적 재강화(파괴적 행동의 욕구를 방해함) 어느 쪽으로든 나아갈 수 있다.

4.3. — 욕구와 혐오가 품성 형성에서 맡는 역할

잠언은 독자가 학습을 통해 의롭고 지혜로운 사람이 되도록 가르친다. 그 목표에 도달하기 위해서 학습자는 내면의 인격이 새롭게 빚어지는 과정

---

10) Brandt, *The Good and the Right*, 114. 어떤 의미에서 지혜는 유능한 심리치료사와 마찬가지 유익을 제공한다. 즉 지혜는 환자에게 질문을 던지고, 현재 상황을 설명해주며, 바람직한 진행 방향으로 이끌어준다. 또 다른 측면에서 지혜는 엄중하고 권위적이어서 듣는 이를 책망하고 명령을 내리기도 한다.

을 통과해야 한다. 그의 욕구와 희망 및 기질까지도 그 이상을 반영하는 방향으로 재조정되어야 한다. 독자를 설득하기 위해 잠언은 그 가르침을 "이상적으로 생생한 방식"으로 전달하면서 독자들이 정보에 근거해 이성적인 결정을 내리도록 촉구한다. 여기서 이성적이란 요소가 매우 중요한데, 잠언은 인간의 이성을 넘어서는 권위에 의지하지 않고 독자를 확신시키려 하기 때문이다. 의로운 삶의 보상과 악한 삶의 결말이 모두 그려지지만, 갱단과 행실이 불량한 여인 등 바람직하지 않은 인물상을 더 생생히 묘사하는 것은 바로 그것이 가져오는 "혐오 효과"를 기대하기 때문일 것이다.

악인들이 악한 일에 열광하고 굳은 결의로 그것을 실천하며 거기에 전념하는 모습은, 올바른 목적을 위해 우리가 가져야 할 바로 그 태도다. 악한 자의 태도와 생활 방식은 역설적으로 덕스러운 삶을 조명해준다. 악인의 헌신은 잘못된 대상에게 바쳐진 길 잃은 미덕과 다르지 않다. 악인의 중요한 특징 하나는 악행을 더 많이 행하고자 하는 충동과 갈증이다.

> 악인은 악행을 마칠 때까지 잠을 이루지 못하며
> 누군가를 해치지 않으면 졸리지 않는다.
> 그들은 악의 빵을 먹고
> 폭력의 술을 마시는구나(잠 4:16-17).

악한 욕망이 갖는 지배력에 관한 이 섬뜩한 기록에는 악의 지배력이 잘 드러나 있다. 악의 불면증에 시달리며 또 한 번의 악행이라는 수면제가 필요한 이 악인은 악에 중독된 사람이다. 악한 일을 행해서 얻을 별다른 이익이 없어도 악을 원하고 계획하는 일을 멈추지 못하기 때문이다. 팍스는 본문의 악인을 가리켜 "[그는] 악을 말하고 행하는 데 그치지 않고 그 안에서 **즐거워한다**. 그는 도덕적 변태다"라고 묘사한다.[11] 사람이 스스로 도덕적 선택을 해나가는 노정에서 악한 생활 방식이 어느 임계점을 통과하면 그것이 제2의 본성이 되어버리고 방향 전환은 점점 더 어렵게 된다. 이런 "순수하고" 비이성적인[12] 욕구로 특징지어지는 사람은 교육으로 어찌해볼 수 없다.

이런 관찰 결과들은 도덕적 교훈을 배우고 외우는 것만으로는 충분하지 않다는 사실과 잘 일치한다. 행동을 바꾸기 위해서는 행동의 원칙을 내면화하고, 행동 양식과 욕구의 방향을 정렬해야 한다. 여기서 핵심은 도덕적 품성을 길러줌으로써 윤리적 행동이 의무감뿐 아니라 즐거움에서 나올 수 있도록 하는 데 있다(잠 21:15). 도덕 교육에 관한 이러한 접근법은 규격화된 "행동과 결과의 상응 관계"를 도덕률의 원리로 삼는 방식과는 매우 다르다. 물론 잠언은 모종의 인과율을 인정하지만, 인간사에 개입하시는 하나님의 능동적 역할 및 인간 품성과 그 결과의 연관성 역시 중요시한다.[13] 보스트룀(Gustav Boström)이 "한 사람의 생활 방식과 기질 전체"라고 정의한 인간 품성이야말로 개개인이 맺는 삶의 열매를 결정짓는 변수이며, 잠언은 그 같은 이해를 바탕으로 도덕적 품성을 강조하는

---

11) M. V. Fox, "The Pedagogy of Proverbs 2," *JBL* 113(1994), 241. 강조는 덧붙인 것이다.

12) 악을 원하는 욕구는 비이성적이다. 이것은 범죄의 결과로 얻는 이익(예를 들면 피해자에게서 뺏은 돈을 쓰는 재미)을 고려하지 않고 단지 범죄의 행동이 주는 쾌감을 얻기 위해 저질러지는 범죄가 진정한 의미에서 목적을 가진 행동일 수 없는 것과 마찬가지다.

13) 이 두 논점을 강력히 옹호한 글로 Boström, *The God of the Sages*를 참조하라.

교육방법론을 택한 것이다.[14]

성공적인 삶을 누리기 위한 한 가지 열쇠는 올바른 욕구를 키우는 것이다.

> שִׂמְחָה לַצַּדִּיק עֲשׂוֹת מִשְׁפָּט וּמְחִתָּה לְפֹעֲלֵי אָוֶן׃
> 의를 행하는 것은 의인에게는 즐거움,
> 악을 행하는 이에게는 두려움이다(잠 21:15).

문법적 측면에서 잠언 21:15 상반부는 인격적 주체를 밝히지 않고 의로움이 이루어지는 상황만을 묘사한 것으로 이해할 수도 있다("의가 이루어지는 것은 의인에게는 즐거움"). 그러나 문맥을 고려하면 의인을 부정사 "아소트"(עשׂות)의 주어이자 정의로운 일을 행하는 주체로 보는 것이 더 나을 것이다(Murphy, NJB).[15] 잠언이 그리는 의인의 모습 전체를 고려하더라도 15절의 내용은 공의가 집행되는 상황을 의인이 지켜보는 모습보다는 의인이 주체적으로 공의를 **행한다**는 관념과 들어맞는다(Clifford, NRSV, NJPS, NIV).[16] 이와 정반대로 악인은 악을 행하고 싶은 욕구에 목말라한다.

> נֶפֶשׁ רָשָׁע אִוְּתָה־רָע לֹא־יֻחַן בְּעֵינָיו רֵעֵהוּ

---

14) Boström, *The God of the Sages*, 138.

15) Murphy는 잠 21:14(뇌물에 관한 내용)과 21:15(공의에 관한 내용) 두 절 사이에 사상적 연결점이 있다고 제안한다(Murphy, *Proverbs*, 160).

16) Van Leeuwen이 보기에 "정의에 관한 한 사람들은 자신의 품성에 걸맞은 방식으로 행동한다"(Van Leeuwen, "Proverbs," 193). 즉 사람들은 대개 자신의 통제 범위를 넘어서는 요소들에 의해 형성된 인격의 성향에 따라 행동한다.

악인의 욕구는 악 위에 머물고
그의 이웃은 그의 호의를 입지 못한다(잠 21:10).

악인은 악을 **행하는** 데서 쾌감을 느끼며 또 한 번의 악행을 욕구한다. 양극단에 위치한 두 인물상의 행동과 동기의 양태에는, 정반대로 생각하고 행동하는 전형적인 두 성품 사이에 존재하는 깊은 간극이 드러난다.

이처럼 의인과 악인이라는 두 유형 간의 대칭성에도 불구하고 이 도식에는 근본적인 상이점이 존재한다. 의인과 악인은 저마다 소중히 생각하는 것을 추구하며 즐거움을[17] 느끼지만, 그 과정이 양자에게 주는 효과는 정반대이기 때문이다. 의인은 기쁨과 안식을 갖는 데 반해 악인은 걱정과 두려움에 시달린다. 달콤한 음료수가 갈증을 해소하지 못하듯이, 악한 행동은 악인에게 깊은 만족을 제공할 수 없다. 이 차이는 본질적으로 왜곡된 악의 작동 방식에서 비롯된다. 악은 그것을 추구하는 자에게 악한 것을 보상으로 걸지 않는다. 오히려 악은 악행의 결과로 좋은 것, 선한 것을 얻으리라는 기대감을 주어 사람을 유혹한다. 갱들은 부자가 되거나 한 식구가 될 수 있다며 청소년을 유혹한다. 행실이 나쁜 여인은 청년의 눈앞에 육체의 쾌락과 연애의 친밀감을 제시한다. 이런 것들은 모두 본질상 선하다. 그러나 유혹의 현장은 본래의 선한 맥락으로부터 격리되어 있다.

---

17) 본문의 맥락에서 의인이 의를 추구할 때 느끼는 שמחה(잠 21:15)는 "joy"보다는 "pleasure"에 가깝다. 영어 pleasure는 사람이 자연스러운 욕구를 채웠을 때 느끼는 것으로서 우리말로 옮기자면 의미론상으로 즐거움, 낙, 쾌락 등의 경계를 넘나드는 지점에 있는 감정이다. 이 논의의 요점은 배고픈 사람이 밥을 먹고 즐거움을 느끼는 것처럼 의인은 선행을, 악인은 악행을 할 때 그런 감정을 느낀다는 데 있다.

악은 말로만 선한 것을 약속하지만 그 약속을 지킬 수 없다는 점에서 선에 빌붙은 기생충과 같은 존재다.

별첨 논의: 좋은 욕구와 나쁜 욕구

인간의 욕구에 좋은 것과 나쁜 것이 있다면 잠언은 그 둘을 어떻게 구분하는지 조언해주는가? 잠언 10:3을 예로 들어 살펴보자.

> לֹא-יַרְעִיב יְהוָה נֶפֶשׁ צַדִּיק וְהַוַּת רְשָׁעִים יֶהְדֹּף
>
> 야웨는 의인의 욕구를 채워주시지만
>
> 악인의 욕망은 좌절시키신다(잠 10:3).

이 말씀에 보면 하나님은 대조적 인물들의 욕구에 대해 매우 편향된 방식으로 반응하신다. 이것을 인간의 공적에 기초한 신적 편향성으로 이해해야 할까? 주목할 것은 본문 내의 대조가 단지 욕구의 충족 여부만이 아니라 "네페쉬"(נפש, 욕구)와 "하바"(הוה, 욕망)의 차이에도 있다는 사실이다.[18] 네페쉬와 하바는 그저 평행절 사이의 균형을 채워주는 동의어가 아니다. 클리포드(Richard J. Clifford)는 이 잠언에서 굶주림(רעב의 근본 의미

---

18) McKane은 이 절에 관해 다음과 같은 흥미로운 심리학적 석의를 제공한다. "본문에서 '욕구'를 협의로 이해해선 안 된다. 이것은 성공과 충족을 기대하는 내적 충동인데, 의인의 경우 이것은 자아실현을 향한 역동적 편향성이 되지만 악인의 경우 그러한 욕구는 결국 영속적인 좌절과 신경증으로 수렴된다. 악인은 결국 충족되지 못하고 생기를 잃어버린, 현실적으로 성취될 수 없는 욕구와 더불어 평생 살아가라는 처벌을 받은 셈이다"(McKane, *Proverbs*, 426).

는 "굶주리다" 임)은 "따로 언급되긴 했지만 은유적으로 다른 욕구들을 대표한다"고 주장했다.[19] 물론 그의 지적처럼 이 격언이 은유적 성격을 가진 것은 사실이지만 한 가지 욕구만 다루는 것은 아니다. "라아브"(רעב)의 히필형(ירעיב)은 구약성경에서 이 절과 신명기 8:3 두 곳에서만 사용되었다. 그리고 이는 인간이면 채워야만 하는 자연스러운 욕구로서의 굶주림을 가리킨다. 반면에 하바는 부정적 외연을 보여주는 맥락에서 많이 사용된다.[20] 일례로 미가 7:3에서 하바는 유대 귀족층의 악의적 욕심을 가리키며, 잠언의 아래 격언은 하바의 소유자인 악인에게 파멸이 닥치는 장면을 묘사한다.

צִדְקַת יְשָׁרִים תַּצִּילֵם וּבְהַוַּת בֹּגְדִים יִלָּכֵדוּ
올곧은 이의 의로움은 그를 살리지만
교활한 자는 제 욕심의 포로가 된다(잠 11:6).

이 격언에는 반 절(verset)마다 반의어들이 짝으로 등장하는데, "하바"(욕구)는 "체다카"(의로움)와, "예샤림"(ישרים, 반듯한 사람들)은 "보그딤"(בגדים, 속이는 사람들)과, "나찰"(נצל, 구출하다)은 "라카드"(לכד, 옭아매다)와 각기 대조를 이룬다. 이처럼 세심한 단어 배열은 두 가지 대조적인 욕구의 묘사가 구체적이고 의도적이라는 것을 보여준다.

이상의 관찰에 근거해서 우리는 잠언이 인간 욕구의 종류를 파악하고

---

19) Clifford, *Proverbs*, 112.
20) *HALOT* 1:242은 "멋대로"라는 의미가 담긴 것으로 해석할 것을 제안한다.

개별적 판단을 내린다고 결론지을 수 있다. 하나님이 의인이 욕구하는 바를 허락하고 악인의 욕구를 거절하시는 것은 단순한 편애가 아니다. 이 사실은 의인과 악인의 욕구가 이르는 종착점을 고려할 때 분명해진다.

> 의인의 욕구는 선한 결과를 얻지만
> 악인의 기대는 진노를 부를 뿐이다(잠 11:23).

> 악인이 두려워한 것은 그들에게 닥치지만
> 의인이 기대한 것은 그들에게 주어지리라(잠 10:24).[21]

의인의 욕구가 이처럼 전폭적인 인정을 받는 것은 그들이 바라는 것이 올바른 대상이기 때문이다. 잠언은 인간의 욕구를 중립적이거나 무도덕(amoral)한 것으로 보는 대신 정당한 욕구와 부당한 욕구로 나누어 파악한다. 의인으로 산다는 것은 옳은 일을 행할 뿐 아니라 옳은 대상을 욕구한다는 뜻이다. 하나님은 그 욕구를 기꺼이 채워주신다. 이런 제한적인 의미에서만큼은 의인이 행복한 삶을 살아가는 것은 분명하다.

---

21) 이 구절을 욥의 첫 번째 연설 마무리 부분과 비교해보라. "내가 두려워하던 일이 내게 닥쳤구나//내가 끔찍해하던 일이 내게 일어났구나"(욥 3:25). 두 본문의 중첩이 본문 상호 연관성(intertextuality)의 경우라면 욥기 저자가 보여주는 것은 ① 욥이 슬그머니 자신의 죄과를 인정하는 상황, 혹은 ② 욥의 근거 없는 (하나님이 이미 그의 무죄를 선언하셨으므로) 내적 불안, 그도 아니면 ③ 행동과 결과의 상응 관계와 관련한 지혜 관점에 대한 냉소적 패러디일 것이다.

4.4. — 품성 형성은 모든 이에게 유효한가?

지혜 전승은 교육을 중요시하는 만큼 그 한계 역시 인지한다. 잠언은 이 세상에 구제불능인 사람들이 있다는 사실을 부인하지 않는다. 그릇된 선택을 계속하는 사람에게는 인간적 지혜를 아무리 공급해도 효과가 나타나지 않는다. 지혜가 인간 심성에서 인지 능력의 하나로 작동하는 한 그 인격 전체가 타락할 경우 지혜 역시 오염될 수밖에 없다. 우리는 이러한 관찰들을 근거로 잠언이 인간이 딱한 정황(predicament)을 극복할 가능성에 대해 매우 현실주의적 태도를 보인다고 말할 수 있다. 지혜의 길은 겸손히 끈기 있게 걸어야 하는 길이다.

잠언에서 "케실"(כסיל), 즉 악하고 어리석은 자는[22] 자신의 잘못을 깨닫지 못하며 그 미련함이 제지되지 않으면 점점 더 악화할 수밖에 없다(잠 26:4-5, 특히 5절 하반부). 이런 사람을 묘사할 때 사용하는 "제 눈에 똑똑하다"는 표현은 강한 경멸감을 동반한다(잠 26:12, 16; 28:11, 특히 26:12). 그들은 변하더라도 오로지 제 눈에 더 똑똑해지는 것일 뿐이다. 현자들이 보기에 이런 사람이 지혜로워질 가능성은 전혀 없다. 이러한 묘사가 진짜 낙담에서 나온 것이든 아니면 날카로운 풍자의 결과이든 상관없이 도덕적 교훈이 학습자에게 미치는 영향력에는 한계가 있다는 사실은 분명해

---

22) Fox는 כסיל을 "명확한 시각이 결핍된…어리석은 자"로 묘사한다. כסיל은 "무지하고 둔감하며 남들에게 도움이 되지 않는" 사람이어서 "음험하고 자기 파괴적인" 존재다(Fox, *Proverbs 1-9*, 41. 어리석음과 어리석은 자들에 관한 정리는 같은 책 38-43을 참조하라). 그 이전에 수행된 좀 더 본격적인 의미론적 연구로는 Fox, "Words for Folly," *ZAH* 10(1997), 1-12를 참조하라.

보인다.[23] 물론 잠언은 악인이 교정 불능이라고 직접 말하지는 않는다. 그러나 사람의 개종(conversion)에 대해서, 특별히 외부적으로 유도된 결정적 변화라는 의미의 개종 가능성에 대해서 잠언은 비관적 태도를 견지하며, 악인이 의인으로 변화될 가능성은 잠언의 도덕 교육에서 다루어지지 않는다.[24]

그런데 교정 불가능한 종류의 사람들이 있다 해서 지혜자들이 교육의 가능성 자체를 완전히 포기한 것은 아니다. 외면적으로 드러나는 상호 모순 때문에 유명한 잠언 26:4-5의 두 가지 충고를 살펴보자.

> 4 바보에게는 그 어리석음을 따라 대답하지 말라.
> 그러지 않으면 너도 그처럼 되리라.
> 5 바보에게는 그 어리석음을 따라 대답하라.
> 그러지 않으면 그가 제 눈에 지혜자가 되리라(잠 26:4-5).

이처럼 다른 방향으로 치닫는 명령들이 대놓고 병치되어 나타나다 보니 여러 가지 해석이 난무한다. 하지만 단순하게 둘을 함께 취하면 바보

---

23) 잠언의 현자들은 교육의 가능성에 대해 낙관적 견해를 가졌음에도 그것의 어려움 역시 인지하고 자신들의 실망감을 표현했다. 이집트 지혜문헌인 「아니(의 교훈)」(*Any* or *Anii*)를 보면 "이 녀석들은 도무지 배운 대로 따르질 않아. 지들 혓바닥에 글자가 적혀 있어도 말이지!"라는 스승의 탄식이 기록되어 있다(*AEL* 2.145; 최근 것으로는 *COS* 1.114). Fox, *Proverbs 1-9*, 22, 309-15도 참조하라.

24) Koch의 단호한 진술을 보라. "악인(라샤)에게 의로움(체다카)을 부여하는, 즉 '불경건한 자를 의롭게 한다'라는 개념은 시편에서만이 아니라 구약성경 전체를 보아도 도무지 상상하기 어려운 일이다"(Koch, *TLOT* 2:520). Preuss, *Old Testament Theology*, 2:364도 참조하라.

와 상대하지 말되 그를 포기하지도 말라는 뜻이 된다. 여기서 우리는 지혜가 갖는 두 극의 긴장감, 즉 비관주의와 이상주의라는 두 측면 사이의 절묘한 균형을 짐작할 수 있다.[25] 잠언을 지은 현인들은 인간의 교정 가능성에 대해 비관적 견해를 가졌지만, 도덕 교육을 실패로 여기거나 인간이 겪는 도덕적 투쟁을 부인할 수는 없을 만큼의 이상주의 역시 유지하고 있었다. 이 두 성향은 궁극적으로 조화를 이루지 못하지만 잠언은 악의 존재를 인정하는 만큼 도덕에 거는 기대 역시 견지함으로써 그 긴장을 포용했다. 도덕성의 지평에서 경험되는 "악의 끈질김"(persistence of evil)에도 불구하고[26] 현인들은 잠언의 독자들에게 **현실주의자로** 두 발을 디딘 채 의로움을 끌어안으라고 권고하는 것이다.[27] 의로운 길은 쉽지도 않고 즉각적 만족을 주지도 않는다. 잠언의 의인은 독자들이 그래도 의로운 길을 걷도록 설득하는 장치다.

4.5. — 미움의 정당성: 품성 형성의 정서적 측면들

의인-현자, 그리고 악인-바보 이 두 유형의 인물은 각기 자신의 선택에 따라 각자의 인품과 운명을 만들어나간다. 품성의 형성은 사람의 인격 전

---

25) 이 두 격언은 교육의 효용성 문제를 지혜 교사의 시각에서 관찰한다. 바보에게 대답하거나 하지 않는 행동들이 당사자인 바보에게 유익을 끼치는지, 치유 효과를 보이는지, 혹은 교육적인지 등은 이 격언 쌍에서 다루어지지 않는다.

26) 이 표현의 출처는 Jon Levenson, *Creation and the Persistence of Evil: The Jewish Drama of Divine Omnipotence* (San Francisco: Harper & Row, 1988)이다.

27) Philip J. Nel은 *The Structure and Ethos of the Wisdom Admonitions in Proverbs* (BZAW 158; Berlin: Töpelmann, 1982)에서 이와 유사한 견해를 밝혔다.

체를 포함하는 것이어서 내면의 정서적 영역에 영향을 줄 수밖에 없다. 결국 각 인간형은 각기 미덕과 악덕의 결정체가 되며, 그것에 반하는 인격의 특성들을 일종의 위협으로 여기고 반발심을 갖게 된다.

생각해보면 수많은 악행, 그리고 악한 품성 그 자체가 미움의 동기에서 출발하는 것을 알 수 있다. 악인은 선량한 이를 미워하고(잠 29:10), 조롱하는 자는 자기를 꾸짖는 사람을 미워하며(잠 9:8), 거짓말쟁이는 자신의 희생자를 미워한다(잠 26:28). 그러나 미움은 악인의 전유물이 아니다. 의인은 거짓을 미워한다(잠 13:5). 의인과 악인이 서로에게 강력한 감정을 갖는다는 증거는 충분하다. 사실 잠언 10-29장의 수많은 격언 중 가장 마지막이 되는 잠언 29:27에서는 의인과 악인이 서로를 향한 혐오감을 드러낸다.

불의한 자는 의인이 혐오하고
정직한 자는 악인이 혐오한다(잠 29:27).

이 구절에 사용된 히브리어 "토에바"(תועבה)는 상반적 가치관을 대변하는 두 인간형 사이의 충돌이 얼마나 강력한지를 예증해준다. 이는 단순한 문학적 장치나 의인화에 머물지 않으며, 양자 간의 감정적 대립은 잠언의 도덕 담론의 특징인 의인화 및 실체화(embodiment)의 교수법을 더 효과적으로 만들어준다.[28]

---

28) Cohen은 Meiri와 *Daath Mikra*를 인용하며 이렇게 정리한다. "악인이 의인에 대해 갖는 적대감, 그리고 의인이 악인을 향해 품는 혐오감을 드러내 주는 이 절과 더불어 잠언은 결말에 도달한다"(A. Cohen, *Proverbs* [revised by A. Rosenberg; Soncino Books of the

성경에서의 용례를 살펴보면 토에바는 그 주체의 핵심 가치에 상반되는 생각들에 대한 반응이다. 즉 악하고 어리석은 자(케실)는 악을 떠난다는 생각을 혐오하며(잠 13:19), 왕들은 악을 행하는 것을 미워한다(잠 16:12).[29] 마음이 굳어진 악한 바보는 자신이 회개가 필요한 존재라는 것을 사실로 받아들이지 못하는데, 그에게 회개란 자신이 오래도록 구축해 온 자아상을 허물고 불확실한 미래로 자신을 던져 넣는 행위로 여겨지기 때문이다.[30]

일례로 "레츠"(לֵץ), 즉 악한 조롱꾼은 공공의 적이자 혐오의 대상이다.

זִמַּת אִוֶּלֶת חַטָּאת וְתוֹעֲבַת לְאָדָם לֵץ

어리석음이 꾀를 부리면 죄가 되고

Bible; New York: Soncino, 1985], 199).

29) 역사 속에 실재했던 왕들이 이러한 이상에 부합했는지는 지금 논지와 무관하다. 정당하고 의로운 통치야말로 왕의 존재 이유였으므로 왕은 당연히 (최소한 이론적으로는) 의인이었다. 물론 이것은 이상과 소망의 진술이다. 야웨 하나님이 인간을 통해 다스리신다는 믿음은 이스라엘 신학의 기본 항목이며 잠언 역시 그런 관점에서 예외가 아니다.

30) 악인들의 특징 하나는 그들의 뿌리 깊은 두려움이다. 그들은 자신들의 정체가 노출되어 잘못을 인정하며 변화를 요구받는 것을 두려워한다. 그들은 자신들의 난감한 현실을 돌파할 조치를 취하려고 하지 않는데, 이는 자신보다 상위에 있는 힘에 대한 그들의 불신을 반영한다. 악인들에게 흔히 나타나는 강박증, 즉 권력욕과 타인의 삶에 대한 통제 욕구는 그들이 세상의 선함을 근본적으로 믿지 못한다는 것을 알려준다. 이와 반대로 성경에서 신앙은 하나님을 신뢰하는 것이다. 아브라함의 의는 하나님을 향한 흔들림 없는 믿음에 기초한 것이었다. 그는 고향과 일가친척을 떠나 알지 못하는 목적지로 향했고 무수한 자손을 얻으리라는 확증할 수 없는 약속을 믿었다. 무엇보다도 그는 자기가 믿던 하나님이 지시한, 아들 이삭을 제물로 바치라는 비이성적이고 충동적으로 보이는 요구에 순응했다. 이 모든 행동에서 신앙은 하나님을 신뢰하고 기꺼이 위험을 무릅쓰는 태도로 표현된다.

악한 조롱꾼은 온 인류의 혐오를 산다(잠 24:9).[31]

조롱꾼은 잠언에 나오는 어리석은 자들 가운데 가장 난감한 종류다. 그들은 냉소와 오만을 두른 자들로 배움과 교정을 거부한다(잠 1:22; 3:34; 9:7, 8; 13:1; 14:6; 15:12; 19:25, 29; 20:1; 21:11, 24; 22:10; 24:9). 그들은 하나님 백성의 공동체를 비웃기 때문에 그들 역시 대중의 싸늘한 눈총을 받게 된다.

가장 중요한 것은 이들이 일으키는 혐오감이 일관성이 결여된 이중적이고 위선적인 그들의 삶에서 비롯된다는 사실이다. 기도는 좋은 것이다. 하지만 바로 그렇기에 훈계를 거부하는 자가 기도하는 것은 그만큼 토에바, 즉 혐오스러운 일로 받아들여진다(잠 28:9). 기도와 훈계(토라)는 하나님과 너무나 밀접한 것이어서 둘 중 하나를 취하고 다른 것을 버리면 하나님 편에서 격렬한 거부 반응이 일어나게 된다. 앞서 논증했듯이 바람직한 삶과 혐오스러운 삶을 묘사해서 독자들이 악한 삶의 모습을 멸시하도록 유도하는 것이 잠언에 포함된 도덕 담론의 교수법이다. 하나님이 모종의 행동들을 승인하지 않으실 뿐 아니라 적극적으로 미워하신다는 사실은, 미워해야 할 것을 미워하는 것은 지혜를 배우는 자가 마땅히 취해야 할 행동임을 확증해준다.

31) 잠 21:21을 참조하라. 겸손한 이들과 대비되는 악한 조롱꾼에 대해서는 잠 3:3-4을 참조하라.

4.6. — 의로운 삶으로의 초대: 도덕적 선택의 힘

잠언은 교정 불가능하고 지혜로도 어쩌지 못하는 부류의 사람들, 즉 악인들을 분명히 인지한다.[32] 자기 확신이 가득해 보이는 지혜부인조차도 자기 힘으로 어쩌지 못할 종류의 인간들이 있음을 알고 그들에게는 조언이나 훈계를 건네지 않는다. 진정한 의미에서의 "타자"(the Other)인 그들을 팍스는 다음과 같이 묘사한다.

> 잠언에는 근본적인 타자가 있다. 남녀 구별 없이 악인들과 몇몇 바보가 바로 그들이다. 그들은 랍비 문헌이 사탄의 영역을 가리켜 사용한 "그 다른 편"이다. 이 타자에게 어떠한 영향도 구원도 소용이 없는 이유는, 그들이 뒤집히고 교정 불가능할 지경으로 변태적인 가치 체계를 갖고 있기 때문이다.[33]

그러나 사람이 어떤 과정으로 이 간극을 건너가는가는 여전히 불투명하다. 사람은 의도적인 선택에 따라 점진적으로 악해질 수 있다. 그러나 잠언은 악한 사람이 어떻게 그 길을 빠져나와 "정상적인", 나아가 "의로운" 사람이 될 수 있는지에 대해서는 침묵한다. 현인들은 구원이나 회개에 대한 흥미나 확신을 잘 보여주지 않기에, 오직 하나하나의 도덕적 선택이 어떻게 개인의 운명을 형성하는 힘을 갖는지 관찰하는 것이 중요하다. 잰즌(Waldemar Janzen)은 개별적 행동이 품성을 만들어가는 과정을

---

32) 악인들을 더 세분하고 그들의 양태를 설명한 글로 Fox, "Words for Folly," 1-12가 있다.

33) Fox, *Proverbs 1-9*, 259. 원문에는 오자가 있지만 반영하지 않았다.

관찰한 결과를 다음과 같이 서술한다.

> 지혜와 어리석음은 개별적 행동의 차원에서보다 한 인물의 품성을 빚어가는 차원에서 이해되어야 한다. 슈미트(Hans H. Schmid)는 이러한 맥락에서 이스라엘 지혜문헌과 여타 고대 근동 지혜문헌을 비교했다. 후자의 경우 개인의 행동들은 지혜롭든 어리석든 제각기 우주의 균형 혹은 불균형에 기여한다. 이스라엘의 경우 우주는 하나님의 관리 대상이며, 지혜롭든 어리석든 개개인의 행동은 사람의 품성을 빚는 데에 그 의미가 있다. 잠언 1-9장에 나타나는 스승들은 독자에게 어리석음을 거부하고 지혜로 "회심"하라고, 지혜와 어리석음의 갈림길이 눈앞에 나타날 때 바른 결정을 하라고 열정적으로 요구한다.[34]

잰즌에 대한 응답으로 몇 가지 주의 사항을 살펴보자. 먼저 잠언은 개인적 선택이 갖는 의미를 축소하지는 않는다. 하나의 행동이 가져오는 가장 즉각적이고 직접적인 결과는 그 행동 주체의 품성에 새겨지지만, 그 사람이 속한 공동체 전체도 관계망을 통해 영향을 받기 때문이다. 의인이 내리는 지혜로운 결정은 그가 거주하는 성읍뿐 아니라 나라 전체를 구출하지만(잠 21:22; 전 9:14-15), 악한 이가 저지르는 행동은 그 사람과 엮인 성읍을 파국으로 몰 수 있다(전 9:18). 잰즌의 주장처럼 잠언이 회심(conversion)을 요구한다면 그것은 예언자들이 회개(repentance)를 부르짖으며 요청하는 회심과는 다른 종류의 회심일 것이다.

---

34) Waldemar Janzen, *Old Testament Ethics: A Paradigmatic Approach* (Louisville, Ky.: Westminster John Knox, 1993), 121.

사실 잠언은 엄밀한 의미에서의 회심을 부각하지 않는다. 회심은 저마다 다른 행동 방식이 그에 어울리는 결과를 가져온다는 이해 하에 명확한 행동의 변화를 전제하는 개념이다. 예언자들의 회개 요청은 이미 자신들의 청중이 잘못된 방향으로 달려가고 있다고 본 결과다. 하지만 잠언의 가르침은 청중 앞에 선택의 가능성이 모두 열려 있다고 전제하고 열린 길들 가운데 바른길을 택하라고 종용할 뿐이다. 이러한 수사법의 관점에서 볼 때 잠언이 기대하는 청중에는 악인이 들어 있지 않다. 잠언은 악인의 행동을 묘사할 뿐 그들에게 말을 건네지 않기 때문이다.[35]

따라서 결국 인생에서 가장 중요한 대립 구조는 의인과 악인 사이가 아닌, 악인과 나머지 청중 사이에 발생한다. 잠언 서문은 어리석은 자와 지혜로운 자 모두를 청중으로 삼고, 지혜부인 역시 어리석은 자에게 말을 건넨다.[36] 이는 어리석은 자와 지혜로운 자 간의 관계가 대립 구조가 아닌 점층 구조에서 이해되어야 함을 알려준다. 즉 어리석은 자와 지혜로운 자는 정반대 극점에만 있는 것이 아니라 정도에 차이를 보이면서 나열되어 있다. 이는 양자 간의 중간 상태가 없는 의인과 악인의 날카로운 대립 구도와는 사뭇 다르다.

---

35) 만일 한 군데 예외가 가능하다면 잠 24:15의 상황일 것이다. MT의 רשׁע가 호격(vocative)으로 쓰였다고 전제하면 이 절은 "악인이여! 의인의 집 근처에 어슬렁거리지 마라//그의 거처에 악행을 하지 마라"(NJPS)라는 의미가 된다. 그러나 가까운 문맥을 고려하면 이 격언은 젊은이에게 주어진 것이며(잠 24:13 이하), 따라서 רשׁע를 후대의 첨언으로 여겨 생략해 버리는 해석(*BHS* 편집자주, Toy, McKane, Murphy)보다는 부사적 용법("무법자 마냥")으로 이해하는 것(NIV, NRSV)이 더 낫다.

36) 그 결과는 단순한 자가 슬기로움을 얻고 지혜로운 자는 한층 더 지혜로워지는 것이다(잠 1:4-5). 지혜부인 역시 청중들더러 지혜로워지라고 명령한다(잠 8:33).

4.7. — 선택, 품성, 운명: 의로운 인격체 만들기

잠언은 의로움의 추구가 지혜의 도움을 얻어야만 가능하다고 가르친다. 잠언은 지혜를 가리킬 때 강조하는 측면에 따라 스승, 친구, 연인 등의 다양한 은유를 사용한다. 그런데 지혜와 관련한 역설 하나는, 우리가 지식으로서의 지혜를 얻기 위해서는 이미 기능으로서의 지혜가 있어야 한다는 사실이다. 잠언은 이 양면성, 즉 지혜가 학습의 대상(지식과 진리인 지혜)인 동시에 학습의 도구(지력과 기능인 지혜)라는 것을 보여준다. 그래서 원하는 사람이면 누구나 접근할 수 있는 것이 지혜이지만(잠 8장), 막상 지혜를 파악하고 획득하기란 무척 어렵다(잠 30:1-6).[37] 인간은 본성이 복잡한 만큼 그 마음속도 복잡하다. 미글리에 따르면 "인간 내면의 갈등은 우리 개인의 정체성에 있어 정상적이고 거의 일상적인 상태다. 우리의 품성은 우리가 그 갈등들을 어떻게 처리하는가에 따라 만들어진다."[38] 우리의 삶이 얼마나 복잡한지를 생각해보면 학습의 내용과 더불어 도구를 공급해주는 지혜야말로 의로운 품성을 만드는 일에 결정적 역할을 하고 있음을 알게 된다.

의로움과 마찬가지로 인격의 특징인 사악함도 습관의 산물이다. 정신분석학자 프롬(Erich Fromm)은 "우리가 가진 선택의 능력은 삶의 실천에

37) 아굴은 지혜의 접근 불가성을 인식론적으로, 즉 신적인 지혜를 얻고 싶은 자신의 욕구를 통해 서술한다. 반면 지혜부인은 자신의 청중을 향해 모두 도덕적 훈계를 들으라고 강청한다. 우리는 이 두 화자의 말을 종합해서 지혜의 접근 가능성을 둘러싼 모순(paradox)을 논하기 전에 양자의 입장에는 수사학적으로 심각한 차이점이 있다는 것을 고려해야 한다.

38) Midgley, *Wickedness*, 130.

따라 계속해서 바뀌어나간다. 우리가 잘못된 선택을 계속하면 할수록 우리의 마음은 더 완고해지며…한 번의 굴복과 비겁함은 우리를 약하게 만들어 더 많은 굴복의 선택으로 이끌고 결국에는 자유를 박탈하기에 이른다"라고 서술한다.[39] 이러한 위험은 매우 끔찍한 것이지만 잠언은 인간이 악의 영역으로 미끄러져 가는 타락에 관해 매우 함축적인 수준의 경고밖에 주지 않는다. 오히려 잠언의 초점은 인생의 목적과 방향, 그리고 삶의 전범(paradigm)을 보여주는 존재인 의인에게 맞추어진다. 그럼으로써 잠언은 독자들이 그런 사람이 되기를 원하도록 격려한다.

이러한 품성 개발의 여정에 나선 사람들에게 두 갈래 길의 선택은 언제나 열려 있다. 따라서 독자는 그 여정을 갓 시작했든 오랜 세월을 함께 했든 상관없이 계속해서 만나게 되는 도덕적 선택의 길목을 헤치고 전진해야 하는 과제를 마주하게 된다. 옳고 그름을 분별하는 것은 쉬운 일이 아니고 옳은 길의 선택은 종종 안락함, 쾌락, 특권 등을 포기하도록 요구한다. 또한 도덕적으로 모호한 갈림에 서게 되면 어느 길을 가야 할지 결정하기 위해 지혜와 분별력이 필요하다.

잠언에 따르면 의로운 품성의 함양은 사람의 인격 전체가 씨름해야 하는 길고 어려운 과정이다. 역설적으로 우리는 의로움을 획득하기 위해 그것을 실천해야 한다. 이에 대해 제이콥스(Louis Jacobs)는 "의로움이란 인간의 고유한 특성이 아니라 의무를 지속적으로 수행함으로써 얻어지는 획득된 품성이다"라고 말한다.[40] 결국 사람은 의로운 일을 행하면서 의

39) Erich Fromm, *The Heart of Man: Its Genius for Good and Evil* (New York: Harper & Row, 1964), 135-36.

40) Louis Jacobs, "Righteousness," *EncJud* 14(1971), 181.

로운 사람이 되어간다. 의로운 삶은 한 번에 한 걸음씩 살아내는 것인바, 그것이 바로 잠언이 제시하는 이상적 인간상에 도달할 수 있는 유일한 길이다. 의로움은 인간의 품성 **전체**이기에 지성의 훈련만으로는 얻을 수 없고, 오직 실천적 지혜의 도움을 받아 끊임없이 훈련함으로써 획득되는 미덕이다. 잠언 1-9장에서 두드러지는 인격화된 지혜는 잠언의 교육적·수사학적 목적을 돕는 존재이며, 지혜부인은 학습자의 관심과 욕구를 그가 지혜롭고 의로운 사람이 되도록 돕는 가르침으로 향하도록 유도하는 역할을 한다.

잠언의 생도는 의인이라는 인간상을 연구하고 모방해 내면화해야 한다. 잠언 1-9장은 그를 돕기 위한 체계적 "학습의 이론"인 동시에 잠언 10-31장에 산재한 학습 자료들을 사용하는 데 필요한 안내서 역할을 한다. 스승과 제자는 이 자료들로부터 적절한 "교과과정"을 만들어 배움을 지속하도록 격려받는다. 도덕적 품성은 추상적 규칙들을 제시함으로써 만들어낼 수 없다. 따라서 잠언의 이진법적 인간 이해, 그리고 지혜의 강조는 이스라엘의 도덕적 상상력이 도덕적 인품으로 개화하도록 돕는 지혜의 결정체다.

4.8. — 결론

영어에서 "righteousness"(의로움)는 어원 측면에서 "right"(옳은, 정당한)와 "wise"(지혜로운)라는 두 갈래의 뿌리에서 나왔지만, 영어 사용자들은 평상시 의로움을 이야기할 때 그것을 지혜와 연결지어 생각하지 않는다. 이러한 어원 분석은 언어의 용례를 역사적으로 추적해 얻은 결과이며 영어 사용자들이 의로움에 관해 이 책에서 제시한 것과 유사한 관념을 실제로 견지했는지는 입증하기 어렵다. 이 책에서 앞서 제시한 작업가설로서의 의로움의 정의(definition)는 그러한 어원적 전이해를 반영하지 않은 경험적 진술에 근거했다. 우리는 잠언의 내용을 분석한 결과 잠언에서는 도덕성과 지성이 불가분의 관계에 있으며, 잠언이 도덕성의 형성에 지혜가 지대한 역할을 한다고 가르친다는 결론에 도달했다. 지혜로운 사람은 덕성을 가져야 한다는 가르침은 조금 더 본질적으로 덕성이 결여된 사람은 참다운 의미에서 현자일 수 없다는 명제로 확대되었다. 잠언은 이러한 직관적 연결을 분명한 명제로 제시한다. 의-지혜(righteous-wise) 융합이라 표현할 수 있는 이러한 개념상은 의로움이나 사회 정의, 인격 형성에 관한 논의에서 잠언이 기여하는 부분이다.

제5장

의로움의 칭송:
잠언의 평가 담론

제5장에서는 잠언이 미덕들, 특별히 의로움을 여타의 물질적 이익보다 앞세우기 위해 사용하는 몇 가지 수사적 장치들을 살펴보고자 한다. 우리는 우선 잠언이 부(wealth)를 지혜나 의로움 등의 고등한 가치를 칭송하기 위한 기준점으로 사용하는 현상에 주목할 것이다. 일면 상충하는 관점들이나 가치관의 모호성에도 불구하고, 잠언은 부에 관해서 일관된 입장을 제시한다. 더 나아가 잠언에서 부에 관한 담론은 잠언의 핵심 추력인 "의로움의 칭송"이라는 주제 의식과 미묘하게 연결된다.

5.1. — 부에 대한 잠언의 입장은 모호한가?

잠언에는 직설적으로 부와 성공을 칭송하는 격언들이 여러 번 등장한다. 부자는 가난한 자를 다스리고(잠 22:7), 부요함은 친구와 영향력을 확보해 주는 반면(잠 14:20; 19:4), 가난한 이는 무시당한다(잠 19:7). 부자는 부를 보호막으로 삼지만 가난한 자들은 재앙 앞에 그대로 노출된다(잠 10:15). 잠언이 부당한 축재에 대해 경고하고 때때로 가난한 자에게 동정심을 표한다는 것도 사실이지만, 잠언은 기본적으로 덕스럽고 지혜로운 행동들이 부를 가져다준다는 입장을 견지한다. 잠언의 일반론을 따르자면 부는 미덕의 증거다. 근면은 사람에게 부를 선사한다(잠 10:4). 지혜도 마찬가지다. 다음 격언은 지혜와 부의 밀접한 관련성에 대해 강력하게 증언한다.

עֲטֶרֶת חֲכָמִים עָשְׁרָם אִוֶּלֶת כְּסִילִים אִוֶּלֶת

지혜로운 자의 왕관은 부요함이지만,

바보들의 어리석음은…어리석음이다!(잠 14:24)

지혜부인이 자신을 따르는 사람들에게 부를 보상으로 약속한다는 사실도 이를 뒷받침한다(잠 8:18, 21).

그런데 잠언은 부 자체를 얕잡아 보지는 않더라도 부의 가치가 제한적이라는 사실은 분명히 밝힌다(잠 11:4). 예를 들어 잠언은 어떻게 부를 쌓았는지에 관심을 둔다. 부당하게 얻은 재물은 예외 없이 정죄의 대상이 된다(잠 10:2-3). 그와 반대로 하나님의 축복을 통해 얻게 된 부는 근심 대신 평화가 함께한다(잠 10:22). 부는 정당하게 확보되어야 하기에 착취나 뇌물 수수(잠 22:16) 및 고리대금(잠 28:8)은 금기 사항이다. 또한 탐욕을 부려 얻은 재물은 백안시된다(잠 11:16). 겉으로 보기에 이 격언들은 부를 얻는 방법과 부가 그 소유자에게 주는 영향에 대한 관찰을 담고 있다. 그러나 그 암묵적 교훈은 부가 미덕(문맥에 따라 의 또는 지혜)보다 하위에 있다는 사실이며, 이 주제는 비교 우위 잠언(이 책의 5.4. "비교 우위 잠언"을 보라)에서 자세히 다루어진다. 잠언은 부가 가진 선한 잠재력을 인정하면서도, 동시에 잘못된 방법으로 부를 차지한 사람들은 그 부에 의해 삶이 망가지는 경우가 많다는 사실을 묵과하지 않는다.

부와 미덕을 나란히 비교하는 격언은 한둘이 아니다. 이 격언들은 외관상 특별한 형태로 드러나진 않지만 다양한 방식으로 부를 상대화하는 가치 평가의 메시지를 전달한다. 부보다 더 중요한 일들이 여럿 있다. 예를 들어 현명한 삶의 가치는 부를 능가한다(잠 19:14). 소박함("가난하게도 부하게도 마옵시고")과 하나님을 의지하는 자세를 구하는 아굴의 기도(잠 30:8)는 부 자체의 가치에 한계선을 긋는 지혜 영성의 본보기다. 부요함은 하나님을 높이는 방식으로 쓰여야 하기에(잠 3:9), 오직 겸손하고 하나님을 경외하는 사람만이 부요함을 명예와 풍성한 삶 안에서 누릴 수 있다(잠 22:4). 중요한 것은 부자가 그 부를 하나님과의 활기찬 소통을 유지하면서 사용하는가의 문제다.

이런 자료들에 비추어 부의 가치에 대한 잠언의 입장이 모호하다는 주장은 과연 타당할까?[1] 머피는 이러한 격언들이 부에 관해 "상충하는 관점들"을 보여준다고 지적하고 본래 다양한 입장을 가진 격언들이 수집되어 잠언으로 편찬된 결과라고 설명한다.[2] 와이브레이 역시 잠언에는 부와 관련해 다음과 같이 다양한 견해가 공존한다고 본다.

① 잠언은 덕스럽게 살면 부유해진다고 관찰하면서도 부자에게 적대적이다.

② 잠언은 검소한 삶을 칭찬하면서도 부를 원하는 야망 역시 수용한다.

---

1) Washington은 부와 가난이 "구약성경 그 어느 곳에서보다 잠언에 더 많이 언급되어 있지만" 잠언은 여전히 "부자와 가난한 이에 대해 일관성 있는 입장을 제시하지 않고" 모호한 태도를 취한다고 진술한다(Washington, *Wealth and Poverty*, 1-3). 혹자는 잠언이 가난의 원인으로 지목하는 것이 여러 가지라는 사실이, 부와 가난의 문제를 향한 잠언의 모호성을 입증하는 증거라고 주장하기도 한다. 그러나 빈곤의 원인이 다양하다는 것을 인지하는 것은 잠언을 모호하게 한다기보다는 정직한 현실주의와 객관성이 드러나는 결과라고 해야 할 것이다.

2) Murphy, *Proverbs*, 262.

③ 잠언은 부가 덧없다고 말하면서도 그것이 미덕에 대해 하나님이 보상하신 증거라고 여겨 칭송한다.[3]

이러한 주장은 매우 도발적으로 들린다. 하지만 와이브레이는 그것을 입증할 만한 충분한 증거를 제시하지 않았다. 과연 잠언이 와이브레이가 말하듯 자기 모순적인 관점들을 드러내는지는 분명치 않다. 머피는 부와 가난에 대한 잠언의 태도를 다음과 같이 묘사한다.

> 그런데도 우리는 잠언이 가난과 가난한 이들에 대해 상당히 일관성 있는 가르침을 유지한다고 본다.…잠언은 부자와 부의 소유에 대해 부정적이기까지는 아니더라도 어느 정도의 주의를 요청한다. 부의 소유에 관해서는 상당한 모호함이 존재하며, 잠언의 격언들은 ("우대 옵션"이라 불릴 만한) 가난한 이들을 선호한다.[4]

그런데 증거 자료를 검토해보면 잠언이 부의 가치를 제한하고 부의 오용과 궁극적 무용성을 경고하면서도 조직적으로 가난한 자의 편에 서거나 부자를 일반화해서 정죄하지 않는다는 사실을 인정할 수밖에 없다.[5] 다르게 말하면 잠언이 부에 대해 가르치는 것은 덕스럽고 경건한 삶 안에

---

3) Whybray, *Wealth and Poverty*, 63.

4) Roland Murphy, "Proverbs 22:1-9," *Int* 41(1987), 400-401.

5) Washington은 잠 11:4과 11:28을 "부 그 자체에 대한 비판"이라 부른다(Washington, *Wealth and Poverty*, 3). 그러나 이 격언들은 부 자체를 비판하기보다는 부의 가치를 제한하고 상대화한다고 보는 것이 더 타당하다. 이 격언들이 가르치는 것은 좀 더 미묘하다. 부의 힘은 의로움보다 열등하며 결정적 순간에 그 한계를 드러내기에(잠 11:4), 우리는 부요함보다 의로움을 더 신뢰해야 한다.

서 부가 갖는 역할과 위치의 문제다. 잠언에 따르면 부는 미덕보다 열등하며 결국 미덕에 복속된 상태로 사용될 때 제 기능을 하게끔 되어 있다.

이러한 비교 방식은 이 책에서 "가치 평가 담론"이라 명명한 틀의 일부다. 가치 평가 담론에서는 의도가 늘 명확하게 드러나는 것은 아니다. 또한 가치 평가 담론은 실제로 다양한 문학적 형태를 취할 수 있다. 이제 우리는 가치 평가 담론에 쓰인 문학적 표현들과 그것들이 잠언의 이해에 어떤 주경학적 의의를 가지는지 조사할 것이다. 가치 평가 담론의 형태 중 일부만이 문학적으로 "양식"(form)이라고 불릴 만한데, 다음과 같은 와이브레이의 평가는 가치 평가 담론의 미묘함을 완전히 놓치고 있다.

> (이 부분에서 18번 등장하는) 소위 "평가" 격언들에 와서야 무언가의 가치를 비교해서 논하는 기준이 소개될 가능성이 있다. 그런데 여기서도 상대적인 선을 비교한다기보다는 절대악과 절대선의 대조에 몰두하는 것이 아닌지 종종 의심스럽다.[6]

하지만 잠언에는 가치 판단을 위한 다른 문예 장치들도 있다. 그들의 문학적 형태와 수사적 기능을 살펴보자.

5.2. — 가치 평가 형용사의 사용

너무나 당연한 수사 장치이긴 하지만, 어느 대상을 묘사하기 위해 특정한

6) Whybray, *Wealth and Poverty*, 63-64.

한 단어를 고르는 일 자체가 가치 평가의 행위다. 예를 들어 누군가가 두 개의 셔츠를 보고 "이 셔츠 멋지네", 그리고 "저쪽 저거 괜찮네"라고 말했다면 "멋지다"와 "괜찮다" 사이의 의미론적 차이를 통해 두 셔츠 중 어느 것이 더 나은지가 가늠되는 것이다.

이러한 대비의 일례로 잠언 1:8-19을 살펴보자. 잠언 초반부에 위치한 10개의 강의 중 첫 번째 것으로서 잠언 전체의 서론 역할을 하는 이 본문에서 아버지 혹은 스승은 "또래 압력"에 대해 경고한다.[7] 아버지는 갱들이 젊은이에게 손쉬운 돈뿐 아니라 소속감을 주는 공동체를 약속한다는 사실을 예리하게 간파한다. 만일 젊은이가 갱들을 따라간다면 공동명의의 계좌("한 지갑")와 "야카르 혼"(יקר הון, 귀중한 보물)이 주어질 것이다. 후르비츠에 따르면 "혼"(הון)이란 단어는 지혜문학 특유의 어휘다.[8] 이 단어가 수식어 없이 사용되면 특별한 뉘앙스 없이 넓은 의미에서의 부를 지칭한다. 그러나 이 강의는 매우 정교한 수사 장치를 구사하고 있으며, "혼 야카르"(הון יקר)로 함께 쓰인 경우는 젊은이의 도덕적 선택에 영향을 주는 호소력을 지니게 된다. 아버지 혹은 스승은 갱들의 입을 빌린 이 연설을 통해 그들의 자아도취를 묘사한 뒤, 갱들이 착각 속에서 흥분한 나머지 죄를 지은 후에 겪게 될 끔찍한 현실을 전혀 보지 못하고 있다는 현실을 폭로한다.

---

7) Fox는 강의의 세 가지 요소를 열거한다. ① 서론(아버지의 호출, 권면, 동기 제시의 세 부분으로 다시 세분됨), ② 교훈, ③ 결론(Fox, *Proverbs 1-9*, 324).

8) הון의 분포를 보면 지혜 전승과의 연관성이 명확해진다. 아 8:7과 두로를 향한 에스겔의 경고(겔 27:12, 18, 27, 33), 그리고 시편 일부(시 44:13; 112:3; 119:14)를 제외하면 이 단어는 잠언에서 압도적으로 많이(19회) 사용된다(잠 1:13; 3:9; 6:31; 8:18; 10:15; 11:4; 12:27; 13:7, 11; 18:11; 19:4, 14; 24:4; 28:8, 22; 29:3; 30:15, 16).

연사가 청중에게 부에 관해 이야기하는 또 다른 연설을 살펴보자. 잠언 8:17-18에서 지혜부인은 사람들에게 자신에게 주목하고 충성할 것을 요구하면서 자기를 따르는 자들에게는 풍성한 보상을 하겠다고 약속한다.

17 나를 사랑하는 자를 내가 사랑하고
나를 찾는 자는 나를 찾으리라.
18 부와 명예가 내게 있으며
영원한 부(הון עתק)와 의로움도 그러하다(잠 8:17-18).[9]

지혜가 약속하는 것은 "혼 아테크"(הון עתק), 즉 영속적이고 안정된 재산이다. "아테크"(עתק)는 히브리어 성경에서 이곳에만 나오는 단어(*hapax legomenon*)이지만, 히브리어와 아람어에서 ע-ת-ק 어근이 지닌 의미 범위의 윤곽은 비교적 명확하다. "아티크"(עתיק)란 형용사가 지칭하는 것이 뭔가 오래되고 오래가는 사물일 가능성은 농후하다.[10] 의미론의 관점에

---

9) הון עתק וצדקה("영원한 부 그리고 체다카")를 "영속적인 부와 성공"(NJPS) 혹은 "영원한 부와 번영"으로도 옮기는 경우가 있다. 이는 צדקה의 의미 범위가 넓기에 시도된 번역들이지만, 잠언의 문맥상 צדקה가 그런 의미로 쓰였을 가능성은 매우 적다. 이에 대해 생각할 수 있는 다른 번역은 "영속적이고 합법적인 부"다. 이 독법의 석의적 함의는 정직하게 추구해 얻은 부가 갖는 지속적 가치에 있다. 그런데 여기서 문법적으로는 하나의 핵심 명사(*regens*)에 두 개의 부속 명사(*rectum*)가 복속되는 것이 불가능하지는 않지만, 연계형 구조에서 형용사가 동시에 쓰이는 경우는 매우 드문 현상이기는 하다.

10) *HALOT* 2:905은 어근 עתק를 "시간의 검증을 거친, 오래된"이라 정의한 뒤, 잠 8:18의 문맥에서는 특별한 유관 어근들이 없음에도 "찬란한"이란 뜻을 제안한다. 하지만 *HALOT*에 인용된 우가리트어, 유대 아람어, 기독교 아람어, 시리아어 등 관련 언어들을 살펴보아도 이

서 이는 앞서 다룬 "야카르"(יקר, 귀한, 희귀한)와 반의어는 아니다. 그러나 "혼 아테크"를 젊은이들의 마음을 빼앗는 "혼 야카르", 즉 "귀중한 보물"(잠 1:13)의 배경에 비춰보면 새로운 의미가 발생한다.[11]

여기서 영속적인 가치를 지니는 "혼 아테크"에 비해 갱들이 약속한 "혼 야카르"는 화려할 수는 있지만 단명한다는 함의가 드러난다. 두 본문이 같은 단어 "혼"에 가치를 묘사하는 서로 다른 형용사를 첨부함으로써 같은 청중의 관심을 두고 다투는 경쟁 관계를 보이는 두 개의 연설이라는 특징이 부여된 것이다. 이처럼 잠언은 화려하고 거대한 부요함보다는 취득 수단이 정당하고 가치가 영속적인 부요함을 더 우월하게 여기는 도덕적 비전을 명시한다.[12] 이러한 수사법의 최종 효과는 민낯의 부가 가지는 가치를 상대화하는 데 있다.

5.3. — 격언의 병치(juxtaposition)

잠언 8장에는 도덕적 미덕을 칭송하는 수사적 기법이 자주 등장한다. 일례로 잠언 8:19-21을 살펴보자.

טוֹב פִּרְיִי מֵחָרוּץ וּמִפָּז וּתְבוּאָתִי מִכֶּסֶף נִבְחָר׃

단어는 태고로부터 오래 내려온 것들을 가리킨다는 사실이 드러난다.

11) 이 비교는 Timothy Sandoval과의 토론을 통해 착안했음을 밝힌다.

12) 이것이 הון עתק, 즉 "영속적 부"와 צדקה, 즉 "의로움, 정당성"이라는 명사가 접속하는 데서 발생하는 추가적 어감이다. 연계 관계에 있는 두 명사 간에 두 번째 명사가 첫 명사의 특성을 설명한다는 통상적 용례에 비추어 이 문구는 정당하게 취득한 부를 가리키고 있음이 확실시된다.

בְּאֹרַח־צְדָקָה אֲהַלֵּךְ בְּתוֹךְ נְתִיבוֹת מִשְׁפָּט׃

לְהַנְחִיל אֹהֲבַי יֵשׁ וְאֹצְרֹתֵיהֶם אֲמַלֵּא׃

19 내 열매는 금이나 정금보다 값지고 내 과실은 순은보다 뛰어나다.

20 나는 의로움의 길로 정의의 대로로 걷나니

21 나를 사랑하는 자들에게 산물을 주고 그들의 창고를 내가 채우리라(잠 8:19-21).

지혜가 내세우는 자신의 원칙("의로움의 길"//"정의의 대로")은 의로움(צדקה), 공의(משפט), 반듯함(מֵשׁרים)을 반영하는데, 이것은 잠언 1:1-6에 나열된 지혜의 유익 중 가장 중심에 위치한 3대 강령에 해당한다. 잠언 서론부는 잠언의 도덕 교훈이 학생에게 지혜를 일깨워 의로운 삶의 비결을 습득하게 하는 것이라고 서술한다. 이러한 방향성은 의로운 (그리고 필연적으로 현명한) "길"에 대한 언급으로 가득한 잠언 2-3장에서도 계속된다. 잠언 2:7-8은 "그리하면 네가 의와 공의 그리고 공평, 즉 모든 선한 길을 깨닫게 되리라"(잠 2:9)라는 약속으로 이어진다. 또한 잠언 2:20-22은 독자가 왜 선하고 의로우며 정직하고 꾸짖을 데 없는 도덕적 이상을 따르는 길로 가야 하는지를 보여준다.

לְמַעַן תֵּלֵךְ בְּדֶרֶךְ טוֹבִים וְאָרְחוֹת צַדִּיקִים תִּשְׁמֹר׃

כִּי־יְשָׁרִים יִשְׁכְּנוּ־אָרֶץ וּתְמִימִים יִוָּתְרוּ בָהּ׃

וּרְשָׁעִים מֵאֶרֶץ יִכָּרֵתוּ וּבוֹגְדִים יִסְּחוּ מִמֶּנָּה׃

20 네가 선한 길로 걸으며 정직한 길에 머물 수 있도록 하기 위함이라.

21 반듯한 이가 땅을 상속하고 흠없는 자가 거기 머물리라.

22 그러나 악한 자는 땅에서 끊어지고 사특한 자는 거기서 잘려 버려지리라(잠 2:20-22).

이 구절은 도덕적 교훈의 목적이 독자를 고상한 인격체로 만드는 데 있다는 사실을 잘 보여준다. 그 목표에 도달하기 위해 독자는 이상적인 인간형(צדיקים//טובים)의 길로 함께 걸으면서 그들을 모방해야 한다. 이에 대한 동기는 무엇으로 부여되는가? 이상적인 삶(תמימים//ישרים)이 주는 안전함과, 바람직하지 못한 삶(רשעים//בוגדים)이 낳는 그 반대의 결과다. 의로운 길로 걷기 위해서는 자신의 도덕적 선택이 결국은 옳으리라는 믿음이 필요하다. 이와 관련해 잠언 2:20-22에 비치는 확신은 도덕률에 관한 잠언의 논지(thesis), 즉 미덕의 탁월함을 요약해준다.

잠언의 최종 형태상 주변에 자리한 잠언들을 함께 읽으면 서로를 강화하고 제한함으로써 논의의 초점이 부의 직접적인 혜택으로부터 영속적이고 고차원적인 가치로 이동하게 된다. 잠언 18:10-11에 따르면 부는 부자에게 요새와 같다.

מִגְדַּל־עֹז שֵׁם יְהוָה בּוֹ־יָרוּץ צַדִּיק וְנִשְׂגָּב׃

הוֹן עָשִׁיר קִרְיַת עֻזּוֹ וּכְחוֹמָה נִשְׂגָּבָה בְּמַשְׂכִּיתוֹ׃

10 야웨의 이름은 강한 성, 의인은 그리로 달려가 보호받는다.

11 부자의 재물은 그의 힘, 그를 지키는 성벽—그의 상상 속에서!(잠 18:10-11)[13]

---

13) 11절의 משכיתו을 "그의 상상"이라고 번역한 것은 문자적으로 "형상, 조각"을 의미하는 משכית가 비유로 쓰였다고 이해한 결과다(*HALOT* 2:641). *HALOT*은 이 단어가 잠 18:11과 시 73:7 두 곳에서만 비유적으로 쓰였다고 분석한다. 시 73:7에서 이 단어는 악한 자들

이 두 구절은 삶에서의 안전이라는 공통 주제와 "우즈"(עֹז, 강인함)의 전략적 사용, ב-ג-שׂ라는 같은 어근의 사용, 그리고 "믹달"(מגדל, 탑)과 "키르야트"(קרית, 도시)의 의미론적 평행 관계 등 많은 면에서 그 증거가 확보된, 잘 알려진 잠언 쌍이다.[14] 의인에게 허락된 진정한 안전(잠 18:10)과 부자가 상상하고 있는 거짓된 안전(잠 18:11) 사이의 대비는 이와 같은 해석의 문맥에 비추어 매우 충격적인데, 의로움과 부요함이 이처럼 직접적으로 대비된 곳은 거의 없기 때문이다.

평가 담론의 또 다른 측면은 현재만이 아닌 긴 시간을 기준으로 삼아야 이해할 수 있다. 이러한 격언들은 사람의 품성과 행동에 따라 그가 살아 있는 동안 적당한 상벌이 주어질 것이라고 가르친다. 물론 잠언이 정교한 종말론을 제시하지는 않지만, 잠언에는 종말론적 차원이 결여되었

의 방만함(laissez-aller)을 묘사하는 데 사용된다. LXX는 이 단어를 ἐπισκιάζω, 즉 "그림자가 깃들게 하다, 그림자를 드리우다"에서 파생한 ἐπισκιάζει로 번역했다(J. Lust, et al., *A Greek-English Lexicon of the Septuagint* [Stuttgart: Deutsche Bibelgesellschaft, 1992-1996], 1:174). Peshitta, Tg., Vulg. 등의 역본들은 대체로 LXX와 상통하는 해석을 제시한다. 그렇게 읽으면 11절 하반부는 의미론적으로 더 안정된 일체감을 갖게 되지만 (MT에 함의된) 수사학적 효과는 약화한다. 이에 대해 Murphy는 "악인이 상상하는 안전함은 겉모양만 그럴듯할 뿐 결국은 거짓된 안전감이라고 이해할 때 이 격언의 호소력은 더 커진다"라고 진술한다(Murphy, *Proverbs*, 136).

14) Ted Hildebrandt, "Proverbial Pairs: Compositional Units in Proverbs 10-29," *JBL* 107(1988), 209 이하와, R. N. Whybray, *The Composition of the Book of Proverbs*, JSOTSup 168(Sheffield: Sheffield Academic Press, 1994), 77, 112, 그리고 Heim, *Like Grapes*, 245 이하를 보라. Meinhold는 이 두 곳에서 모두 ב-ג-שׂ의 니팔 분사형이 사용되었다고 간략히 서술한 뒤, "참된 안전과 헛된 안전의 대비"가 잠 18:10-15을 지배하는 중심 주제라고 선언한다(Arndt Meinhold, *Sprüche* [2 Vols, Zurcher Bibelkommentare; Zürich: Theologischer, 1991], 302-3). Murphy는 이 잠언 쌍과 잠 10:15 사이의 깊은 연관성을 지적한다(Murphy, "Proverbs 22:1-9," 401; *Proverbs*, 136).

다고 보는 것도 지나친 예단이다. 예를 들어 잠언 11:4-6을 살펴보자.

4 재물(הון)은 진노의 날에 무익하지만
의로움(צדקה)은 죽음에서 건져낸다.
5 흠 없는 자(תמים)의 의로움(צדקה)은 그의 길을 지켜주지만
악한 자(רשע)는 제가 한 못된 짓 때문에 넘어지리라.
6 반듯한 이들(מִשרים)의 의로움은 그를 구해주고
사특한 자들(בגדים)은 자기들의 악독(הוה)이 옭아매리라(잠 11:4-6).

이러한 비교가 시행되는 진노의 날은 최종 판단, 즉 **극단적** 상황을 나타낸다. 일상적 상황에서 재물이 일정 수준의 안락과 안전을 제공해준다는 것은 부인할 수 없는 사실이다. 아무리 의로운 사람이라 해도 재물이 없으면 고통을 당하기 마련이며, 덕과 지혜만으로는 인생에 닥치는 어려움에 충분히 대비하기가 어렵다. 불의와 억압이 있는 곳에서는 의로운 삶이 난관과 고통을 불러오기도 한다. 그런데도 잠언은 하나님의 심판이 임할 때(야웨의 날)는 도덕적 미덕이 결정적으로 유익하다고 확언한다. 물론 의로움이 영생을 준다고 말하지는 않는다. 하지만 심판의 날에 임하는 죽음은 하나님이 내리는 급작스럽고 극적인 죽음임을 고려할 때(잠 11:4), 의로움이 의인을 변호해주어 그와 같은 죽음을 피하게 해준다는 것은 매우 중요한 사실이다. 다시 말해 이 격언들은 영속적인 유익을 주는 것과 그렇지 않은 것을 구별하게 해준다.

앞서 살펴본 격언들은 내용상 평가적 어조가 분명하지만 외형적으로는 특별한 문학적 형태를 보여주지 않는다.[15] 그런데 이 격언들이 의로움

과 부를 직접적으로 대조하거나 부 자체를 단죄하지 않는다는 것은 주목할 만하다. 이 격언들에서 부는 독자에게 의로움의 가치를 설명하기 위해 사용되는 친숙한 기준점 역할을 하며, 양자 간에 선택이 요구된다면 어느 쪽이 우월한지를 명확히 드러내 준다. 두 가지 가치와 그 선택의 결과를 이처럼 나란히 보여줌으로써 이 격언들이 의도한 가치 판단은 매우 적나라하게 효과적으로 전달된다. 더욱이 그 선택의 대비가 종말론적 배경을 통해 표현된 것은 잠언이 영속적 가치의 중요성을 강조한다는 사실을 부각해준다. 재물은 어느 정도까지는 좋은 것이지만 그 한계가 드러나는 때가 반드시 온다.

5.4. — 비교 우위 잠언

이제 평가 담론 중 좀 더 심화된 형태와 예리한 초점을 보여주는 것으로서 많은 연구의 대상이 된 "비교 우위 잠언"(Tob-Spruch, better-than proverbs)을 살펴보고자 한다. 이 격언들은 "A가 B**보다**(מן) **낫다**(טוֹב)"는 형태(제1형)나 "B와 Y를 갖추는 것이 A와 X를 갖는 것보다 낫다"라는 형태(제2형)를 취한다. 잠언에서 이러한 형태적 기준에 부합하는 격언은 모두 20개다.[16] 이들의 분포를 살펴보면 우선 잠언 1-9장에 3개(잠 3:14;

15) 문학 양식이 보이지 않는다 해서 서술체로 된 격언들이 평가의 안목이 결여되었다는 뜻은 아니다.

16) 비교 우위 잠언을 본격적인 언어학의 관점에서 다룬 수작으로 Josef Wehrle, *Sprichwort und Weisheit: Studien zur Syntax und Semantik der ṭōb⋯min-Sprüche im Buch der Sprichwörter* (Arbeiten zu Text und Sprache im Alten Testament 38; St. Ottilien: EOS Verlag, 1993)를 참조하라.

8:11, 19), 10-22장에 12개(잠 12:9; 15:16, 17; 16:8, 16, 19, 32; 17:1; 19:1, 22; 21:9, 19)가 있다. 잠언 22-24장은 「아메네모페」와 유사성이 있지만[17] 비교 우위 잠언이 등장하지 않는다. 나머지 5개의 비교 우위 잠언은 잠언 25-29장에 등장한다(잠 25:7, 24; 27:5, 10; 28:6). 이들 비교 우위 잠언의 내용상 특징은 다음 표와 같다. 표에서 왼쪽 두 열은 특정한 격언이 제1형과 제2형 중 어느 편에 속하는지를 나타낸다.[18]

	제1형	제2형	지혜	실용성	미덕	경건
잠 3:14	■		■			
잠 8:11	■		■			
잠 8:19	■		■			
잠 12:9		■			겸손	
잠 15:16		■				야웨 경외
잠 15:17		■		사랑의 추구		
잠 16:8		■				의로움
잠 16:16	■		■			
잠 16:19	■				겸손	
잠 16:32	■				인내	
잠 17:1		■		화평의 추구		
잠 19:1		■				올곧은 삶
잠 19:22	■				정직	
잠 21:9		■*[19]		좋은 아내		
잠 21:19		■*		좋은 아내		

17) 이집트 지혜문헌과 상응하는 비교 우위 격언들의 예는 특이하게도 잠언의 "「아메네모페」 단락"이라고 불리는 잠 22:17-24:22 외부에서만 찾아볼 수 있다.

18) 제1형과 2형의 구별은 격언의 내용과 무관하게 형태에만 근거한 것으로, "A가 B보다 낫다"는 형태의 제1형, "B와 Y를 갖추는 것이 A와 X를 갖는 것보다 낫다"는 형태의 제2형이 있다.

잠 25:7	■				겸손	
잠 25:24		■		좋은 아내		
잠 27:5	■				정직	
잠 27:10	■			친한 이웃		
잠 28:6		■				올곧은 삶
총계	10	10	4	6	6	4

〈표 1〉 비교 우위 잠언의 특성

우리는 이 도표에서 몇 가지 사실을 쉽게 관찰할 수 있다. 첫째, 경건을 강조한 격언들은 모두 제2형이다(4개). 둘째, 지혜를 강조한 격언들은 모두 제1형이다(4개). 셋째, 미덕을 강조한 격언들은 제1형 5개(잠 16:19, 32; 19:22; 25:7; 27:5)와 제2형 1개(잠 12:9)로 나뉜다.

헤르미손(Hans-Jürgen Hermisson)은 일찍이 비교 우위 잠언에 두 종류가 있음을 간파했지만 그 통찰을 발전시키지는 않았다. 이 격언들은 상충하는 가치들, 특히 부와 미덕에 관해 공통되는 관점을 보여주지만 각기 고유한 형태와 수사적 윤곽을 드러내는 두 그룹으로 나뉜다.

제1형의 비교 우위 잠언은 재물과 미덕을 직접 비교하고 재물(또는 쾌락과 행복에 기여하는 어떤 요소)이 미덕보다 열등하다고 선언한다.

지혜를 얻는 것이 금보다 낫고
이해를 얻는 것이 은보다 낫다(잠 16:16).

19) 잠 21:9과 21:19은 제2형에 약간 변형이 가해진 형태다.

낮은 이들 가운데서 겸비한 것이
교만한 자들과 약탈품을 나누는 것보다 낫다(잠 16:19).

이와 같은 비교는 잠언 1-9장에 실린 훈계(instruction)들의 가치 체계, 즉 지혜를 최상으로 여기는 태도를 충실히 반영한다.

이보다 좀 더 정교한 제2형의 비교 우위 잠언은 두 개의 독립된 축을 사용한다.

가진 것이 **적어도 주를 경외하는 것**이
큰 재산을 갖고 요동치는 것보다 낫다(잠 15:16).

채소만 먹더라도 **사랑**이 있으면
살진 소를 먹고 미워하는 것보다 낫다(잠 15:17).

재산은 없어도 의로움이 있다면
큰돈을 벌고 불의한 것보다 낫다(잠 16:8).

마른 빵을 **평화**롭게 먹는 것이
집안 그득 잔칫상을 차려놓고 싸우는 것보다 낫다(잠 17:1).[20]

이 격언들이 칭송하는 가치는 무엇일까? 다른 격언들은 사랑이나 좋

20) 대비를 이루는 대상들을 명확히 표시하기 위해 굵은 서체와 밑줄 형태를 덧붙였다.

은 아내의 중요성과 같은 실질적 주제를 다루는 데 비해 제1형 격언들의 유일한 초점은 다른 것보다 지혜를 드높이는 데 맞추어져 있다. 제2형 격언의 경우에는 미덕과 악덕 간의 대조가 지배적 대립 구도를 이루고(사랑 vs 증오[잠 15:17]; 의로움 vs 불의[잠 16:8]), 사치와 검소(채소 vs 살진 소[잠 15:17]; 마른 빵 vs 잔칫상[잠 17:1])가 보조적 대립 구도로 작동한다. 그중 네 개의 격언은 "야웨 경외", "의로움", "올곧은 삶"처럼 종교적·윤리적 가치를 드러내는 어휘들을 통해 경건의 문제를 다룬다.[21] 이러한 가치들은 구체적인 덕목보다는 인격 전체의 탁월함을 지칭한다. 그런데 사실 잠언의 관점에서는 야웨를 경외하면서 여타 덕목은 갖추지 못한다든가, 의인이 비난받을 만한 흠이 있다든가 하는 상황은 생각하기 힘들다. 그에 비해 정직, 인내, 겸손 등의 미덕은 서로 무관하게 작동할 수 있다. 이를테면 무서울 정도로 정직하면서 인내심은 결핍된 사람이 존재할 수 있다는 뜻이다.

여기서 흥미로운 점은 경건을 앞세우는 격언들(잠 15:16; 16:8; 19:1; 28:6)은 모두 제2형인데, 지혜를 강조하는 격언들(잠 3:14; 8:11, 19; 16:16)은 모두 제1형이라는 사실이다. 아마도 경건이 지혜보다는 "시장성"이 낮아서 독자들의 관심을 끌기 위해서는 좀 더 정교한 수사 장치들이 필요했을지도 모른다. 지혜는 탁월한 미덕이긴 하지만 잠언의 지혜 담론은 지혜가 가져오는 실질적 유익에 호소한다. 이는 지혜부인이 자기를 따르는 자들에게 부귀와 장수를 약속한다는 사실에서 분명하게 드러난다. 이처럼 지혜의 매력(예를 들어 성공을 돕는 능력)은 경건의 유익(하나님과의 친밀함, 거

21) "올곧은 삶"으로 번역된 הלך בתם은 원래 "정도를 걷는다"라는 표현이다. 이는 늘 어떤 사람의 도덕적 인격 전체를 가리키며, 우리가 앞서서 의로움을 인격 전체라는 틀에서 정의했던 것과 상통한다.

룩한 성품, 인격의 순전성 등)보다는 훨씬 더 분명하게 다가온다. 따라서 잠언은 제2형이라는 좀 더 화려한 수사 장치를 사용함으로써 의로움을 칭송하는 덜 매력적인 과제를 밀고 나가려고 한 것으로 보인다.

제2형의 수사적 구조를 좀 더 자세히 관찰하기 위해 거기에 해당하는 비교 우위 잠언을 도표로 정리해보자.

	B	Y	A	X
잠 12:9	이름 없음	종을 부림	영향력	먹을 것 없음
잠 15:16	가진 것이 적음	하나님 경외	큰 부	번뇌함
잠 15:17	채소	사랑	살진 소	증오
잠 16:8	적은 소득	의로움	큰 풍년	불의
잠 17:1	마른 빵	평화	잔칫상	다툼
잠 19:1	가난	성실한 행동	패역한 입술[22]	미련함
잠 28:6	가난	성실한 행동	부유함	뒤틀린 행동

나머지 세 개의 격언에는 "다투는 아내"가 등장한다. 그런데 이 격언들은 Y 요소를 갖추지 않은 원형적(archetypical) 형태를 간직하고 있다. 형태상으로는 이들이 제시하는 가치 판단의 대상을 확인하기 어렵지만 문맥을 통해서는 쉽게 추리해낼 수 있다.

---

22) 이 격언은 B+Y>A+X라는 수사 구조를 흐트러뜨린다. 보통은 A가 B보다 더 선망할 만한 조건이지만, 패역한 입술과 가난을 비교하는 이 격언은, 잠언에서 그와 같은 기계적 상응 관계를 벗어나는 유일한 예외다.

	B	Y	A	X
잠 21:9	움막에서 살기	·(평안?)	함께 살기	다투는 아내
잠 21:19	광야에서 살기	·(평안?)	·	다투는 아내
잠 25:24	움막에서 살기[23]	·(평안?)	함께 살기[24]	다투는 아내

이 격언들이 모두 가정하고 있는 전제는[25] 통상적으로 A의 상황이 B의 상황보다 더 선호된다는 사실이다(A>B).[26] 잠언 15:16과 15:17을 예로 들어보자. 부유함(A)이 소박함(B)보다 낫고(잠 15:16), 살진 소(A)가 채소(B)보다 낫다는 것은 굳이 설명이 필요치 않다(잠 15:17). 그러나 만약 X(근심, 미움)와 Y(경건, 사랑) 사이의 비교 선택이 A와 B의 선택과 **동시에** 결정되어야 한다면, X에 대한 Y의 비교 우위가 B에 대한 A의 비교 우위보다 더 중요해진다. 즉 "A>B"이지만 "Y>>X"이기에 결과적으로

---

23) 잠 21:9과 25:24은 동일한 격언의 중복이다.

24) 히브리어 בית חבר(MT)는 누군가와 함께 공유하는 집이란 뜻임을 유추할 수 있지만(חֶבֶר는 모임을 가리키며 이에 대한 번역 οἴκῳ κοινῷ[LXX]도 같은 뜻이다), 공유 행위의 함의가 대형 주택, 대가족, 그 밖의 다른 요소인지는 정하기가 쉽지 않다. Johannes Fichtner(BHS 잠언 편집자), Toy는 인접 자음 간의 "위치 교환"(metathesis, ובית חבר 대신 ובית רחב)을 제안하면서 대형 주택으로 해석했다. 반면 Finkelstein(우가리트어 관련 자료도 제시[McKane, *Proverbs*, 553-55 참조])과 Clifford(*Proverbs*, 190)는 아카드어 *ḫabāru*와의 연계성을 찾아 "매우 소란스러운 집"으로 번역한다. 소란스러운 집은 말다툼하는 아내와 잘 들어맞는 그림이긴 하지만, 그 경우 B 요소(광야에 혹은 지붕 위에 산다)가 당연히 A 요소보다 열등할 것으로 기대하는 논리의 수사적 효과를 약화하는 결과를 낳는다. 이 익살스러운 격언은, 잔소리하는 아내와 함께라면 대저택에 살아도 지붕에서 혼자 사는 것만 못하다라는 뜻으로 읽힐 때 가장 호소력이 있을 것이다.

25) 비교 우위 잠언의 수사적 효과가 나타나려면 이 전제가 독자와 공유되어야 한다. 즉 A(힘, 부, 호사)가 B(무명, 소박)보다 바람직하다는 뜻이다.

26) "A>B"는 "A가 B보다 낫다"는 문장의 축약적 표현이다.

"B+Y>A+X"라는 부등식이 성립하게 된다.[27] 바꾸어 말하면 도덕의 셈법에서 X와 Y의 비교 대조는 A와 B의 대조보다 더 고차원적인 역할을 한다는 뜻이다. 제2형 비교 우위 잠언은 두 개의 가치 평가 쌍을 도입함으로써 단순히 "Y>X", 즉 "Y가 X보다 중요하니 그것을 택하라"고 말하는 방식보다 수사적 효과를 높이는 데 성공한다. 원문의 히브리어 어순을 기준으로 보면 비교 우위 격언은 통념상 열등한 요소(B)를 가리켜 "좋다"(토브)라고 선언하는 것으로 시작된다. 보통은 좋을 것 없는 것을 좋다고 주장하는 이 선언을 들은 청자(독자)는 그다음 "…보다"(민)라는 말 뒤에 소개될 요소(A)가 무엇인지를 기대하게 된다. 제2형 격언에서 독자들이 이미 공감하는 두 가지 전제는 "A>B"(전적으로 동의), 그리고 "Y>X"(최소한 명분상으로 동의)이다. 따라서 이들 격언의 핵심은 "A>B"와 "Y>X"라는 개별적 명제가 아니라 두 가지 비교를 동시에 제시하면서 도덕적 판단이 실용적 선호보다 더 중요하다는 논지를 생생하게, 때로는 웃음을 유발하는 방식으로 펼치는 데 있다. 도덕적 가치와 실용적 가치를 동시에 고민해야 한다면 전자가 후자보다 앞서야만 한다. 물론 A>B이지만 Y>>X임을 절대 잊지 마라! 이것이 제2형 비교 우위 잠언의 메시지다. 대부분 공존하는 두 차원이 함께 문제가 된다면, 비록 그러한 공존의 정황에 대해서는 잠언의 저자들이 자세히 말하지는 않더라도 A를 확보하기 위해 X를 취하기보다는 B와 Y를 함께 고르는 것이 현명한 선택이 된다. 이러한 문학 형식을 이해한 독자라면 "적게 갖는 것이 더 낫다"라는 도입부는 그다음 부분을 듣고 싶게 만드는 매혹적 문구가 될 것이다.

---

27) "Y>>X"는 "Y가 X보다 훨씬 더 낫다"는 문장의 축약적 표현이다.

이 격언들은 어떠한 상황을 다루는가? 잠언의 많은 격언이 게으름과 어리석음 때문에 생기는 가난을 정죄하는 것을 고려한다면 가난 자체가 부요함보다 우월할 수 없다는 잠언의 근본 입장을 재검토할 필요는 없어 보인다. 따라서 이 격언들은 ① 실제로든 혹은 생각 속에서든 양심의 떳떳함과 이익이 서로를 배제하는 관계에 있을 때 개인적으로 양자택일의 결정을 내려야 하는 상황, 혹은 ② 교육적 목적을 위해 잠언이 의롭지만 가난한 삶과 악하지만 부유한 삶을 나란히 비교해 보여주는 경우에 적절하다.

이들 비교 우위 잠언들은 분석하거나 주장하지 않으며[28] 성공과 행복의 기준으로 쉽게 받아들여지는 것들을 넘어서서 그들과 다르고 우월한 가치들이 존재한다고 선언한다. 베스터만(Claus Westermann)은 이와 같은 논증의 부재 자체가 강력한 수사법이라고 설명한다.

> 이와 같은 논증의 부재 현상은 외견상 비교를 나타내는 "토브-민"(*tōb-min*)이 요구의 성격을 지닌다는 것을 보여준다. 이 형태의 격언은 결단을 촉구하면서 그것을 듣는 이에게 더 높은 가치를 취하는 결정을 내리도록 요구한다. 다시 말해 그것은 어떤 경우에는 좀 더 "열악한" 것을 선택하라는, 남들이 다 좋다 하니 당연히 더 좋을 것이라 생각하지 말고 충분히 숙고한 뒤 무엇이 정말로 더 좋은 것인지 결정하라는 촉구다![29]

28) Westermann도 비교 우위 잠언들이 주장을 뒷받침하는 증거나 "지지 이유"를 대지 않는다고 서술한다(Claus Westermann, *Roots of Wisdom: The Oldest Proverbs of Israel and Other Peoples* [Louisville, Ky.: Westminster John Knox, 1995], 71).

29) Westermann, *Roots of Wisdom*, 71.

5.5. — 비교 우위 잠언의 해석: 모순되는 메시지가 있는가?

슈미트는 지혜 분야의 역저인 『지혜의 본질과 역사』(*Wesen und Geschichte der Weisheit*)에서 비교 우위 잠언은 한 가지를 희생시켜 다른 것을 내세운다고 서술한다.

> 자주 언급된 토브-잠언[비교 우위 잠언]들이 이에 해당한다. 이러한 잠언들은 비교급(…보다…낫다)이 아니라 "민"(*min*)의 의미를 살려 배제의 문장(…은 좋고, …은 아니다)으로 이해할 수 있다.[30]

크렌쇼 역시 유사한 전제에 기초해 이들 잠언을 "배제적 잠언"으로 명명할 것을 제안한다. 그에 따르면 이 유형의 잠언들은 "두 가지 좋은 것 중 어느 것이 더 좋은지를 판단하지 않고, 하나는 좋고 다른 것은 나쁘다고 선언한다." 즉 이 잠언들은 두 대상 사이의 상대적 가치 평가가 아니라 한쪽의 가치는 인정하고 다른 쪽 가치는 부정하는 데 의미가 있다는 말이다.[31]

문법적으로는 히브리어 전치사 "민"(מן)의 비교격 용법은 잘 알려졌다. 월키(Bruce K. Waltke)와 오코너(Michael P. O'connor)는 사무엘상

---

30) Hans H. Schmid, *Wesen und Geschichte der Weisheit: Eine Untersuchung zur altorientalischen und israelitischen Weisheitsliteratur* (BZAW 101; Berlin: Töpelmann, 1966), 159. Von Rad는 Schmid의 해석에 대한 동의 여부를 진술하지 않은 채 인용했다. Von Rad, *Wisdom in Israel* (trans. James D. Martin; London: SCM, 1972), 29.

31) James L. Crenshaw, *Old Testament Wisdom: An Introduction* (Atlanta: John Knox, 1981), 57.

24:17(사울이 다윗은 의롭고 자신은 의롭지 못하다고 인정함), 창세기 38:26(다말은 의롭고 유다는 그렇지 못함), 창세기 29:30(레아보다 라헬), 시편 52:5(선보다 악을 좋아함), 호세아 6:6(번제보다 하나님을 아는 것이 중요), 욥기 7:15(삶보다 죽음) 등을 비교격 "민"의 용례로 들었다.[32] 즉 유다는 다말이 자신보다 더 의롭다고 말함으로써 다말이 옳았고 자신이 잘못했음을 시인했다는 설명이다.

이러한 문법적 설명이 옳은지의 여부는 용례마다 개별적 판단이 필요하다. 그런데 한 가지 주목할 점은 위에 제시된 사례들을 분석할 때 문예적 형태에 대한 언급은 전혀 없다는 사실이다. 사실 특정한 문예적 형태를 거론하기 어려운 것이, 사물을 부와 지혜에 견주어 직접 비교 평가하는 잠언들과 달리 위의 사례들은 모두 어느 당사자 혹은 행동이 공유되는 기준과 합치하는지만을 진술하기 때문이다.[33] 따라서 비교 우위 잠언들이 정말로 어떤 대상(예를 들어 재물)을 부정하는 예리한 이원론적 가치관을 보여주는지 판단하기에는 문예적 분석의 기초가 부족해 보인다.

브라이스(Glendon E. Bryce)와 옥덴(Graham S. Ogden)이 시행한 분석을 진일보시킨 밴 레이벤(Raymond Van Leeuwen)은 이들 비교 우위 잠언은 사실상 가치 역전의 잠언이라고 주장한다.

---

32) *IBHS* 14.4e.

33) 결국 이 사례들은 단 한 개의 변수에 의해 가치 판단을 내리는 경우다. 형태상으로 이들은 특정한 문예적 특성을 부여할 만한 고유성과 통일성을 갖고 있지 않다. 성경 시대 히브리어 사용자가 "나는 너보다 낫다"와 "나는…이고 너는 아니다"라는 의미를 어떻게 표현했는지는 이들 격언의 문예적 혹은 신학적 해석과는 별도의 언어학적 분석을 통해 밝혀야 할 것이다.

…부는 좋은 것이고 가난은 나쁜 것이라는 평상적 판단을 **뒤집어엎는** 일군의 잠언들이 있다.…"더 낫다"라는 형태를 취하는 이 잠언들은 물질적 부와 가난의 상대 가치를 완전히 **역전시키는** 규범적 맥락을 설정하고 그 안에서 부와 가난을 재평가한다.[34]

밴 레이벤은 부를 한 편에, 그리고 지혜와 의 같은 미덕을 반대편에 놓는 대비 구조에서 이 격언들의 본질을 찾는다. 그러나 이 같은 설명은 단순하지만 핵심적인 한 가지 사실, 즉 제2형 비교 우위 잠언 중 단 하나도 재물과 의로움을 **직접** 대비하지 않는다는 점을 놓치고 있다.[35] 사실 이 잠언들에 진술된 대비는 모두 복합적이다. 이들의 상호 관련성을 도형화하기 위해 수평축(x축)에 의로움, 수직축(y축)에 재물을 놓고 2×2 사분면을 상정해보자. 네 개의 영역을 구분하는 번호는 밴 레이벤의 선구적 연구에서 사용한 것을 따랐다.[36] 이 도식은 "제1사분면이 최고, 제2사분면이 그 다음" 하는 방식으로 사람이 처한 상황들을 교차 대조할 때 사용할 수 있는 틀을 제공한다. 미덕과 재물 간에 직선적인 대응 관계를 상정하는 격언들은 제1사분면과 제4사분면을 묘사한다. 즉 지혜로운 자는 복을 받고,

---

34) Raymond Van Leeuwen, "Wealth and Poverty: System and Contradiction in Proverbs," *HS* 33(1992), 31. 강조는 덧붙인 것이다.

35) 잠언에서 의와 지혜가 보여주는 강력한 공동 지시성(co-referentiality)을 고려할 때 부와 미덕을 대비시키는 가상 실험을 해보면 유사한 상충 관계가 나타날 것을 기대할 수 있겠지만, 실제 데이터는 다른 결과를 보여준다. 잠언에서 지혜와 부 사이에는 긴장이 없다. 따라서 우리는 의와 지혜가 이상적 인간형, 즉 의롭고 지혜로운 사람의 인격 안에 함께 내재하긴 하지만 서로 분명히 구별되는 개념임을 재확인한다. 여러 측면에서 지혜는 의로움에 이르게 하는 도구이자 예비 단계의 기능을 수행한다.

36) Van Leeuwen, "Wealth and Poverty," 25-36.

의로우면 하나님이 채우신다. 반대로 어리석은 자는 빈곤해지고, 악하면 징벌을 받는다.

3사분면 악하고 부요하다	1사분면 의롭고 부요하다
4사분면 악하고 가난하다	2사분면 의롭고 가난하다

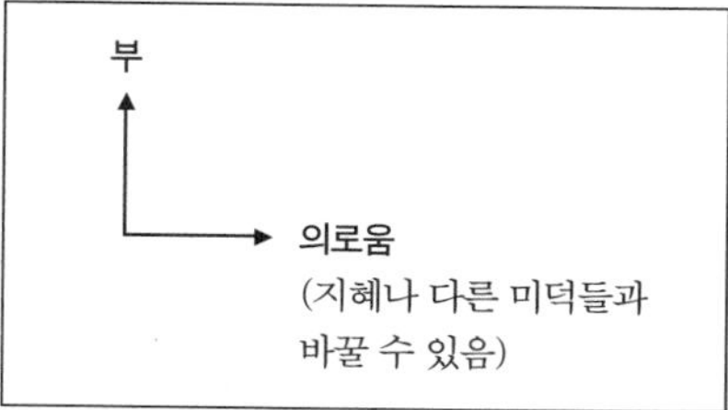

〈표 2〉 의로움과 부에 따른 인간의 상황

단순하고 명확한 상응 관계를 벗어나는 "문제"는 제2, 3사분면의 상황이다. 제2사분면(의롭고 가난하다)과 제3사분면(악하고 부요하다) 사이에 어느 편을 택할 것인가? 물론 현실의 삶은 복합적이어서 의로움과 부요함을 이처럼 두 개의 축으로 선명히 나누기는 어렵지만, 브라이스와 밴 레이벤의 주장에 따르면 제2사분면과 제3사분면은 평상시 잠언이 긍정하는 가치 체계가 부정되는 상황을 나타낸다.

이러한 해석의 궤적을 벗어나려면 제2형 격언들의 중요한 특징 하나를 주목할 필요가 있다. 가치의 비교가 이루어지는 각 격언들을 자세히 살펴보면 양적인 비교를 표시하는 형용사들("조금", "매우", "많은" 등)과 구체적 명사들(그냥 식사가 아닌 "잔치", "채소")이 사용된다는 사실을 알 수 있다. 이처럼 수식어와 구체적 명사가 동원됨으로써 소박함("조금", "채소", "마른 빵조각")과 풍요함("많은", "기름진", "그득한" 등)의 선명한 대비가 이루어진다. 그러나 그 어느 경우에도 극단적인 핍절과 극단적인 호사로움이 대비되지는 않는다. 즉 "조금"이나 "마른 빵"이 묘사하는 것은 소박하고 검소한 삶의 모습이지 심각한 기아 상태가 아니다. 와이브레이는 이 사실을 다음과 같이 분명하게 지적한다.

> 만약 재물이 불의, 증오, 분쟁 혹은 (조금 더 애매하게) "난관"을 수반한다면—이럴 경우가 많다는 것이 암시된다—차라리 가난한 것이 낫다. 그러나 이 소박한 음식, 마른 빵조각으로 상징되는 이 "가난"은 생존의 위기 수준의 빈곤이 아니다. 마른 빵조각은 조금 심하긴 하지만 다른 표현들은 소규모 농민이나 품꾼들의 일상적 삶에 더 적합해 보인다.[37]

따라서 우리가 상정한 대비 구도는 부와 가난보다는 사치와 검소 사이에 형성된다고 보아야 한다. 앞서 보았듯이 수식 형용사의 정교한 구사나 회화적 명사의 사용은 잠언이 부와 가난을 바라보는 시각에 모호함이나 가치 반전, 혹은 모순을 갖고 있지 않음을 반증한다. 잠언은 가난이 부보다 낫다고 말하지 않는다. 정상적인 상황이라면 부를 갖는 것이 낫다. 그러나 이 가치관은 더 고등한 가치 기준 법칙의 지배 아래 있는데, 의로움을 향한 욕구가 가난 대신 부를 택하려는 마음보다 앞서야 한다는 것이 바로 그 기준이다.[38] 따라서 특정한 가치 체계를 거부하거나 전복하는 것이 아니라, 두 개의 가치 체계를 놓고 우열 평가를 바르게 내리는 것이 우리의 주된 관심사가 된다.

---

37) Whybray, *Wealth and Poverty*, 34.
38) 같은 형태의 격언들 가운데 다수가 지혜와 여타 미덕들을 칭송한다.

비교 우위 잠언들은 부의 고유한 가치를 부인하거나 잠언의 전통적 가치 체계를 뒤집어엎지 않는다. 이 잠언들이 독자들에게 극한의 고난을 감내하고라도 경건과 의로움, 혹은 지혜를 얻으라고 강요하는가? 그렇지 않다. 부를 얻기 위해 양심에 때를 묻히기보다는 의를 지키기 위해 굶주리는 것이 낫다고 말하지도 않는다. 한 개인의 삶에 실제로 일어나든 그렇지 않든, 그러한 희생을 요구하는 상황은 현실에 실재할 수 있다. 그러나 잠언의 제한된 자료를 분석한 결과로는, 한 사람의 생존을 구체적으로 위협할 만한 심각한 상황은 비교 우위 잠언들의 범위 밖에 있다.

5.6. — 비교 우위 잠언의 암호 해독을 위한 모델

앞선 논의들을 살펴보면 사분면 모델로는 잠언의 가치 체계를 바르게 설명할 수 없다. 그 이유는 잠언은 부와 의로움을 동격의 변수, 즉 인간의 삶에 미치는 영향의 깊이와 강도가 대등한 요소로 여기지 않는 데 있다. 이 격언 중 일부는 검소한 삶을 살아가는 어려움에 대해 언급하지만, 아무리 넉넉지 않은 생활이라 해도 절대로 악한 삶보다 열등하지 않다고 가르친다. **의인—그가 부요하든 그렇지 않든—의 삶은 언제나 악인—그가 부요하든 그렇지 않든—의 삶보다 더 우월하다**. 이것이 잠언의 확고한 판단이며 어떠한 재정적 어려움도 그 판단을 뒤바꾸지 못한다.

이러한 사실을 고려할 때 비교 우위 잠언들을 설명하려면 복층 모델(two tier model)을 사용하는 것이 더 적절하다. 상류층의 삶은 지혜와 의로움이 특징이며, 하류층의 삶은 어리석음과 악함이 특징이다. 이 두 계층은 각기 재물의 유무에 따라 상층(부)과 하층(가난)의 부차적 계층으로 세분된다.[39] 〈표 3〉에서 좌측 상자는 부가 품성이나 덕성을 압도하는 가치 체계를 보여준다. 부의 유무가 사람의 "위치"를 결정하고 덕성은 부차적일 뿐이다. 우측 상자는 덕성이 재물의 소유와 안락함보다 우선으로 고려되는 가치 체계를 보여준다. 여기서는 좌측 상자와 정반대로 한 사람의 덕성이 그 위치를 결정한다.

부 중심의 모델(왼쪽 상자)은 부를 소유해야만 더 나은 삶(위층)이 주어지며 도덕성은 인생의 가치나 행복에 별다른 영향을 주지 않는다고 믿는 가치관을 보여준다. 즉 이 모델에서는 누군가가 의로운지 불의한지에 상관없이 부를 갖는 것이 인생의 행복을 결정하는 요인이며 아무리 의롭고 덕스러운 사람도 물질적 부를 소유하지 못하면 부자만큼 행복할 수가 없다.

덕 중심의 모델(우측 상자)에 따르면 행복한 삶을 위해서는 덕성이 있어야만 한다. 재물의 소유가 삶의 가치를 높여주긴 하지만, 덕성을 갖춘 사람은 비록 가난하더라도 악인보다는 더 나은 삶을 살아간다. 다시 말해 이 체계에서는 지혜나 의로움 같은 미덕이 생의 행복을 결정짓는 지배적 요소다.

39) 사실 부와 가난보다는 사치와 검소가 이 구분에 더 적절하겠지만 잠언의 연구에서 부와 가난의 대비라는 틀이 너무나 지배적으로 쓰이기 때문에 여기서도 부와 가난이라는 용어를 사용했다.

무엇이 삶을 값지게 하는가?: 인생의 수준	
부 중심의 모델	**덕 중심의 모델**
------------------------- 의로운	부유한 -------------------------
============================ **부자**	**의인** ============================
----------------------------- 악한	가난한 -------------------------
------------------------- 의로운	부유한 -------------------------
============================ **빈자**	**악인** ============================
----------------------------- 악한	가난한 -------------------------

〈표 3〉 부와 덕에 따른 인생의 수준

이 그림이 나타내는 것은 서열화된 비교 체계다. 부가 **그 자체만으로는** 가난보다 낫다. 잠언은 부지런히 일해 행복을 추구하며 삶을 즐기라고 가르친다. 그러나 미덕/악덕의 문제와 얽히게 되면, 부는 더 높은 가치인 미덕(의로움과 지혜)의 유무 앞에서 그 중요성을 잃게 된다.

따라서 우리는 이들 비교 우위 잠언에 내재된 가치 갈등은 부의 상대화와 축소의 문제이지 가치의 대비나 역전의 문제가 아니라고 결론지을 수 있다. 이 잠언들이 논하는 변화가 있다면 태도의 변화다. 이 격언들은 독자들에게 현재의 지배적 가치 체계(좌측 상자)를 버리고 그것과는 사뭇 다른 가치 체계(우측 상자)로 옮기라고 강권한다. 앞서 보았듯이 제2형 비교 우위 잠언들은 서로 경쟁 관계에 있는 두 가치 체계, 즉 부-가난과 의로움-악함이라는 체계를 다룬다. 잠언은 가난함을 맹목적으로 높이거나 부 자체를 정죄하지 않는다. 이 격언들은 다만 부가 주는 유익은 의로움의 유익에 비해 미미하기에 독자들이 가치 평가의 우선순위를 바르게 하라고 가르칠 따름이다.

5.7. — 영속성을 고르라: 아하리트 격언

경건하고 지혜로운 행동에 값진 보상이 따른다고 가르치는 또 다른 잠언 그룹이 있다. 이 잠언들은 비록 그러한 보상이 현실에서는 명백해 보이지 않아도 결국은 성취된다고 독자들을 설득한다. 이 잠언들이 제시하는 도덕적 선택의 이유이자 동기는 "나중, 끝, 마지막"을 뜻하는 히브리어 "아하리트"(אחרית)로 요약될 수 있다. 아하리트는 일반적으로 "미래"를 뜻한다.

> שְׁמַע עֵצָה וְקַבֵּל מוּסָר לְמַעַן תֶּחְכַּם בְּאַחֲרִיתֶךָ
> 충고에 귀 기울이고 훈계를 받아들이라.
> 그리하면 결국에는 지혜로워질 것이다(잠 19:20).

이 잠언은 지혜를 배울 때 얻는 유익을 명확히 진술한다. 즉 지혜를 얻는 자들은 "결국에는" 지혜로워질 것이다.[40] 이 잠언의 문맥에서 아하리트의 범위는 분명 당사자가 살아 있을 동안이며, 그것도 인생 말기일 필요 없이 지적으로 원숙한 시기면 충분하다.[41] 이를 통해 이 잠언은 겸손하고 수용적인 태도가 지혜로운 삶으로 이끈다고 가르친다. 이런 일반적 의미에서 "마지막"이란 서로 상치되는 삶의 방식들이 그 종착점을 명백히 보

---

40) עצה와 מוסר는 지혜가 주는 유익들이 이루는 스펙트럼(spectrum)의 일부다.

41) 이에 대한 Cohen의 설명은 다음과 같다. "성경의 다른 책들에서 이 단어는 대체로 생의 마지막을 가리켜 쓰이지만, 잠언에서는 '미래, 남은 생애'를 뜻한다(Gerondi와 Nachmiash의 의견을 따름)"(Cohen, *Proverbs*, 128). 하지만 Cohen의 일반화가 설명할 수 없는 용례도 존재한다. 이 단락의 뒷부분을 참조하라.

여주는 시점이다.

אַל־יְקַנֵּא לִבְּךָ בַּחַטָּאִים כִּי אִם־בְּיִרְאַת־יְהוָה כָּל־הַיּוֹם׃

כִּי אִם־יֵשׁ אַחֲרִית וְתִקְוָתְךָ לֹא תִכָּרֵת׃

17 죄인을 부러워하지 말고

종일 야웨를 경외하는 데 마음을 쓰라.

18 반드시 마지막이 닥치고

너의 희망은 잘려나가지 않으리라(잠 23:17-18).

여기서 "마지막"은 악인에게는 결코 허락되지 않는 복된 미래다. 악인은 겉으로는 성공을 누리는 듯하지만 결국은 자신들의 실상을 발견하게 된다.

כִּי לֹא־תִהְיֶה אַחֲרִית לָרָע נֵר רְשָׁעִים יִדְעָךְ

악인에게는 미래가 없다.

악인의 등불은 꺼뜨려지리라(잠 24:20).

아하리트가 악인에게 적용되는 경우에는 암울한 상황을 암시한다. 시편 기자는 바로 그 정황을 격한 심정으로 묘사한다.

וָאֲחַשְּׁבָה לָדַעַת זֹאת עָמָל [42]הִיא בְעֵינָי׃

---

42) MT의 케티브를 따랐다(케레 독법으로는 הוא).

עַד-אָבוֹא אֶל-מִקְדְּשֵׁי-אֵל אָבִינָה לְאַחֲרִיתָם:

אֵיךְ הָיוּ לְשַׁמָּה כְרָגַע סָפוּ תַמּוּ מִן-בַּלָּהוֹת:

16 내가 이것을 이해하려 생각에 잠겼더니

그것이 내 눈에 괴로움이 되었구나.

17 내가 하나님의 성소에 이를 때까지.

그때 나는 그들의 종말을 깨달았네.

19 얼마나 급작스레 그들이 멸망하여

끝장이 나 공포 중에 휩쓸려 사라지는지를!(시 73:16-17, 19)

지금까지의 논의를 종합하면 아하리트 격언이 일관성 있게 증진하고자 하는 것은 지혜(잠 19:20; 24:14)와 의로움이다(잠 23:17-18, 24:20). 이 격언들은 의롭고 지혜로운 사람이 결국은 확인하게 될 정당성을 일깨워 준다. 도덕적 선택은 복합적인 일이지만 사리(事理)의 마지막은 의심할 나위 없이 명백하다. **결국에는** 진실이 분명해질 것이다. 사물이 결국 그러하리라는 궁극성의 개념은 온전하게 전개된 종말론도 아니고 어설프게 단순화한 도덕주의도 아니지만, 잠언이 제시하는 범위 내에서 개인적 종말론에 가장 근접한다. 이 격언들은 잠언의 독자들에게 "네 일들을 야웨께 맡기면 네 계획들이 성공하리라"(시 16:3)라는 말씀대로 하나님을 끊임없이 신뢰하면서 바른길을 가라고 강권한다. 하나님의 변호와 보상이 너무 지연되는 것처럼 보이더라도 여전히 바른길을 따라 걷겠다는 근원적 신학을 유지해야 한다. 비록 지금은 그리 보이지 않는다 해도 결국 최후에 뜻깊게 남는 것은 의롭고 지혜로운 삶이기 때문이다.

좋은 품성을 길러내는 노력을 지속하는 잠언의 방향성으로 볼 때, 결국 사람이 가진 마음의 욕구에 영향을 주고 방향을 제시해 선을 향하게 하는 것이 잠언의 최종 목표임이 분명해진다. 그러나 어떻게 해야 올바른 방식으로 욕구를 가르치고 길러줄 수 있는가? 인생의 궁극성을 강조하는 것은 즉각적인 결과와 성공을 뒤쫓는 인간의 충동성을 교정하기 위한 지혜의 수사 전략이다.

5.8. — 결론

우리는 이번 장에서 인간의 다양한 행동을 평가하기 위해 잠언이 사용하는 각종 수사 장치를 살펴보았다. 그 장치들은 독자에게 외면상의 문제점에도 불구하고 인과율의 패러다임을 여전히 붙들어야 한다는 사실을 재확인시킨다. 이 잠언들은 의와 지혜가 물질적 이익이나 손쉬운 욕구 충족보다 훨씬 더 값지다고 진술한다. 이러한 가르침은 분명 오래된 전통에 속하지만, 잠언은 이 가르침을 인간 정황의 복합성과 동떨어진 게으른 상투어라고 보지 않는다. 특별히 "더 낫다"는 형태의 비교 우위 잠언들은 삶의 가치 체계를 재정립한다. 바라보아야 마땅한 삶이 무엇인지, 참된 행복을 구성하는 것이 무엇인지를 내면화된 미덕과 품성을 통해 해명함으로써 이 잠언들은 행동이 결과를 낳는다는 해묵은 통찰을 행동이 품성을, 품성이 결과를 낳는다는 새로운 인과율로 재정의해 보여준다.

이렇게 사는 삶은 쉽지도 안락하지도 않다. 하지만 지금까지의 분석에서 삶의 진정한 보상은 누군가가 하나님과 맺은 관계에서 찾을 수 있는 것이다.

תּוֹעֲבַת יְהוָה דֶּרֶךְ רָשָׁע וּמְרַדֵּף צְדָקָה יֶאֱהָב
악인의 길은 야웨께서 혐오하시나
의를 추구하는 사람은 그가 사랑하신다(잠 15:9).

역설적이게도 참되고 명예로운 삶은 그것 자체를 얻으려고 애타 하는 자들에게 주어지는 것이 아니다.

רֹדֵף צְדָקָה וָחָסֶד יִמְצָא חַיִּים צְדָקָה וְכָבוֹד
의와 인애를 추구하는 자는
생명과 의, 그리고 명예를 찾으리라(잠 21:21).

잠언은 인생의 참 행복을 얻으려면 우리가 비인격적인 인과율의 관념을 넘어서야 한다고 가르친다. 하나님의 정의와 보상이 결국에는 이루어진다는 것을 믿고 소망하는 "위험"을 감수하는 이에게 무엇이 주어지는가? 모든 좋은 것의 원천이신 야웨 하나님으로부터 유래하고 그분께 우리를 이끌어 밀착하게 하는 참 신앙, 바로 그것이 주어진다.

제6장

잠언의 의:
이집트 지혜문학과의 비교

성경의 지혜문학을 제대로 연구하기 위해서는 고대 근동의 여러 지혜문학, 특히 이집트 지혜문학에 대한 이해가 필수적이다. 이집트 지혜문학의 저술 연대는 2천 년에 걸쳐 있고 이 문서들이 구약 지혜문헌의 윤곽과 주제, 그리고 문학적 기법들에 미친 영향은 고대 근동에서 일반적으로 공유된 지혜문학의 특징만으로는 설명할 수 없을 만큼 깊고 넓다.[1] 그중에서도 잠언 22:17-24:22과의 유사성으로 인해 가장 잘 알려진 지혜문헌인 「아메네모페」에 대해서는 막대한 양의 심층 연구가 축적되어왔다.[2]

---

1) 이집트 지혜문학과 그것이 성서학에 미친 영향에 대해 1958-77년까지 발표된 연구 업적들을 정리하고 평가한 논문으로는 Michael V. Fox, "Two Decades of Research in Egyptian Wisdom Literature," *ZÄS* 107(1980), 120-35을 참조하라. 이집트 문헌들의 비교 문학적 연구에 대한 고찰로는 Fox, "A Crooked Parallel," 37-48이 유용하다. 이집트와 이스라엘의 지혜문헌에 사용된 어휘들의 상세한 언어학적 연구로는 Nili Shupak, *Where Can Wisdom Be Found?* (OBO 130; Göttingen: Vandenhoeck & Ruprecht, 1993)가 있다. 광범위한 문헌을 수록한 이집트 문헌집으로는 Lichtheim의 *AEL*이 탁월하다. 솔로몬과 관료들에 의해 이스라엘이 이집트의 영향을 받아 "개화"되었다는 학자들(Bryce, Von Rad, Brueggemann)의 평은 그 적절함이 의심스럽다.

2) 주제와 문학적 구조 측면에서 「아메네모페」와의 유사성은 잠 22:17-24:22에서 가장 두드러지지만, 내용의 유사성은 이 단락에 제한되지 않고 잠 10-29장 전반에 걸쳐 관찰된다. 잠언의 이 단락이 「아메네모페」에 의존한다는 평가는 1924년에 Erman이 주창한 이후 학계의 확고한 정설이 되었다(A. Erman, "Eine ägyptische Quelle der 'Sprüche Salomos,'" SPAW 15[1924], 86-93). 「아메네모페」의 연구사에 대해서는 다음 자료들을 참조하라. Whybray, *The Book of Proverbs*, 6-14; Glendon E. Bryce, *A Legacy of*

두 문헌의 비교 연구 결과, 상당수 학자가 잠언 22:17-24:22이 「아메네모페」처럼 30개의 격언군으로 구성되었다고 주장했다.[3] 이는 일부 불확실한 본문 재구성을 전제로 하지만 NRSV와 NIV 같은 현대 역본들은 본문에 이 해석을 반영했다.[4] (이러한 재구성이 옳다면) 두 문헌은 30연으로 구성된 형태 외에도 주제와 문학적 표현, 그리고 격언들의 바탕에 있는 사고 체계 면에서 상당한 일치를 보여준다. 이에 대해 크렌쇼는 다음과 같이 논평한다.

Wisdom (Lewisburg, PA: Bucknell University Press, 1979), 16-58, 66-87. 정설과 반대 방향으로 「아메네모페」가 잠언에 의존했다는 주장 역시 제기되었지만 그 지지 기반은 미약하다. 이 소수 의견을 진술한 글로 E. Drioton, "Le Livre des Proverbes et la Sagesse d'Aménemopé," in *Sacra Pagina: Miscelanea Biblica Congressus Internationalis Catholici de Re Biblica* (Gembloux: Duculot, 1959), 229-41을 보라. John Ruffle, "The Teaching of Amenemope and Its Connection with the Book of Proverbs," *TynBul* 28(1977), 29-68은 Drioton의 주장을 설득력 있게 반박했다.

3) 학자들은 흔히 「아메네모페」와 잠 22:17-24:22 양쪽이 다 30개의 격언 그룹으로 구성된다는 전제하에 「아메네모페」가 잠언에 영향을 주었다고 설명한다. 그러나 잠언에 30개의 잠언군이 있다는 판단은 잠 22:20의 본문 비평에 따른 결과다. 즉 MT의 케티브 שלשום("이전에", 혹은 "그저께")이나 케레 독법을 따른 שָׁלוֹשִׁים("고상한 일들", 혹은 "관료들") 대신 שְׁלֹשִׁים, 즉 "서른"이라 읽으라는 제안을 채택해야 하는 것이다(BHS 각주 참조). 그러나 수정된 본문을 따른다 해도 실제 본문에서 30개 그룹을 구분하는 경계선에 대해서는 여전히 이견들이 존재한다. 또한 「아메네모페」와 잠 22:17-24:22 간의 유사성이 잠 23:11 이후로는 좀 더 불명확해진다는 사실은 양자 간의 직접적 관련성을 주장하는 이론의 설득력을 약화하는 요소가 된다. 두 본문이 공유하는 주제와 표현들의 목록은 Murphy, *Tree of Life*, 23-24; Washington, *Wealth and Poverty*, 136을 참조하라.

4) KJV 이래 출간된 영어 성경 중 최고 베스트셀러인 NIV의 상당수 인쇄본은 30개 잠언군의 경계선을 명확히 표시해놓았다. 그러나 히브리 성경의 전승 과정에서 알려진 바 없는 내적 분절을 이집트 문헌과의 유사성에 근거해 임의로 지정하는 것은 학자들의 추론을 과대평가했다는 비판을 받을 만한 일이다. Murphy는 이러한 작업의 방법론적 불확실성을 지적하고 실제로 학자들이 제시한 경계선들이 저마다 분분하다는 점을 들어 NIV의 결정이 실수라고 평가한다(Murphy, *Proverbs*, 169).

이스라엘 지혜문학에 미친 이집트의 영향은 「아메네모페」의 일부 금언들을 빌려 오는 선에 머물지 않는다. 하나님 혹은 신이 사후 심판 때 인간의 심장을 저울에 달아본다는 내용, 의로움이 왕좌의 기초가 된다는 가르침, 잠언에 나오는 명예로운 목걸이 등 많은 공통점이 있다.…그러나 더 중요한 것은 질서와 정의를 뜻하는 마아트(ma'at) 개념이 이스라엘 지혜 사상의 형성에 준 영향, 그리고 의인화된 지혜다.[5]

양자 간의 유사성은 단지 관료들의 행동 수칙 같은 주제의 문제에 머물지 않고 사용하는 어구나 은유 등에서 보이는 의도하지 않은 일치점들에서도 발견된다.[6] 또한 구약의 지혜문헌과 이집트 지혜문헌 양자가 공유하는 특징 중 특히 두드러진 것은 도덕에 대한 관심과 도덕 강화의 전체적 윤곽, 즉 덕스러운 삶을 강조하고 이상적 인간상을 부각하며 이진법적 인간학을 개념적 틀과 문학적 장치로 사용한다는 점이다. 두 전승이 내세우는 이상적 인간상이 서로 다름에도 불구하고 각기 그 이상형과 극적으로 대조되는 인간상을 대비시키는 이진법 혹은 양극화된 구조를 사용한다는 점은 일치하는 것이다. 따라서 두 대상의 온당한 비교 연구를 위해서는 각기 전면에 내세우는 이상형들을 직접 비교하기에 앞서 이진법 구조를 분석하고 파악하는 작업이 선결되어야 한다.

---

5) Crenshaw, "Prolegomenon," 7.
6) Fox는 우연한 일치점들이야말로 두 문학 작품 간의 문헌적 의존성을 입증하는 증거라고 지적한다. Fox, "A Crooked Parallel," 37.

6.1. — 이진법적 인간학과 이상적 인간

이집트 지혜문헌에는 수많은 모티프가 등장하지만 그중에서도 두드러지는 것은 "이상적 인간"이 차지하는 독특한 위치다. 이에 대해 퍼듀(Leo Perdue)는 다음과 같이 말한다.

> 이집트의 교훈들에 통일성을 부여하는 것은 "조용한 사람"이라는 주제다. 이 조용한 사람은 이집트 서기관들이 도덕과 관련해 실천하려고 힘썼던 분별력과 순종적인 신앙을 몸으로 보여주는 사람이다. 지혜문학이 계승해온 지혜의 이상을 나타내는 이 인물은 격정적인 사람, 즉 충동적으로 행동하고 자제력이 부족한 인간형과 극도로 대조되는 모습을 보인다.[7]

이 "조용한 사람"이 이집트 지혜문학에서 성공적 삶의 이상형이라는 것은 학계의 정설이다.[8] 이집트 지혜문학에 나타나는 인간형들과 이진법적 인간학을 잠언과 비교한 후 슈팍(Nili Shupak)은 다음과 같이 결론짓는다.

> [이집트 지혜문학과 잠언] 양자가 어리석은 자와 현인, 그리고 악인과 의인을 각기 대조시키는 것을 볼 때, 그 두 쌍들이 사실상 동일한 것은 아닌지 의문이

---

7) Leo Perdue, *Proverbs* (Interpretation; Nashville: Abingdon, 2000), 199.

8) "조용한 사람"을 이상적 인간형의 대명사로 삼은 것이 이집트 지혜문헌 특유의 사상인지 아니면 이집트 문화의 일반적 성향인지를 판단하려면 이상적 인간상에 관한 이집트인들의 관념을 기록하고 전수하기에 가장 적절한 매체가 바로 「아메네모페」를 비롯한 교훈(instruction) 장르였을 것이라는 합리적 추정을 고려해야 한다.

든다. "의롭고 지혜로운" 사람과 "어리석고 악한" 사람은 결국 긍정적인 사람과 부정적인 사람을 가리키는 호칭인가, 아니면 저마다의 내용과 어휘들을 가진 두 개의 독립된 맥락을 갖는가?[9]

이 질문에 답하는 과정에서 슈팍은 ① 이집트의 이상적 인간상은 잠언의 "의인-현인"과 대체로 일치하고, ② 의로움과 지혜 간의 역동 역시 두 전통 속에서 실질적 차이가 없다는 주장을 편다.[10] 그러나 우리는 이집트 지혜문헌에서 의인-현인이 이상적 인간상이라고 볼 문헌적 근거가 분명하지 않다는 점을 염두에 두어야 한다.

이집트인들이 가졌던 의로움의 개념상을 잠언의 개념상과 직접 비교하는 것이 최선이겠지만, 이집트 지혜문헌은 의로움 자체를 하나의 주제로 다루는 경우가 적고 잠언과 비견할 정도로 의인을 인물화하지도 않는다. 그러나 의로움을 직접 언급하는 본문이 적다고 해서 의라는 주제의 중요성이 무시되었다고 결론지을 필요는 없다. 도덕과 종교성은 여전히 이들 지혜문헌의 중요한 주제이며 이상적 인간상에 대한 담화는 종종 의로움과 사회 정의의 문제를 다루기 때문이다. 이에 대해 리히트하임(Miriam Lichtheim)은 다음과 같이 주장한다.

[「아메네모페」는] 주의 깊게 저술된 작품으로서 일련번호가 매겨진 30개의 장(chapter), 그리고 두 가지 기본 주제를 통해 통일성을 유지한다. 그 첫째는 이

9) Shupak, *Where Can Wisdom Be Found?*, 258.
10) Shupak, *Where Can Wisdom Be Found?*, 258 이하.

상적 인간형인 "조용한 사람"과 적수인 "흥분한 사람"의 묘사다. 둘째는 정직을 권하고 부정직을 경고하는 메시지다. 그 외의 모든 주제는 이 두 가지에 종속된다.[11]

이집트 지혜문헌의 이상적 인간상을 분석하면 그들이 의로움을 어떻게 개념화했는지를 파악하는 데 도움이 될 것이다. 잠언의 경우 이진법적 인간학의[12] 신학적 중요성은 일찍부터 주목을 받았다. 슈미트는 이진법적 인간학이 이스라엘의 지혜 전승을 고대 근동의 다른 지혜 전승과 구별되게 하는 특성이라고 지목한다.[13] 이진법적 인간학의 중요성에 대한 강조가 결국에는 이집트 지혜문학과 잠언의 차이점에 대한 강조로 이어지는 것을 와이브레이는 다음과 같이 간결하게 정리했다.

> 그러나 본문[잠 10-29장]이 그 **인간** 이해에서 이집트의 것과 차이점을 보여준다. 잠언은 사람의 행동보다 인격 전체에 더 관심을 둔다. 인간을 선인(의인)과 악인이라는 상반되는 유형으로 나누어 이해하는 것은 야웨 신앙의 영향에서 비롯된 것으로서 잠언의 인간학을 보상의 교리로 인격화하는 결과를 가져왔다.[14]

---

11) *AEL* 2.147.
12) 이 책에서는 사람의 행동과 인간상을 기술하기 위해 상반되는 두 인간형을 동원하는 방식을 이진법적 인간학으로 부른다.
13) Schmid, *Wesen und Geschichte*.
14) Whybray, *The Book of Proverbs*, 123.

그러나 이런 도식적 분류는 이집트 지혜문학을 심각하게 왜곡한다. 이집트 지혜문학 역시 인격의 중요성을 강조하는 방식으로 인간학을 전개하기 때문이다. 슈팍은 이진법적 인간학이 야웨 신앙의 발명품이 아니라는 것을 지적함으로써 앞에 언급된 이분법적 견해에 중요한 수정을 제안한다.

> 인간을 상반되는 인간형으로 나누어 분석하고 설명하는 방식은 히브리 현인들과 이집트의 현자들이 공유하는 특징이다.[15]

인간형에 대한 이러한 관찰 방식은 이집트 구왕국(Old Kingdom) 시대에 이미 등장했고 중왕국(Middle Kingdom)을 거쳐 신왕국(New Kingdom)으로 이어지는 오랜 역사를 갖고 있다.[16] 일례로 「아메네모페」는 상반되는 인간형이 어떤 삶을 살게 되는지를 묘사하는 데 한 장(제4장) 전체를 할애한다. 다음 인용문은 상반된 인간형이 경험하는 인생사를 지혜문헌의 친숙한 은유인 나무에 빗대어 설명한다.

> 흥분한 사람이 성전에 와 있는 것은
> 실내에 나무를 심어놓은 것과 같다.
> 잠시 동안 싹이 자라지만
> 마지막은 헛간에 처박힐 운명.

---

15) Shupak, *Where Can Wisdom Be Found?*, 258.
16) Shupak, *Where Can Wisdom Be Found?*, 259.

난 곳을 떠나 머나먼 곳으로 떠내려가
화장터 불꽃에 살라지는구나!
조용한 사람은 이와 달라서
시냇가에 자라는 나무와 같네.
잎은 푸르고 열매는 갑절로,
그 주인 앞에 늠름히 서 있네.
그 열매는 달고 그늘은 시원하니
꼭대기가 정원 안으로 닿는구나(6.1-12, *AEL* 2.150-151).

상반되는 인간형과 그들의 인생행로를 묘사하는 방식은 「아메네모페」와 구약성경에 나란히 나타나며, 특별히 「아메네모페」와 시편 1편과의 유사성은 너무나 분명하다.[17]

이 두 문헌 간의 또 다른 공통점은 이상적 인간형을 묘사하기 위해 사용하는 이진법적 인간학의 구조다.[18] 이집트 지혜문학과 잠언이 제시하는 두 인간형은 양자 간 어느 지점에 황금의 균형점이 존재하는 두 극단이 아니라 이상형과 그에 대한 반(反)이상형이라는 점에서 아리스토텔레스 유의 사고와 대조된다.[19] 이와 관련한 슈미트의 관찰은 정확하다.

---

17) 이 두 문헌 간에 어느 편이 다른 편에 영향을 주었는지 혹은 한 편이 다른 편을 차용했는지를 여기서 결정할 필요는 없다. 단지 주제와 표상, 그리고 대조되는 인간형과 그에 따른 삶의 결과물을 서술하는 방식 등의 공통점을 주목하는 것으로 충분하다.

18) 잠언에서 이진법적 인간학을 구성하는 의로움/악함, 지혜로움/어리석음의 두 축은 연관성은 있지만 확연히 구별되는 개념들이다. 이집트 지혜문학의 경우 상반되는 인간형은 조용한 사람/요란한 사람이라는 단일한 축으로 구성된다.

19) Aristoteles에 따르면 미덕은 과함과 부족함의 중간 지점에 위치한다.

> 잠언에서 의인과 악인 간의 중간 지대는 존재할 수 없다. 잠언은 놀라울 정도로 종교적이고 배타적인 확신을 가지고 인간을 두 집단으로 가른 뒤 양측에게 실재의 절반씩만을 (긍정적 혹은 부정적으로) 반영하는 명칭을 부여한다.[20]

이집트 지혜문학 역시 광범위한 인간형들의 관찰에 기초한 결과를 바탕으로 닮아야 할 것과 피해야 할 것을 대조하는 이진법 방식을 통해 도덕적 교훈을 전개한다. 즉 이진법적 인간학은 독자들이 모범적 인간형을 따를 수 있도록 보여주고 격려하는 교육 도구다. 이에 대한 브라운의 지적은 적절하다. 즉 "지혜의 가르침을 자신의 것으로 삼아야 하는 독자와, 문헌에 제시된 인간형을 잇는 연계성의 핵심은 모방(emulation)에 있다는 것이 이집트 지혜문학의 강조점이다."[21] 그런 면에서 독자들이 피해야 할 일들을 제시하고 경고하는 훈계(admonition)는 모방의 원리가 역방향으로 작동한 것이라 말할 수 있다.

6.2. — 조용한 사람과 요란한 사람

잠언이 의인과 악인에 대해 펼치는 자세한 묘사에 비해, 이집트 지혜문학에서 "조용한 사람"과 "요란한 사람"의 인물 묘사는 충분하지 않다. 하지만 침묵을 지고의 가치로 보는 관점이 지혜문학 전반에 걸쳐 나타난다. 이들 문헌에서 침묵은 단지 말 없는 상태가 아니라 이상화된 인물의 다양

---

20) Schmid, *Wesen und Geschichte*, 159.

21) Brown, *Character in Crisis*, 20.

한 태도와 반응을 입체적으로 표현하는 단어다.

구왕국 시대에 속하는 「프타호텝(의 교훈)」(*Ptahotep*)도 거친 말로 공격하는 사람을 어떻게 다뤄야 하는지 다음과 같이 보여준다(격언 2-4번).

그대와 언쟁을 벌이는 이가 권력자이면 입을 다물라.
그를 대적하면 네가 해를 입을 터이니.
그의 악한 말들(*d̠d bin*)이 그의 어리석음을 드러내리라.

그대와 언쟁을 벌이는 이가 가난하다면
입을 다물고 그를 대적하지 말라.
"가난한 자에게 상처를 주는 자는 악하다"고 하지 않느냐.

그대와 언쟁을 벌이는 이가 그대의 동급이면 입을 다물라.
그가 고약하게 말을 하면 듣는 자들이 그대의 가치를 알아보게 되리라.[22]

「프타호텝」이 권하는 행동 방식은 침묵 한 가지인데 그 이유가 상대의 지위에 따라 세 가지로 다르게 서술된 점이 이목을 끈다. 무례한 공격자가 윗사람이라면 그가 성질대로 행동하다가 자신의 어리석음을 노출하도록 하는 것이 최선의 전략이다.[23] 자신보다 낮은 위치에 속한 사람과 다

22) Lichtheim, *Moral Values*, 24.

23) 「아니」는 윗사람에 대해 이런 충고도 남긴다. "화가 나 있는 상사에게 대꾸하지 말고 그가 원하는 대로 해주어라. 그가 퉁명스럽게 말할 때 그대는 달콤하게 말하라. 그것이 삶의 마음을 가라앉히는 처방전이다"(*AEL* 2.143).

투게 되면 조용히 있는 것이 낫다. 공연히 조그만 승리를 얻자고 너그러운 어르신이라는 명성을 잃어버릴 위험까지 감수할 이유가 없기 때문이다. 다툼의 상대가 자신과 동등한 사람이라면 고요함과 자제력을 잃지 않는 것이 우위를 점하는 데 도움이 될 것이다. 이러한 논리가 근본적으로 실리적이고 이기적인 이유는 침묵을 지키면 돌아오는 것이 더 클 것이라는 예측에 근거하기 때문이다.

비슷한 실용주의가 엿보이지만 「아메네모페」는 어떤 요령을 좀 더 강조한다.

그대의 적수를 자극하지 말고
그가 자기 속을 드러내게 하라.
그의 행동을 보기 전까지는
경솔하게 그보다 앞서가지 마라.
우선 그가 답하는 말로부터 교훈을 얻은 후
입을 다물면 성공은 따라오리라(22.20-23.4, *AEL* 2.159).

이집트 지혜문헌에서 침묵은 이처럼 활동하지 않는 수동적 상태가 아니라 성공에 필수적인 전술적 반응이다. 리히트하임은 이에 대해 "침묵은 언쟁과 전투를 멈추게 하는 능동적 미덕이다. 제대로 된 침묵과 올바른 연설은 그 가치가 같다"라고 올바로 지적한다.[24]

훈육과 관련된 이집트 고대 문헌은 침묵의 실질적 가치를 자주 언급

24) Lichtheim, *Moral Values*, 24.

하지만, 신왕국 시대에 들어서면 예배자가 신과 친밀한 관계를 유지할 것을 강조하는 개인 경건(personal piety)의 중요성이 새롭게 대두한다.[25] 그 결과 「아니(의 교훈)」(*Any* or *Anii*)는 전혀 다른 이유에서 침묵을 강조한다. 그것은 다름 아닌 신들이 상벌을 내린다는 믿음이다. 즉 조용한 사람은 단지 신이 그 상황을 알도록 할 뿐, 그 이후는 신의 상벌이 따르기 마련이라는 것이다.

> 공격자를 공격하려 서두르지 마라.
> 그를 신에게 맡겨두라.
> 매일을 "오늘"로 알고 신에게 고하라.
> 그리하면 신이 하시는 일을 보리라.
> 너를 공격한 그자를 신께서 매질하는 것을(*AEL* 2.142).

개인적 불만 사항을 신의 손에 맡기는 것이 반드시 수동적 태도나 도도함, 오만함을 의미하지는 않는다. 사실 인간보다 더 높은 존재, 즉 자신이 믿는 신이 정의를 시행할 것을 믿는 태도가 바로 야콥슨(Thorkild Jacobsen)이 명명한 "개인 종교"의 핵심이다.

> 개인 종교는 쉽게 식별 가능한 종교적 태도다. 이 종교관을 가진 종교인은 자신이 신적 존재와 매우 밀접하다고 느낀다. 또한 자기 개인의 삶에 신의 도움과

---

25) 평정심을 강조하는 「아니」의 성향은 잘 알려졌다. "「아니」는 어떤 상황에서든 고요함을 유지할 것을 강조한다"(Fox, *Proverbs 1-9*, 22). 이집트 지혜문학에 속하는 주요 문헌들의 간결한 요약으로는 Fox, "Two Decades"를 참조하라.

인도가 있다는 신념뿐 아니라 죄를 범했을 때 신의 노여움과 징벌이 따르지만 진지하게 뉘우치면 긍휼과 용서, 사랑을 얻게 되리라는 기대도 가지고 있다. 개인 종교의 요체는 한 사람의 존재가 신에게 소중하고 신이 그를 향한 개인적·심층적 관심을 둔다는 믿음이다.[26]

신이 자신의 삶에 개입한다고 믿는 이는 자신감을 느끼게 된다. 「아메네모페」는 신을 의지하는 것이 미덕이라고 가르치면서 침묵이 적수에게 파멸을 안기는 강력한 무기임을 암시한다.

"당신 이웃이 내게 상처를 입혔으니
힘센 상관을 찾아오시오"라고 말하지 말라.
"나를 미워하는 사람이 내게 상처를 입혔으니
나에게 보호자를 붙여주시오"라고 말하지 말라.
너는 신께서 무엇을 계획하셨는지 모른다.
내일을 바라보며 울지 말아라.
신의 팔에 안기면
네 침묵이 그들을 뒤엎어버릴 것이다(22.1-8, *AEL* 2.159).

이집트 지혜 전승의 전개 과정에서 침묵은 상당히 복합적인 태도와 행동 양식을 포괄하는 용어로 자리매김했고, 후대로 가면서 경건함과 신

26) Thorkild Jacobsen, *The Treasures of Darkness: A History of Mesopotamian Religion* (New Haven: Yale, 1976), 147.

을 향한 신앙심에 가까운 개념으로 재해석되었다. 그러한 모든 의미의 범위를 포괄적으로 지칭하기 위해 한 단어를 선택하기란 쉽지 않지만 "경건"이 그나마 가장 훌륭한 선택이 될 것이다. 더구나 경건은 "종교"라는 단어가 연상시키는 형식적이고 제도적인 느낌을 과도하게 동반하지 않으면서도 "개인 경건"(persönliche Frömigkeit, personal piety)이라는 형태로 이집트학 분야에 정착된 용어이기도 하다는 장점이 있다. 고요한 사람은 그 인격 속에 고요함을 갖춘 경건한 사람이다. 자기의 삶을 지켜보고 있는 신을 믿는 사람은 삶의 격랑 속에서도 절망하지 않고 참된 고요함을 견지할 수 있다는 사실이 이러한 사상의 핵심을 드러내 보여준다.

경건한 사람이 이집트 지혜문헌의 이상적 인간상을 가리키는 호칭으로 가장 적절하다고 볼 이유는 더 있다. 우선 이상적 인간을 묘사하는 내용은 예외 없이 인간 내면의 종교성과 관련된다. 놀랍게도 도덕적·윤리적 측면에서 고요한 사람의 외면적 행동을 묘사하는 내용은 거의 발견되지 않는데, 구제나 정직한 거래처럼 당연히 언급할 만한 행동도 보이지 않는 것이 특이하다. 그와 대조적으로 내면의 특성은 빈번히 언급되는데, 위기 시에 고요함을 유지하고 악행이나 보복을 멀리하며 남의 일에 얽혀들지 않는 것 등이 그 예다. 내적 품성의 중요성은 「아메네모페」나 「인싱거 파피루스」(*Papyrus Insinger*) 같은 후대의 문서에서 더 강조되긴 하지만 그보다 오래된 지혜문헌에서도 발견되기는 마찬가지인 것이다.

이런 종류의 유사성에도 불구하고 이 이상형을 잠언의 의인에 직접 비교하는 것은 여러 가지 이유에서 복잡해진다. 무엇보다도 이집트 지혜문헌에서 이상형 자체가 획일적이고 불변한 개념이 아니라 시기에 따라 지성적 예리함(현인)에서부터 품성(고요한 사람)으로 변천한 모습을 보여주기 때문이다.[27] 슈팍은 이러한 변화의 기원을 이집트인들의 도덕 철학의 전반적 방향 전환에서 찾는다.

> 중왕국 시기에 들어와 도덕 관련 어휘가 늘어난 이후 도덕적 행위보다 덕스러운 성품으로 관심의 초점이 옮겨진다. "내가 선한 일을 했다"보다 "나는 선한 사람이다"라는 말이 표준으로 채택된다.[28]

이러한 변곡선이 「인싱거 파피루스」에 이르게 되면 침묵과 평온이 이상적 인간의 특징이라는 연결 고리가 더욱 분명해진다. 이 주제를 가장 잘 드러내 주는 문서는 「인싱거 파피루스」 19번 교훈서 "평온한 연설을 위한 강의"다.[29] 여기서 저자는 이상적 인간상의 결정적 특징으로 고요한 성품을 지목한다. 고요함을 갖춘 사람은 칭송을 받는다(23.12). 고요함은 신의 선물로 불릴 만큼—"신께서 고요함 혹은 불안을 우리에게 하명하신다"(23.18)—값진 덕목이다.

일면 고요함은 연설을 효과적으로 만들고 공감을 얻어내는 기술이다. "고요한 사람의 몫이 '내게 줘'라고 말하는 자의 몫보다 더 낫다"(23.5). 이런 맥락에서 고요함은 성급히 반응하고 주절거려서는 좋은 결과를 얻을 수 없다는(22.21-22), 더 나아가 고요함은 훌륭한 인격의 특성이며 요란함은 인격의 결함을 뜻한다는 관념이 뒤따른다. 따라서 어리석은 자가 요란

---

27) Shupak, *Where Can Wisdom Be Found?*, 259.

28) Nili Shupak, "Review of Miriam Lichtheim, *Moral Values in Ancient Egypt*." *IEJ* 52(2002), 111.

29) *AEL* 3.202-204.

하게 불평을 늘어놓아도 듣는 사람이 없고(22.23), 고통의 순간일지라도 시끄러운 불평은 경멸의 대상이 될 뿐이며(23.2), 헐떡이는 당나귀는 동정을 얻지 못한다(23.3). 그와 반대로 고요함은 예절의 바탕이 되므로 "현인이 고요함을 잃으면 예절을 온전히 지킬 수 없다"(23.7). 다른 본문은 "현인은 그 고요함 때문에 칭송을 받는다"(23.12)라고 말해 고요함을 지닌 현인을 칭찬한다. 이러한 격언들을 종합해볼 때, 「인싱거 파피루스」는 고요한 사람과 현명한 사람이라는 두 이상형을 밀접하게 연관 짓고 있음이 분명하다.

하지만 「인싱거 파피루스」는 고요함이 현자들의 전유물은 아니라는 아이러니한 지적 역시 덧붙인다.

> 물속의 악어처럼 고요함을 지닌 악인도 있고
> 고요하다 못해 납덩이처럼 무거운 바보도 있다(23.15-16, *AEL* 3.204).[30]

이 격언은 다른 사람들의 도덕성에 대한 판단을 내리기란 쉽지 않다는 뜻일 수도 있고, 바보가 보여주는 고요함은 진실이 아닌 가면이라는 냉소적인 관찰 결과일 수도 있다. 외양으로만 판단한다면 진정한 인격의 모조품—그것이 아무리 일시적이라 해도—에 속을 수 있다. 신들이 인간의 운명과 행운을 좌지우지한다면(23.19), 고요한 성품도 요동치는 성격

---

30) 물론 중왕국에서 신왕국에 걸친 기간의 이집트 지혜문헌과 그보다 훨씬 후대인 민중적(Demotic) 지혜문헌 간의 차이를 고려해야 하겠지만, 그러한 통시적 변화의 양상이 본 논문의 비교 연구의 주요 쟁점들을 바꾸어놓지는 않는다.

도 다 신이 작심하고 내린 선물일 것이다(23.18).[31]

리히트하임은 이집트 지혜문헌의 관심사가 초기에는 실질적 현명함에 있었지만 후대에는 윤리적·종교적 태도로 변화한 것에 주목하면서 「인싱거 파피루스」가 보여주는 이상적 인간상인 "온전한 도덕적 인간"은 이집트 지혜문헌에서 선례를 찾을 수 없는 새로운 이상이라고 주장했다. 그에 따르면 지혜로운 사람을 "신의 사람"으로, 그 적수인 어리석은 자를 "불경스런 사람"이나 "나쁜 사람"이라 부르는 것도 역시 「인싱거 파피루스」에서 처음으로 명확해진 개념이다.[32] 사실 이런 도덕성과 경건의 융합은 「아메네모페」에서는 찾아볼 수 없다.

> 도덕성과 경건은 완전히 하나로 녹아서 "현명한 사람"의 인품 안에 구현된다. 이 사람은 운명의 장난질을 견뎌내면서 자신의 정당성이 입증될 것이라 확신한다. 그의 대척점에 있는 "바보" 혹은 "불경건한 사람"은 신의 명령을 무시하다가 죄를 짓고 그 결과로 벌을 받는 인간이다.[33]

하지만 슈팍은 이러한 리히트하임의 견해에 반대한다. 현명함과 경건함이라는 두 가지 특징이 한 사람을 지칭한다는 "공동 지시성"(co-referentiality)이 명확히 드러나지 않기 때문이다. 오히려 슈팍은 「인싱거

---

31) Lichtheim에 따르면 운명과 행운의 강조와 더불어 역설적 평을 덧붙이는 것이 「인싱거 파피루스」의 특징이다. 즉 "[역설적 종언부가] 나열된 것은 이 장의 가르침에 유보 사항을 두는 효과가 있다. 즉 이는 신들이 운명과 행운을 통해 그동안 주어진 도덕적 교훈들이 내포하는 것과 모순되는 상황들을 불러일으킬 수도 있다는 지적이다"(*AEL* 3.185).

32) Lichtheim, *Moral Values*, 91.

33) *AEL* 3.185.

파피루스」가 보여주는 현인의 모습을 다음과 같이 묘사한다.

> …경건한 사람은 신의 길을 따르며(3-5, 29) 그로 인해 보상을 얻는다(5, 29; 35, 11). 그러나 그는 "*rmt ntr*"에 비견되어 평행법적으로 지칭되지 않는다. 이는 하캄-차디크(*ḥakam-ṣaddiq*)가 케실-라샤(*kesil-rašaʿ*)와 반의적 평행법으로 대비되는 것과는 매우 다른 상황이다.[34]

여기서 리히트하임의 입장을 두둔하자면, 두 개념의 유사성 여부를 논의하기 위해 단어 수준의 평행 구조에 대한 연구가 필수불가결한 것은 아니다. 문맥 차원에서 리히트하임의 결론을 뒷받침하는 증거는 어렵지 않게 발견할 수 있다. 예를 들어 「인싱거 파피루스」의 도덕 강화에서 가장 중요한 주제 하나가 바로 경건한 사람과 불경건한 사람의 대조다.

요점은 고요한 사람과 요란한 사람의 대조라는 주제가 초기 이집트 지혜문헌—앞서 살펴본 대로 「아니」에서 특히—에서 나타났더라도 그것이 계속 전개되면서 미묘하지만 분명한 의미론적 변화가 일어났다는 사실이다. 이러한 변화를 일으킨 역사적·문화적 요인은 무엇인가? 논의 결과 그에 대한 가장 적절한 설명은 신왕국 시기에 떠오른 개인 경건에서 찾아야 할 듯하다.

34) Shupak, "Review of *Moral Values in Ancient Egypt*," 116. Shupak이 이 두 인간형의 동일시를 단어 의미론의 관점에서 부인한 것은 타당하지만, 양자 간에 개념상의 유사성 내지 공동 지시성이 존재할 가능성은 크다. 비록 명백한 꼬리표가 붙지는 않았어도 현명한 사람은 동시에 경건하기 마련이다.

6.3. ── 요란한 사람의 위험

「아니」에 등장하는 몹쓸 사람은 공격성(4.10)이나 악행(4.12) 등의 모습을 보여주지만 이러한 묘사가 서로 연결되어 어떤 뚜렷한 인간형으로 제시되는 것은 아니다. 바람직하지 않은 인간형을 지칭하는 "요란한 사람, 열받은 사람"(heated man), 혹은 "입에 불붙은 사람"(hot-mouthed man) 등의 호칭은 거칠고 불안정한 모습을 묘사한다. 그는 교육받지 못한 날것과 같은 인격의 소유자로서 제 생각과 말을 통제하지 못하기에 늘 어리석음과 도덕적 결함을 노출하며 살아간다.

요란한 사람은 통제되지 않는 언행으로 자신과 이웃을 해친다.「아니」는 이러한 사람을 피해야 할 위험 요소로 간주한다.

> 네 자신 안의 악의를 지배하라.
> 분란을 일으키는 자는 안식에 이르지 못하리라.
> 적대적인 자에게서 멀리 떨어져라.
> 그를 네 동료로 삼지 말라(*AEL* 2.138).

「아메네모페」도 제자들에게 그런 인물을 멀리하라고 가르친다.

> 짚단에 붙은 불처럼 몰아치는 폭풍,
> 한창 열 받은 요란한 자의 모습이 바로 그렇다.
> 그로부터 물러서라. 혼자 내버려둬라.
> 신께서 그를 상대할 방법을 아시리니(5.10-20, *AEL* 2.150).

이집트의 현인들은 고요한 지혜를 중시했기에 요란한 자를 바라보는 시선은 지극히 경멸적이기까지 하다.

> 요란한 자에게 인사하려 애쓰지 말라.
> 그렇지 않으면 네가 내상을 입으리라.
> 네 속이 부글거리는데도,
> 내키지 않는데도 "안녕"이라 인사하지 말라(13.11-14, *AEL* 2.154).

그런데 요란한 자는 이웃에게 위험 요소일지언정 악인이나 부도덕한 자라고 명시되지는 않는다. 그가 위험하다는 판단 역시 행태와 비행에 근거한 것이며 그 내면의 사고나 도덕적 분별력과 관련되지는 않는다. 그에 반해 잠언의 두 인간형은 자세한 인격으로 묘사되며 각기 중요한 미덕과 악덕을 내면화하고 체화하는 존재로 제시된다. 그뿐 아니라 잠언이 악하고 어리석은 사람에 대해 보여주는 적대적 태도는 「아메네모페」나 「인싱거 파피루스」가 요란한 자에 대해 갖는 부정적 태도를 훨씬 뛰어넘는다. 이집트 지혜문헌에서 이진법적 인간론은 본질상 실용주의적이다. 그래서 문제가 되는 행동이나 인물에 대한 판단과 대책은 결국 그런 사람들을 어떻게 다뤄야 **자신에게 미칠** 부정적 영향을 최소화할 수 있는지에 초점이 맞춰진다. 여기서 요란한 자의 내면에 대한 심층적 관찰과 진단은 찾아보기 어려우며 그 사람을 평가하는 기준으로서 죄나 죄책(감) 같은 범주가 등장하지도 않는다.

이집트 지혜문헌 전체를 볼 때 요란한 자에 대한 비판은 잠언이 어리석은 자에게 가하는 비판에 비해 훨씬 미약하지만, 「아메네모페」는 요란한 자의 결말에 대해 냉정한 판단을 내리며 여러 차례 경고한다.[35] 흥분한 상태에서 통제가 안 되는 이 요란한 자는 마주치는 사람을 닥치는 대로 자신이 만들어낸 파괴성의 자장 안으로 끌어들인다.

그[요란한 자]는 밭에서 만난 늑대와 같아
두 눈이 서로를 노려보니
형제가 다투게 싸움을 붙이는구나(12.18-13.1, *AEL* 2.154).

또한 분노한 사람은 파괴적인 힘을 행사한다.

화가 난 사람은 말이 빨라지네.
물 위에 불어치는 바람처럼.
찢어대고 세우는 힘이 그 혀에 있으니
남을 해치는 말의 힘이 그와 같구나(12.3-4, *AEL* 2.153).

결국 화가 난 사람은 상대하지 않는 것이 좋다.

요란한 자를 친구로 삼지 말고
대화를 나누려 접근도 하지 말아라(11.13-14, *AEL* 2.153).

이에 관해서는 「아니」도 동의한다.

---

35) 「아메네모페」 3장(5.10-20) 전체가 이 주제에 대해 말한다.

싸움하기 좋아하는 사람은 쉬는 법이 없으니
적대적인 사람에게서는 멀리 떨어져 있으라.
그를 동료로 삼지 말아라(*AEL* 2.138).

그런데 흥미롭게도 이 격언들은 요란한 사람을 멀리해야 할 분명한 이유를 설명해주지 않는다.[36] 그런 사람을 피하라는 「아메네모페」의 경고 역시 상당히 모호하게 들릴 뿐이다.

그런 인간과 친해지다가는
두려운 상황에 휩쓸려 가게 되리라(13.8-9, *AEL* 2.154).

요란한 사람이 모두 사회를 어지럽히는 것은 아니어도 「메리카레」(*Merikare*)는 그런 위험에 대해 언급한다.

요란한 사람은 시민들을 선동하고
청년들을 패로 갈라놓는다.
시민들이 그에게 몰려드는 것을 보거든
…대의원회 앞에 그를 세워서
그를 압박하라. 그는 반역자다.
그 도시의 골칫거리가 되리라(*AEL* 1.99).

---

36) 그들이 두려움이나(「아메네모페」 13.9; 그러나 이 구절의 마지막 절[clause]은 의미가 불분명하다) 분쟁을 일으킨다는 것(「아메네모페」 13.1)이 그들을 피해야 하는 이유에 근접한다.

이러한 진술들은 잠언이 어리석은 자를 비판하는 내용과 큰 차이점들을 보여준다. 첫째, 부정적 인간상을 향한 적대감의 강도가 틀리다. 둘째, 그 인물을 정죄하는 이유도 다르다. 잠언은 악하고 어리석은 이들에게 닥칠 명확한 몰락을 묘사한다. 악인들의 재물은 압수되어 의인들에게 배분될 것이다(잠 10:24; 11:8, 10; 12:7, 13, 21; 13:6; 21:18 등).[37] 야웨 하나님이 직접 선악 간에 보상을 내리는 구도 내에서 어리석음에 대한 잠언의 적대적 관점은 명확해진다.

> 악인의 집에는 야웨의 저주가 임하지만
> 의인의 집은 그가 축복하신다(잠 3:33).

같은 이유로 잠언의 주요 어록집(잠 10-29장)의 종결부에 야웨 자신이 더할 나위 없이 강력한 어조로 악인을 저주하는 것은 우연이라고 보기 어렵다.

> 악인은 의인에게 혐오스러운 존재이고
> 행실이 바른 이는 악인의 눈에 혐오스럽다(잠 29:27).

잠언 22:24-25은 악인을 멀리해야 할 이유를 설명해준다.

---

37) 이집트 지혜문헌에서 "요란한 자"는 그 단어의 의미론상 잠언의 악인보다 바보에 더 가깝지만, 잠언의 보상 체계 내에서는 바보가 악인보다 나을 것도 없다. 잠언의 관점에서 바보는 악인만큼 망가진 인생으로서 이러한 도식 안에서는 도덕성과 지식을 분리하기가 쉽지 않다.

성격이 급한 자와 사귀지 말라.

분노에 차 있는 사람과 어울리지 말라.

네가 그의 길[38]을 배워

거기에 얽혀들까 두렵구나(잠 22:24-25).

「아메네모페」와의 유사성이 두드러지는 단락에 수록된 이 잠언의 가르침은 이집트 지혜문헌과 매우 닮았다. 그러나 잠언에서는 악인이 직접 저지르는 악행보다 그 악한 인격의 전염성과 그로 인한 결과에 대한 걱정이 앞선다는 점을 주목해야 한다.[39] 나쁜 품성의 전염성은 미숙한 젊은이의 인격을 망쳐놓고도 남기 때문이다.[40]

물론 악인은 해악을 끼친다. 인격의 결함은 자기 자신뿐 아니라 그가 속한 공동체에도 위해 요소가 된다. 하지만 잠언은 인격의 형성이라는 주제에 특별한 관심을 기울인다. 악인들이 특별히 위험한 것은 그들이 젊은 이들의 마음에 악영향을 줄 가능성이 크기 때문이다. 다시 말해 악인이 불러일으키는 가장 큰 위험은 폭력이나 착취가 아니라 유혹이다.[41] 그래

38) MT의 케레 독법을 따라 ארחתיו(복수형, LXX에서는 τῶν ὁδῶν αὐτοῦ)로 읽는다. 케티브는 ארחתו(단수형)다.

39) Ruffle도 비슷한 견해를 밝혔다. "「아메네모페」가 그의 독자들이 성격 급한 자가 될지 모른다고 암시하지 않는 반면, 잠언이 성격 급한 자와 사귀지 말아야 하는 이유가 그의 길을 배워 거기에 얽혀들지 모르기 때문이라고 말한다는 사실은 지적할 가치가 있다"(Ruffle, "The Teaching of Amenemope," 58).

40) 젊은이는 미숙하고 잘 속으며 다른 이로부터 쉽게 영향을 받는다.

41) Fox는 "유혹이 잠언에서 아버지가 경계하는 주요(사실상 유일한) 위험 요소다"라고 지적한다. Fox, "Ideas of Wisdom," *JBL* 116(1997), 620. Aletti도 악인이 끼치는 최대의 위험은 그의 말이 갖는 유혹의 힘이라 명시한다. J.-N. Aletti, "Séduction et parole en Proverbes

서 잠언은 사회 질서를 유지하고 사회악을 제거하는 것보다 그 문제들의 근원에 접근해 선한 인격을 양성하고 악한 인성을 억제하는 것에 관심을 기울인다.

지금까지의 논의를 고려할 때, 잠언의 두드러진 혁신점은 인격 형성에 대한 집중으로서 잠언의 도덕 강화는 지혜의 가르침과 경쟁 관계에 있는 악(인)의 유혹과 영향력을 무력화하려는 목적을 수행하고 있다는 결론이 도출된다.

6.4. — 비교 우위 격언: 비교 기준 격차

앞서 살펴본 대로 잠언에서는 가치를 판단하는 담화로 "비교 우위 잠언"(better-than proverbs)이 많이 사용되었다.[42] 이집트 지혜문헌에도 문학적 구조와 사고 패턴이 그와 비슷한 격언들이 있다. 그 격언들이 다루는 주제나 사상은 다양한데 그중에서도 매우 실질적인 조언을 주는 일군의 격언들이 「인싱거 파피루스」에 등장한다.

> 작게 (호의를) 재빨리 베푸는 사람이
> 크게 (호의를) 베풀며 늑장 부리는 사람보다 낫다(3.21, *AEL* 3.188).

I-IX," *VT* 27(1977), 129-44. 잠언의 담화에 대한 상세한 연구로는 W. Bühlmann, *Vom Rechten Reden und Schweigen: Studien zu Proverbien 10-31* (OBO 12; Freiburg: Universitätsverlag, 1976)을 참조하라.

42) 비교 우위 잠언이라는 문예 형식에 대한 자세한 분석은 앞 장을 참조하라.

망해버릴 밥통 자식에 비하면
그 누구의 아들이든 괜찮다(9.15, *AEL* 3.192).

내 집에 늘상 찾아오는 바보보다는
차라리 집안의 뱀이 낫다(13.10, *AEL* 3.195).

구걸하며 오래오래 사느니
짧게 사는 것이 낫다(17.19, *AEL* 3. 199).

조용한 사람의 몫은
달라고 보채는 자의 몫보다 낫다(23.5, *AEL* 3.203).

너를 모욕한 자를 해치느니
누군가를 축복하는 것이 낫다(23.7, *AEL* 3.203).

이집트 지혜문헌에서 선별한 이 격언들은 잠언의 "비교 우위 잠언"에 비해 윤리성의 강조가 덜한 대신 위험을 피하는 법(3.21), 위엄 있는 태도(23.5), 혹은 사람들과 충돌하지 않는 대인접촉 방법(23.7) 등을 다룬다. 이 격언들이 고상하지만 불확실한 가치보다는 손에 쥐어지고 당장 얻을 수 있는 유익을 더 중요하게 생각한다는 것은 틀림없는 사실이다.

또 다른 유형의 격언은 부의 획득을 다룬다.[43] 이 격언들은 불의하게

---

43) 「아메네모페」와 잠언에 거듭해 나타나는 공통된 주제는 정당하게 얻은 재물을 긍정하고 불

취득한 재물은 쉬이 사라진다는 것을 강조한다. 온당치 못하게 부자가 된 이는 신들의 이목을 끌고 결국 오래가지 못한다. 이에 대한 「아메네모페」의 가르침을 보자.

그대가 도둑질로 부를 쌓는다면
그 부는 그대 곁에 머물지 않으리.
그대의 집을 떠나는 날이 오리니
있던 곳을 살펴보아도 그곳에 있지 않으리(9.16-19, *AEL* 2.152).

여기서 「아메네모페」는 불의한 재물 자체를 도덕적 결함이나 사악함이라 단죄하지 않고 단지 그것이 오래가지 못한다고 지적할 뿐이다. 위의 격언이 수록된 「아메네모페」 제7장은 부에 대해 일정한 거리를 두라고 조언한다. 다음 격언도 그런 관점을 보여주는 전형적인 예다.

훔친 재물에 신나 하지도 말고,
가난하다고 불평하지도 말라(10.6-7, *AEL* 2.153).

마지막으로 살펴볼 유형의 격언은 종교성이 강조된 비교 우위 격언이다. 재산 형성이 품위 있고 뜻깊게 이루어질 수 있는 맥락을 보여주는 이 격언들은 그 형태와 내용 면에서 비교 우위 잠언과 유사하게 덕스러운 인품과 내면의 행복을 칭송함으로써 부의 가치를 객관화하거나 상대화한

법으로 얻은 이익을 정죄한다는 것이다.

다. 「아메네모페」의 강조를 살펴보자.

사람들의 칭찬과 애정이
창고에 재산을 쌓는 것보다 낫다.
행복한 마음으로 빵을 먹는 것이
재산을 쌓아놓고 근심하는 것보다 낫다(16.11-14, *AEL* 2.156).

이 격언 쌍에서 첫째(11-12행)는 명예와 부를 직접 대비시키는 반면, 둘째(13-14행)는 부는 있지만 불행한 내면을 가진 사람과, 재산은 적지만 내면이 행복한 사람을 대비한다. 이러한 격언들의 수사학을 관찰하기 위해 한 가지 예시를 더 살펴보자. 다음 격언 쌍은 내용상 위의 것에 매우 근접하지만 부에 대해 좀 더 경건하게 접근한다.

신의 손안에 있으며 가난한 것이
창고에 쌓아둔 재물보다 낫다.
행복한 마음으로 빵을 먹는 것이
재산을 쌓아놓고 근심하는 것보다 낫다(「아메네모페」 9.5-8, *AEL* 2.152).

여기서 첫 격언(5-6행)은 물리적으로 드러난 부("창고에 쌓아둔 재물")와 신의 인도 및 통제하("신의 손안")에 있는 가난을 대비하면서, 신의 손안에 있는 것이 풍부한 재물을 소유하는 것보다 낫다고 분명히 밝힌다. 「아메네모페」의 이런 비교 우위 격언들(9.5-8; 16.11-14)은 그간 충분히 논의되어온 대로 잠언 일부(잠 17:1; 15:16-17)와 매우 유사하다.

마른 빵조각을 먹더라도 평안한 것이
싸움질하며 잔치하는 집보다 낫다(잠 17:1).

16 주머니가 가벼워도 주를 경외하는 것이
큰 재물을 가지고 분쟁에 휘말리는 것보다 낫다.
17 사랑이 있으며 채소 밥상을 대하는 것이
살진 소를 먹으며 서로 미워하는 것보다 낫다(잠 15:16-17).

이 본문들은 이집트 지혜문헌에 대한 이해가 성경의 지혜를 이해하는 데 어떤 이바지를 하는지 보여주는 최적의 본보기다. 또한 성경과 이집트 지혜문헌 간에 나타난 인상적인 유사성이 잠언 중 「아메네모페」의 직접적 영향을 받은 단락(잠 22:17-24:22) **밖에서** 발견된다는 것은 특기할 만하다. 분위기와 문예적 표현이 상당히 유사한 앞의 사례들은 이집트와 이스라엘을 불문하고 종교적 심성은 실리주의적 관심사보다 더 깊은 영역에 자리하고 있음을 명백히 보여준다. 제의와 종교 제도의 면에서 경건은 주로 신(들)과의 관계를 통해 정의되는 것이 당연하다. 하지만 이집트 지혜문헌과 이스라엘 지혜문헌은 독자들이 지혜와 경건을 내면화하도록 각인시키려는 뚜렷한 방향성을 보여준다.

6.5. — 결론

의로움이라는 주제를 놓고 이집트 지혜문헌과 잠언을 비교하기 어려운 이유는 이집트 문헌이 의로움 자체를 독립적인 주제로 다루지 않기 때문이다. 그러나 곳곳에 흩어진 공의에 관한 논의들을 찾아 종합해보면 잠언이 보여주는 의로움과 견줄 만한 개념을 이끌어낼 수 있다. 둘 사이에서 유사성이 두드러지는 부분은 특히 생각의 틀 자체다.

이집트 지혜문헌과 잠언에 다 있는 이진법적 인간학을 조사하면 상당한 유사성이 드러난다.[44] 그 형성사를 파헤치면서 그들의 생성이나 축적의 과정을 도출하기는 어렵지만 양자를 주의 깊게 비교 연구하는 작업은 매우 유익하다.

이집트 지혜문헌에서 의로움은 잠언에서만큼 충분히 전개되지 않았다. 비록 의로움의 개념(concept)에 대해서는 일반적인 공감이 이루어져 있지만 양자가 각기 보이는 개념상들(conceptions)에서는 차이점들이 두드러진다. 여기서 특히 주목할 것은 의로움이 인성 전체(character *in toto*)라는 잠언 특유의 개념상이다. 이것이야말로 잠언을 이집트 지혜문헌과 대조할 때 더욱 진가가 드러나는 혁신점이다. 이집트 지혜문헌의 주요 개념인 개인 경건 역시 그 내면 지향성과 세련됨이 돋보이지만, 풍요한 삶의 통제 원리로서 내면화를 강조한 것은 잠언의 새로운 기여임이 분명하다.[45]

이집트 지혜문헌과 잠언은 도덕적 이상을 구현하는 이상적 인간형으로 각기 조용한 사람과 의인을 제시한다. 조용한 사람은 마아트의 사람이

---

44) 이들의 유사성을 보고 한 편이 다른 편을 생성했다고 결론지을 수는 없다. Fox는 이들의 형태학적 유사성의 본질을 유비성(analogy)보다 동류성(homology)에서 찾는다. 이 두 개념의 차이점들과 그것이 고대 근동 지혜문헌의 연구에 미치는 함의에 대해서는 Fox, "A Crooked Parallel," 37을 참조하라.

45) Steiert는 잠언에 나타난 지혜의 특성으로 "인격화"(personalisation)를 언급하지만 그 주제를 더 전개하지는 않았다. Steiert, *Weisheit Israels*, 160-61을 참조하라.

고 의인은 체데크의 사람이다. 이 두 인간형은 지혜와 고요함을 포함한 다양한 품성을 공유한다. 이상형의 대치점에는 대조를 이루는 요란한 사람이 있다. 이집트 지혜문헌과 잠언은 그를 다루는 방식에서 차이를 보인다. 이집트 지혜문헌에서 요란한 사람을 피하는 것은 실용적인 이유에서지만, 잠언은 그런 사람과 사귀는 것의 가장 큰 위험이 잠재적 전염성이라는 사실을 인정한다. 더 나아가 잠언은 지혜롭고 의로운 사람으로 집약되는 경건한 인격의 형성에 깊은 관심을 가지며, 그것을 좋은 삶의 요체로 여긴다.

제7장

잠언의 의:
시편과의 비교

앞서 제6장에서 우리는 의로움의 개념을 살피기 위해 이집트 지혜문헌과 잠언을 비교해보았다. 이제 7장에서는 시편을 대상으로 같은 연구를 실행해 잠언과 비교할 것이다. 시편은 두 가지 측면에서 잠언과 비교할 가치가 있다. 우선 구약 전체를 통틀어 체데크-단어군이 잠언보다 더 많이 나타나는 책은 시편밖에 없다.[1] 이 사실 한 가지만으로도 시편은 의로움의 개념과 관련한 비교 연구 자료의 저장소라 부를 만하다. 그러나 더 중요한 것은 시편이 하나님과 인간의 의로움에 연관 지을 수 있는 참으로 다양한 인생 경험을 표현해준다는 사실이다. 잠언은 하나님의 의로움과 무관하지는 않지만 그 초점이 교훈적·도덕적 관점에서 인간의 의로움에 맞춰져 있음은 분명하다. 그에 비해 다수의 시편은 자신의 처지를 놓고 하나님께 대담한 질문을 던지거나 하나님의 의로움을 요청하는 시인의 심경을 드러내 준다.[2] 이에 대한 코흐의 평은 적절하다.

---

1) 체데크-단어군의 사용 횟수를 보면 시편이 139회(차디크 52회, 체데크 49회, 체다카 34회)로, 잠언의 94회(차디크 66회, 체데크 9회, 체다카 18회)보다 많다(Koch, *TLOT* 12:1049). 그러나 본문 분량을 고려한 사용 빈도로 볼 때는 잠언(915절에 94회=100절당 10.3회)이 시편(2,527절에 139회=100절당 5.5회)보다 훨씬 높다.

2) 탄원시는 이 점을 가장 잘 드러내 준다. 탄원시에 관한 탁월한 논의로 Brueggemann의 글을 참조하라. W. Brueggemann, "The Costly Loss of Lament," *JSOT* 36(1986), 57-71.

체데크 어근이 시편에서만큼 자주 강조되면서 복합적인 방식으로 사용된 곳은 없다. 하나님의 체데크와 인간의 체데크 양자 간의 상호 교섭이 이토록 두드러져 보이는 것은 오직 시편의 환경에서만 가능하다. 예언서 구절들의 불규칙한 언어 표현들은 이런 맥락의 기초에서만 설명될 수 있다.[3]

코흐가 "하나님의 체데크와 인간의 체데크 양자 간의 상호 교섭"이라 명명한 그 기제는 시편의 풍성한 데이터를 처리하는 데 유용하지만 시편에서 실제로 기술된 내용은 "하나님의 의와 인간의 의 양자 간의 상호 교섭"으로 부르는 것이 더 정확할 것이다. 우리는 시편과 잠언을 이 측면에서 대조함으로써 잠언에 기초해 의의 문제를 더 풍성하게 이해할 수 있을 것이다.

7.1. — 이진법적 인간학

잠언과 마찬가지로 시편 역시 추상적 원리를 제시하기보다는 의로운 인물의 행동을 묘사함으로써 의로움이라는 주제에 접근한다. 명사화된 (substantive)[4] 히브리어 "차디크"는 하나님과 사람의 의로운 품성을 응축

3) Koch, *TLQT*, 12:1053.

4) 엄격히 말하면 צדיק는 형용사 형태지만, 흔히 그렇듯이 명사화의 표준 문법인 "h-접두어"를 사용하지 않고도 명사의 기능을 수행한다. 이것은 시문의 특징이라고 설명할 수 있다(*IBHS* 13.7a). Waltke와 O'conner는 צדיק를 순수한 형용사로 분류하는 반면(*IBHS* 5.4c), אסיר나 סריס 같은 명사는 *qattil* 형태, 즉 명사형 *qātil*의 이형(byform)으로 간주한다. צדיק가 참된 의미에서의 명사형(substantive)으로 쓰인 경우는 드물다. הצדיק는 출 9:27; 신 25:1; 전 3:17; 사 57:1(2×); 겔 18:20; 33:12; 합 1:4에 쓰였고, הצדיקים은 시

해 표현하는 최적의 단어다.[5] 시편에는 하나님이든 사람이든 누군가가 차디크라 불릴 자격에 관해 묘사한 글이 아주 많다. 예를 들어 시편 15, 24, 26편에는 특정한 행동과 내적 태도를 망라하는 덕행과 미덕에 관한 수많은 묘사가 담겨 있다.[6] 이들을 깔끔한 목록으로 정리하긴 어렵지만 시편이 잠언에 비해 훨씬 더 노골적으로 인간을 묘사하는 것은 분명하다. 그 결과 인간의 양 극단을 동시에 묘사하는 이진법적 인간학(binary anthropology)이 시편 전체에서 두드러지는데, 콰켈(Gert Kwakkel)은 이것이 지혜문학의 영향이라고 파악한다.

> 위의 상황을 살펴볼 때 우리는 이스라엘인들이 사람은 의인과 악인 둘 중의 하나라고 생각했다고 결론지을 수밖에 없다. 그리고 서로 대치되는 이 두 종류의 사람을 차디크와 라샤 두 단어로 지칭한 것은 지혜문학의 구체적 특징 중 하나다.[7]

125:3(2×); 전 8:14; 9:1에만 사용되었다.

5) 형용사 형태 צדיק는 구약성경에서 하나님이나 사람에게만 사용되었다. 유일한 예외는 야웨 하나님의 규례(חקים)와 법도(משפטים)가 의롭다(צדיקים)는 신 4:8의 기술이다.

6) 시 15편과 24편은 질문과 대답의 형식을 빌려 예배자가 고백하는 미덕의 목록을 제시한다. "주여, 누가 당신의 장막에 거하고//누가 당신의 거룩한 산에 머물겠습니까?"(시 15:1) "누가 주의 산에 오르겠는가?//누가 그의 성소에 서겠는가?"(시 24:3) 욥 31장을 같은 관점에서 분석한 것으로는 Georg Fohrer, "The Righteous Man in Job 31," in *Essays in Old Testament Ethics*: *J. Philip Hyatt, In Memoriam* (ed. J. Crenshaw and J. T. Willis; New York: Ktav, 1974), 1-22를 참조하라.

7) Kwakkel, *According to My Righteousness*, 299. 이 대목에서 Kwakkel은 마치 צדיק/רשע의 사용이 지혜문학의 특징인 듯한 오해를 불러일으킬 수 있는 불명확한 서술을 한다. 그러나 그의 책에 나오는 설명을 보면 지혜문학의 영향은 상반되는 인간 유형을 통한 도덕적 원리의 서술에 있음을 이야기하려는 의도가 드러난다.

대표적 지혜시인 시편 37편이 차디크와 라샤의 대조라는 이진법적 인간학의 관점을 반복해서 보여준다는 것도 주목할 만하다(시 37:12, 16, 17, 21, 25, 29, 30, 32, 39).[8] 이러한 대조적인 인간상의 묘사는 사실 대조적인 삶의 **길**을 예시하는 것으로,[9] 잠언과 신명기의 교훈 전승과 동일한 방식으로 사용되었다.[10]

의인과 악인을 대조하는 시편에서 또 눈에 띄는 것은 양자 간에 보이는 적대감의 강렬함이다. 시편의 악인은 의인들을 대항하는 진정한 의미에서의 개인적 적수들이다. 크라우스(Hans-Joachim Kraus)의 묘사를 보라.

> 무엇보다도 라샤(악인)의 분명한 의도는 차디크(의인)의 "대적"으로 행동하여 구체적 비행을 들먹여 비난하고 정식으로 고소를 걸기 위한 목적에서 의인들

---

8) Sigmund Mowinckel(*The Psalms in Israel's Worship* [Nashville: Abingdon, 1962] II, 112-114), Westermann, Hans-Joachim Kraus는 모두 시 37편을 지혜시로 분류한다. Erhard S. Gerstenberger(*Psalms, Part I, with an Introduction to Cultic Poetry* [FOTL; Grand Rapids, Mich.: Eerdmans, 1988], 159-60) 역시 지혜시라는 장르를 인정하지만 이들의 사회학적 배경과 (그의 판단으로는 포로기 이후의 현상인) 이스라엘 예배에서의 제의적 사용에 더 강조점을 둔다.

9) 은유법을 표시하기 위해 "길"에 강조체를 사용했다. 의인-악인이 패러다임으로 쓰였다고 해서 그에 상응하는 적대적인 두 그룹이 실제로 존재하지 않았다는 뜻은 아니다. 의인-악인 쌍의 양극에 위치한 인물상이 서로를 규정해주는 한 그들이 실제 사회학적으로 규정할 수 있는 그룹이었는지의 여부는 잠언의 도덕 강화와 직접적 연관성이 없다. 잠언은 지혜/우매, 근면/나태, 의로움/악함 등으로 여러 개의 대칭 쌍을 구사한다.

10) 두 갈래 길에 관한 지혜 교훈의 분석으로는 Daniel Bricker, "The Doctrine of the 'Two Ways' in Proverbs," *JETS* 38/4(1995), 501-17을 참조하라. Weinfeld는 신명기가 보여주는 교훈적 성향에 주목하고, 지혜 전승이 모세오경의 바탕 위에서 신명기의 출현에 지대한 영향을 주었다는 가설을 제시했다. Moshe Weinfeld, *Deuteronomy and the Deuteronomic School* (Oxford: Oxford University Press, 1972; repr.; Winona Lake, Ind.: Eisenbrauns, 1992), 244-319을 참조하라.

의 신실함에 의문을 제기하는 데 있다.[11]

잠언에는 인간형을 묘사하는 수많은 격언이 있지만 이진법적 인간학은 대체로 추상적이다. 잠언 29:27에 의인과 악인이 피차 서로를 멸시하는 모습이 묘사되긴 하지만 그들의 적대감은 여전히 행동보다는 태도의 선에 머문다. 그에 비해 시편에서 의인과 악인의 상호 적대감은 훨씬 더 눈에 띄는 것으로서 쌍방이 분명히 자각하고 있는 현상이다.

더욱 의미 있는 것은 잠언과 시편의 인간 이해다. 잠언에서 악함은 종종 "페티"(פתי, 어리숙한 자), "하사르 레브"(חסר לב, 생각 없는 자), "케실"(כסיל, 멍청이)이라 불리는 인물들과 연결된다.[12] 이 유형의 사람들은 판단력의 결핍과 그에 따른 도덕적 실패로 특징지어진다. 이 단어들의 용례를 볼 때 그들의 인격적 결함과 도덕적 실패는 지성의 결핍으로부터 충분히 예상 가능한 결과다. 팍스는 "무지가 도덕적 추락에서 단지 한 발자국 거리인 이유는 그들이 교정의 가능성을 거부하기 때문이다"라고 평한다.[13] 하지만 잠언을 제외한 지혜 전승 안에서 과연 악인이 자동으로 어리석은 존재로 이해되는지는 분명치 않다. 이는 잠언이 악하고도 영리한 사람의 존재를 부인한다는 뜻은 아니다. 다만 잠언은 악하면서 똑똑한 것이 어리석음과 다를 것이 없다고 보는데, 자기 꾀로 덕을 보려는 자는 자신을 해칠

11) Kraus, *Theology of the Psalms*, 154.

12) 이 히브리 단어들의 번역에 대해서는 Fox, "Words for Folly," *ZAH* 10(1997), 1-12; Fox, *Proverbs 1-9*, 38-43을 참조하라. 특히 כסיל, 즉 "멍청이"는 과도한 자기 확신과 아둔함을 보인다. כסיל은 내재적으로 악하진 않지만 쉽게 악에 이끌리고 악한 존재로 남는 성향이 있다.

13) Fox, *Proverbs 1-9*, 39.

수밖에 없기 때문이다. 한 사람의 내면의 도덕적 부분과 지성적 부분을 분리하지 않으려는 경향은 잠언의 독특한 특성이다.

이에 반해 시편에서 의인의 적수를 언급한 수많은 구절에는 그러한 결핍에 대한 언급이나 암시가 보이지 않는다. 의인이 자신의 대적에 맞서기 위해 하나님께 탄원하는 내용으로 볼 때, 의인의 적은 중상모략에서 살기 어린 습격에 이르는 끈질기고 다양한 공격을 펼칠 수 있을 만큼 유능한 존재다. 그러나 의인은 놀라우리만치 꿋꿋하다. 크라우스의 통찰을 보라.

> 구체적인 비난을 통해 우리는 체다카("의로움")에 대해 더 분명한 이해에 도달한다. 상호 모순과 유혹의 존재와 씨름하면서 "의인"의 "의로움"은 그 독특한 성격을 지니게 된다.[14]

의인과 악인 두 그룹 사이의 극렬한 적대관계를 통해 의인의 특성이 드러나 보인다는 것은 참으로 역설적이다. 대적의 고소는 결국 목적을 이루지 못하게 되고 그 과정을 통해 의인의 미덕이 극적으로 드러나게 된다.

시편에 등장하는 의로운 청원인은 자신의 대적이 악의적 적대감과 끈질긴 악심을 갖고 다가서는 것을 경험한다.[15] 그에 비해 잠언은 그러한 충

---

14) Kraus, *Theology of the Psalms*, 154-55.

15) 하나님께 다가가기 원하는 사람은 이미 하나님과 바른 관계에 있다. 그런 의미에서 시편의 청원인은 의인의 모습을 갖추고 있다. 반면에 악인은 하나님의 도우심을 구하는 것은 고사하고 하나님을 부르는 행위조차 하지 않는다. 이 사실은 시편의 청원인들이 그토록 대범하

돌을 상정하지 않는다. 잠언의 의인은 악인에 대항해 어떠한 행동을 취하지 않으며(잠 21:12이 단 한 번의 예외적 경우일 수 있다), 악인이 의인을 공격하지도 않는다. 악한 대적이 야기하는 위험이란 악한 품성이 피해자의 순전함에 손상을 줄 가능성, 즉 유혹의 힘 외에 별다른 것이 없다. 그러나 그런 일을 할 경우에도 악인은 성숙한 의인이 아닌 심약하고(잠 7:6-27) 어린(잠 1:11-19) 상대방을 표적으로 삼는다. 반면 의인은 그 인품에 비난받을 만한 것이 없는 탄탄하고 성숙한 존재로 그려진다.

지금까지의 논의를 종합해보면 잠언이 사용하는 이진법적 인간관은 의로운 인격체를 형성하는 일에 초점을 맞추고 있으며 특별히 도덕을 그 지적 기초로부터 분리할 수 없다는 점을 강조한다는 사실을 알 수 있다.

7.2. — 시편에 나타난 의인의 양태(profile)

시편은 애초부터 의로운 삶이 멋진 결말로 이어진다는 믿음을 보여준다. 시편에 그려진 의인은 의로우신 하나님과 친밀함을 누린다(시 11:7). 하나님은 의인을 사랑하시고(시 146:8), 의인의 길을 아시며(시 1:6), 의인들을 축복하시고(시 1:6), 그들의 기쁨을 회복시키신다(시 32:11; 58:10; 68:3[MT 4절]). 하나님의 임재는 의인의 무리와[16] 함께한다(시 14:5). 하나님은 의인

게 자신의 의로움을 확신한 이유를 물었던 von Rad의 질문에 대한 대답이 될 것이다. 하나님을 찾는 사람은 의인이라 불러야 한다는 주장도 가능하다. 따라서 시편에 나타난 의인이 거의 예외 없이 임박한 위험과 자신의 적 즉 악인의 겁박에 관해 호소하는 현상은 결코 우연이 아니다.

16) 페니키아어 *dr* 및 비문 히브리어(inscriptional Hebrew) *d*(*w*)*r*가 "서로에게 속한 개인들의 무리, 혹은 가족"을 뜻한다는 데 근거해 본문의 명사 דור를 "무리"로 해석했다("dr[1],"

에게 땅을 주시고(시 37:29), 의인이 어려울 때 의인을 지키기 위해 뛰어드신다(시 37:17). 하나님은 의인을 시험하시지만(시 11:5) 결국 그들을 옹호해주시며 그의 눈을 의인에게로 향하신다(시 34:15). 하나님의 심판이라는 혹독한 상황조차도 의인에게는 유익이 된다. 그때 하나님의 진노는 악인을 향하기 때문이다.

> יְהוָה צַדִּיק יִבְחָן וְרָשָׁע וְאֹהֵב חָמָס שָׂנְאָה נַפְשׁוֹ
>
> 하나님은 악인을 시험하시나[17]
>
> 그의 마음은 악인을, 폭력을 좋아하는 자를 미워하신다(시 11:5).

하나님이 의인에게 내리시는 축복과 호의를 묘사한 이 진술을 살펴보면 그 내용이 잠언과 거의 같다.[18] 그러나 시편에 나타난 기록을 종합해보면 의인의 길은 절대 순탄하지 않은 것이어서[19] 의인의 삶을 매우 낙관적

DNWSI 1:258-59 참조). Kraus도 이 단어를 "인간 계층", "인간의 무리"라 이해하지만 (Psalms 1-59, 219) 막상 자신의 번역에는 반영하지 않았다.

17) Kraus는 이 부분을 "야웨께서 의인과 악인을 시험하신다"로 읽을 것을 제안한다. 이것은 야웨 하나님이 의로운 재판장이라는 관념을 상기시키는 독법이지만 그러기 위해서는 불가피하게 יבחן ורשע צדיק의 위치를 바꾸어야만 한다는 것을 Kraus도 시인한다(*Psalms 1-59*, 201). 하나님은 의로우시고 의인을 사랑하신다는 사실(11:7 참조), 그리고 MT의 악센트 분절과 그에 따른 해석의 방향성을 고려할 때 Kraus의 재구성보다는 MT가 더 만족스러운 해석을 제공한다.

18) 의인에게 주어지는 보상이라는 주제는 앞서, 특히 제3장에서 다루었다.

19) 만약 잠언뿐 아니라 시 37편 역시 의인의 후손과 미래를 낙관한다고 주장한다면(25절은 "내가 젊었었고 이제는 늙었지만//나는 의인이 버림받는 것을/그 자손들이 구걸하는 것을 보지 못했다"라고 노래한다), 이 시편을 거의 모든 학자가 지혜시로 분류한다는 데 유념할 필요가 있다.

으로 기술하는 잠언과는 확연히 비교된다.[20] 시편에서 의인은 종종 억압과 고난의 피해자인 데 반해, 잠언에서는 의인이 악인에게 고통을 당하는 모습은 찾아보기 어렵다.[21] 레이머(David J. Reimer)는 시편에서 이러한 긴장을 파악한다.

> 시편에서 차디크는 하나님을 기쁘시게 하는 삶을 살지만, 하나님의 반응은 거기에 말끔하게 상응하지 않는다. 우리는 때때로 차디크가 하나님 바로 그분에 의해 억압받는다는 인상을 받기도 한다.[22]

시편에는 의인이 하나님의 개입을 호소하는 내용이 여러 번 등장한다. 이것은 의롭고 지혜로운 이들이 덕스러운 삶의 보상을 누린다고 강조하는 잠언의 가르침에 대한 명백한 도전이 된다.

---

20) 여기서 우리는 인간의 복합적 문제들을 충분히 다루기에는 잠언이 지나치게 이상주의적이지 않은가라는 까다로운 질문에 맞닥뜨린다. 내 생각으로는 잠언들을 수집하고 편찬해 잠언으로 엮어낸 현인들은 자기들이 선택한 표현 방식 안에, 즉 사물에 대한 충분한 설명 대신 진리의 편린을 모아놓은 잠언집 안에 쉽게 잡아둘 수 없는 여러 가지 상황에 대해 정직했다. 단지 잠언은 그 본질상 늘 **부분적 진술들**이기에(Van Leeuwen, "Wealth and Poverty," 29) 잠언들을 다양한 현실 상황에 적용하기 위해서는 지혜가 필요하다. 따라서 진짜 지혜는 잠언에 수록된 가공되지 않은 지혜 전승에서보다는 그들을 취사선택해 사용하는 기술과 분별력에서 더 잘 드러난다. 이에 대해 Murphy는 잠언이 "실재의 편린만을" 드러내주며 그 의미는 맥락에 크게 좌우된다고 말한다. 또한 잠언은 "그것이 발생한 맥락과 궤를 같이할 때" 비로소 제대로 기능을 발휘한다(Murphy, *Tree of Life*, 10-11).

21) 잠 25:26은 아마도 이러한 정황을 보여주는 유일한 경우이겠지만, 그조차도 매우 가상적인 "세상이 뒤엎어진" 상황을 전제해 문예적으로 기술한 단락에 속해 있다. 이와 관련해 Raymond Van Leeuwen, "Proverbs 30:21-23 and the Biblical World Upside Down," *JBL* 105(1986), 599-610을 보라.

22) Reimer, *NIDOTTE* 3:762-63. 이 주제를 가장 깊이 성찰하는 성경은 욥기다.

7.3. — 스스로 의로운 자의 시편?: 시범적 적용

시편에는 시인 자신이 **자신의** 의로움을 선포하고 그 의로움이 하나님의 호의와 개입의 근거라 주장하는 내용을 담은 시들이 있다. 양식비평가들은 대체로 이런 시들을 개인 탄원시로 분류하고 더 구체적인 구분을 제안하기도 했다. 부당한 고소의 피해자가 드리는 시나[23] "무죄 선언의 시"(Unschuldserklärungen)가[24] 그 예다. 하나님의 정의를 구하는 청원은 탄원시에도 많이 나타나지만 이 "무죄 선언의 시"들은 청원자가 자신의 의로움을 선언하는 동시에 "심판"을 요청한다는 점에서 탄원시와 구별된다. 이때 "심판"의 의미는 재판의 과정과 유죄 판결이라는 결과 사이를 오가는 것으로 보인다. 예를 들어 시편 35:24을 살펴보자.

> שָׁפְטֵנִי כְצִדְקְךָ יְהוָה אֱלֹהָי וְאַל־יִשְׂמְחוּ־לִי
>
> 당신의 의로움을 따라 나를 심판하소서, 내 하나님 야웨시여!
>
> 그들이 나를 향해 즐거워하지 못하게 하소서(시 35:24).

---

23) 이 범주는 Schmidt(1928)가 처음 제안했고 Beyerlin(1970)이 발전시켰다. 해당 본문 어디에도 의인을 고소하는 대적에 대한 구체적인 정보가 없어서 그들의 존재는 오직 추론될 뿐이라는 것이 이 가설의 약점이다. Hans Schmidt, *Das Gebet der Angeklagten im Alten Testament* (Giessen, 1928); W. Beyerlin, *Die Rettung der Bedrängten in den Feindpsalmen der Einzelnen auf institutionelle Zusammenhänge Untersucht* (Göttingen, 1970).

24) 임승필, *Die 'Unschuldserklärungen' in den Psalmen* (Seoul, 1989). Kwakkel은 여러 곳에서 임승필의 용어를 빌려 쓴다. Kwakkel, *According to My Righteousness*를 참조하라.

“쇼프테니”(שָׁפְטֵנִי), 즉 “나를 심판하소서”라는 표현은 유사한 다른 문맥에서 하나님의 무죄 선언을 요청하는 데 사용되기에 “내 사건을 살펴주소서”(NJPS), 혹은 “나를 변호하소서”(NRSV) 등으로 번역된다. 이러한 해석을 뒷받침할 근거는 충분하다. 우선 야웨의 체다카는 구원 행위를 통해 나타나는 경우가 많은데, 특별히 이사야와 시편에 그 용례가 집중된다.[25] 둘째, שׁפט와 צדק 두 어근이 한 절 안에 인접해 나타날 경우는 “체데크 우미쉬파트”(צדק ומשׁפט)의 이사일의 기법에 해당하는 의미를 갖는데, 이 표현은 거의 항상 사회 정의와 해방을 가리켜 사용되었다.[26] 마지막으로 שׁפט가 단독으로 쓰일 때도 종종 사회적 약자, 보호받지 못하는 이들을 대상으로 한다. 즉 이 문장들에서 사용되는 동사들은 오직 약자들을 목적어로 취한다. 따라서 그들이 자신들을 지키고 변론해달라는 요청을 하고 있다는 해석은 타당한 듯하다.[27]

반면 시편의 청원자는 자신의 인간적 의로움에 근거해서 자기를 판단해달라고 요청하기도 한다(시 7:8[MT 9절]).

---

25) Scullion, *ABD* 5:734.

26) 이 점을 명쾌하게 예시한 Weinfeld의 글을 참고하라(Weinfeld, “‘Justice and Righteousness’ in Ancient Israel Against the Background of ‘Social Reforms’ in the Ancient Near East,” in *Mesopotamien und Seine Nachbarn* [ed. Hans-Jorg Nissen, Johannes Renger; Berlin: Dietrich Reimer Verlag, 1982], 491-520).

27) 히브리어 어근 שׁפט와 דין에는 “판결하다”는 뜻 외에도 무죄한 이를 “변호하다” 혹은 피해자를 “변론하다”는 뜻이 있다. G. Liedke는 Köhler의 설명을 따른다(*Hebrew Man*, 133). “판결한다는 것은 범죄의 사실을 확증하고 그에 근거해 판결을 내리는 것이 아니다. 사실 히브리어에서 ‘판결하다’와 ‘돕는다’는 평행적으로 쓰이는 개념이다”(*TLOT* 1:1393-94). 고대 이스라엘에서 행해진 법률 절차에 관해서는 P. Bovati, *Re-Establishing Justice* (JSOTSup 105; Sheffield: JSOT Press, 1994)와 Roland de Vaux, *Ancient Israel* (New York: McGraw-Hill, 1965), 143-63을 보라.

יְהוָה יָדִין עַמִּים שָׁפְטֵנִי יְהוָה כְּצִדְקִי וּכְתֻמִּי עָלָי
주께서 나라들을 심판하신다.
주여, 나를 심판하소서.
나의 의로움을 따라,
내게 있는 순전함을 따라 하소서(시 7:8).

몇몇 구절에서는 자신의 적수에 의해 모함을 당한 청원자가 야웨 하나님의 변론을 요청하기도 한다. 그런 정황이 묘사되지 않더라도 "나를 판단하소서"라는 요청이 나라들을 재판하시는 하나님께 드려진다는 사실은 문맥상 분명히 드러난다.[28] 이와 관련된 하나님의 속성을 표현하는 호칭은 "**엘로힘 차디크**"(אלהים צדיק), 즉 "의로우신 하나님"이다. 의로우신 하나님은 사람의 마음을 살펴 의인과 악인을 가리시는 분이다(차디크와 라샤의 대조). 이러한 요청이 시편에 등장할 때는(시 7:9; 18:21; 26:1) "내 의를 따라"라는 표현대로 누군가가 자신의 행실에 근거해 유리한 판결을 요청하는 경우다. 따라서 그 구절들은 의로움에 관한 우리의 이해를 돕는다. 시인과 하나님의 관계성을 언약의 충정으로 쉽게 넘겨짚는 행위, 즉 하나님이 자기 백성과 맺은 언약에서 비롯된 헌신이 이러한 요청의 본질이라고 믿는 것은 너무 성급하다. 청원자가 **자기 자신의** 의로움을 하나님으로부터 받을 호의의 근거라 믿는다는 것은 그가 자신의 품성을 하나님의 행

28) 어근 דין은 "변론/옹호"를 뜻할 수 있지만(앞의 각주 참조) 열방의 재판은 형벌적 정의라는 부정적 의미를 함축한다. 더구나 시 7:9-10의 문맥을 보면 시편 기자는 자신의 온당한 행동에 근거해 적절하게 재판을 받고 자신의 정당함이 입증되기를 요청하고 있음이 분명하다.

동에 영향을 끼치기 위해 동원한다는 의미다.[29] 결국 이들 시편에 나오는 청원자는 자신의 청원을 통해 하나님이 특정한 방향으로 행동하시도록 조절할 수 있다는 확신을 보여준다.[30]

임승필은 시편 7, 17, 18, 26, 35, 38, 44, 59, 66편을 "무죄 선언"(Unschuldserklärung)이라는 제목으로 분류한다. 이 용어는 그 자체로 해당 시편들이 실제로 무엇을 말하는지를 잘 말해준다. 콰켈 역시 이 시들의 주제가 시인 자신의 무죄함을 선언하는 데 있다고 파악한다. 다만 콰켈은 시편 7, 17, 18, 26, 44편 다섯만을 "차디크의 시"로 분류하는데, 이 표제는 너무 두루뭉술해서 자신이 분리해낸 이 시들의 주해적 중요성을 제대로 드러내 주지 못한다.[31] 이와 관련해 대표적인 시편 연구자들의 분류 결과를 비교하면 다음 도표와 같다.[32]

---

29) 앞서 보았듯이 צדקה는 사람의 품성 전체 혹은 구체적 행위라는 양 측면을 소화한다. 하지만 위와 같은 형태의 청원에서 צדקה는 좁은 의미에서의 의로운 행위보다는 의로움 자체로 이해하는 것이 더 낫다.

30) 하나님의 계획을 변경시킨다는 개념은 시편 전체의 신학과 잘 일치하지 않을 수도 있다. 그러나 위기 상황에서 부르짖는 시인은 바로 그것을 기대한다. 사실 하나님께 무언가 청원을 드린다는 행위 속에는 하나님을 신뢰하는 마음과 하나님의 마음을 움직이려는 의도 간의 갈등이 내재해 있다.

31) Kwakkel, *According to My Righteousness*, 1-16.

32) Georg Fohrer, *Introduction to the Old Testament* (trans. David Green; Nashville: Abingdon, 1965); Leopold Sabourin, *The Psalms: Their Origin and Meaning* (New York: Alba House, 1974); Claus Westermann, *The Psalms: Structure, Content, & Message* (trans. Keith R. Crim and Richard N. Soulen; Atlanta: John Knox Press, 1981); Hans-Joachim Kraus, *Psalms 1-59* (trans. Hilton Oswald; Minneapolis: Fortress, 1993); *Psalms 60-150* (trans. Hilton Oswald; Minneapolis: Fortress, 1993); Erhard Gerstenberger, *Psalms, Part I: with an Introduction to Cultic Poetry* (FOTL; Grand Rapids, Mich.: Eerdmans, 1988); Kwakkel, *According to My Righteousness*.

구분	시 7편	시 17편	시 18편	시 26편	시 35편	시 38편	시 44편	시 86편
포러	IL	IL	TI/R	IL	IL	IL	R	IL
사보린	IL*	IL	R	IL	IL	IL	CL	IL
베스터만	IL	IL	IL	IL	IL	IL	CL	IL
크라우스	PS	TI/R	PS/DI	PS	PS	PS	PS	PS
게르스텐베르거	CI**/PI	CI/PI	MT	CI/PI	CI	CI	CC	CI
임승필	DI	DI	DI	DI	DI	DI	DI	·
콰켈	DI	DI	DI	DI	·	·	DI	·

*비교를 명확히 하기 위해 사보린(Leopold Sabourin)이 사용한 LI(lament of individual, 개인 탄식)를 동일한 내용인 베스터만의 IL(individual lament, 개인 탄식)로 바꾸었다.
**게르스텐베르거(Erhard Gerstenberger)의 불평(complaint) 범주는 다른 학자들의 탄식(lament) 범주와 사실상 같다.

CI = complaint of individual(개인 불평)	PI = protestation of innocence(무죄 항의)
CL = communal lament(공동체 불평)	PS = prayer song(기도송)
DI = declaration of innocence(무죄 선언)	R = royal psalm(제왕시)
IL = individual lament(개인 탄식)	T = thanksgiving(감사시)
MT = messianic thanksgiving(메시아 감사)	

〈표 4〉 무죄 선언 시편의 분류

나의 판단으로는 게르스텐베르거의 "무죄 항의"(PI)와 콰켈의 "무죄 선언"(DI)은 이 시편들의 고유한 특징, 즉 청원자들이 도덕적·종교적 관점에서 자신들의 무죄함을 인지하고 있다는 사실을 제대로 포착한 개념이다. 이 시편들이 여타 탄원시들과 구별되는 이유는 야웨 하나님의 언약에 의지한다는 통상적인 방식 외에 자기 자신의 의로움을 **위기에서 구출될**

근거로 삼는다는 데 있다.

그러나 청원자가 자신의 도덕적 완벽성을 주장하는 것으로 보이는 시편 17:1-5, 18:22-24, 26:1-12 등의 구절을 어떻게 해석해야 하는지는 여전히 문제로 남는다. 이 시들에 나타나는 거리낌 없는 자기 확신은 해석자들의 시선을 사로잡았고 언약에 충실한 하나님에 대한 신뢰가 그 바탕에 있다는 설명이 흔히 제기되었다. 또한 학자들이 시편 15, 24편의 "삶의 자리"(Sitz im Leben)로 흔히 지목하는 "성전 입장 예식"(temple-entrance liturgy)에 무죄 선언이 포함되어 있다는 주장도 제기되었다.[33] 폰 라트는 이 시편들에서 예배자들이 가진 확신의 근거는 윤리보다는 제의라고 설명한다.

> 예배자들은 언제나 자신을 **전적으로** 하나님과 함께하는 사람, 즉 하나님을 온전히 신뢰하고 늘 순종하는 사람으로 제시한다. 이러한 태도는 믿기 어려울 정도로 완고한 자기의(self-righteousness)의 결과라기보다는 하나님이 이스라엘에 베푸신 특별한 호의를 얻는 방법으로서의 제의(cultus)에 의해 규정된 결과물이다.[34]

---

33) 이런 주장의 원류는 Hermann Gunkel이다. 그는 시 15, 24편을 성전에 들어가기 전에 행해진 입장 예식의 기록물로 이해하면서 그 내용에서 토라의 권위에 의지하는 예식을 추출해냈다. 이에 대해 Kraus는 토라의 자문을 얻는 행위가 예배 공동체의 전례로 새롭게 변용되었다고 가정한다(*Psalms 1-59*, 226-27). 좀 더 구체적으로 그는 이 시편들에서 성전 문에서 혹은 성전에 들어오는 때에 행해졌던 정결 의례(purification rite)의 제의적 요소를 발견했다고 주장한다. 이러한 해석의 계보를 상세히 파헤친 Kwakkel은 Kraus가 제안한 것과 같은 재구성이 지나치게 사변적이라는 이유로 거부한다.

34) Von Rad, "'Righteousness' and 'life,'" 250.

폰 라트의 전제는 그럴듯해 보이지만 근거가 빈약하다. 그는 시편이 사람을 의인과 악인 중 하나로 이해하기 때문에 의롭다고 인정받는 사람은 온전히 의로워야 한다고 주장한다. 그런데 종교적, 혹은 윤리적 의미에서 자신이 완전히 의롭다고 주장할 수 있는 사람은 아무도 없다. 따라서 그러한 의로움은 오직 제의에 의해서만 가능하다는 것이 그의 논지다.

그러나 여기서 반드시 확인해야 할 사항들이 있다. 사람을 양극화된 두 인간형으로 나누는 것은 항상 도식적이기 마련이다. 즉 이진법적 인간학을 채용했다 해서 그 양극 사이에 유의미한 중간 지점이 없는 것은 아니다. 폰 라트의 엄격한 이원론은 지나치게 작위적이며 이진법적 인간학이 갖는 수사적 기능을 무시한 결과일 뿐이다. 시편 기자의 확신은 내적 자질, 즉 순전한 마음에 기초를 둔다고 보아야 할 이유는 충분하다. 의로움을 전적으로 관계 중심적인 것으로 파악하는 폰 라트의 입장—아마도 크레머와 팔그렌으로부터 물려받은 듯한—은 시편이 묘사하는 의인상에 반영된 강력한 윤리적 함의를 간과하게 한다. 이와 관련된 데이(J. Day)의 비판은 꽤 설득력이 있다.

> 성전 입장 의례에서 강조된 것은 제의보다는 윤리에 관계된 조건들이었다. 이 시편들에 열거된 도덕적 자질들은 요구 조건의 총합이 아니라 매우 통상적인 미덕을 의미하는 것이 분명하다.[35]

이 시편들이 하나의 묶음으로서 보여주는 의로움에 대한 이해는 상당

---

35) J. Day, *Psalms* (OTG; Sheffield: Sheffield Academic Press, 1990), 61.

한 정합성을 갖추고 있다. 그리고 이는 개신교 신학의 이신칭의 교리 등에 의해 간단히 덮일 성질의 것이 아니다. 이 시편들의 관점에서는 시편 기자의 의로움이란 **제대로 갖추어진 도덕적·종교적 품성**이지 단지 부당한 고소에 대한 무혐의 상태가 아니다. 특히 이 시편들은 우리가 규정하고 관찰할 수 있는 구체적 행동 양식 및 품성의 특성에 대해 말한다.[36] 결국 의로움의 주장은 단지 언약 관계에 대한 충성이나 제의의 준수에 대한 것이 아니라 훨씬 더 현실적이다. 따라서 폰 라트의 영향력 있는 주장에도 불구하고, 이 시편들에 나타나는 의로움은 모종의 지위라기보다는 일종의 미덕으로 간주하는 것이 더 타당하다.

시편의 화자들이 "내가 의롭다"가 아니라 "나는 옳은 편에 속했다"라는 주장을 펴고 있다고 해석함으로써 이 시편들이 자기의와 상관없는 것으로 이해할 수도 있다.[37] 여기서 시편의 화자가 "옳은 편에 속했다"는 것은 근거 없고 악의적인 고소에 대해 무혐의가 인정되었다는 뜻이다. 크레이기(Peter C. Craigie)는 다음과 같은 논지를 통해 시편이 자기의를 주장한다는 입장을 반박한다.

> 시편의 화자는 자신의 "의로움"과 "순전함"에 따라 판단 받기를 요청한다. 그는 단 한 순간이라도 자신의 절대적 의, 혹은 무죄함을 주장하지 않는다. 단지 자

---

36) 의인에 대한 묘사는 명시적이든 함축적이든 우리의 주의를 인품의 정직성(히브리어 어근 ת-מ-ם)으로 유도한다(시 17:1-5; 18:24; 26:1, 12). 시 78:72은 이 품성을 다윗과 관련짓고 있으며 욥기 역시 이 특성을 욥과 결부시킨다. 시편 기자가 완벽한 도덕성에 관해 말한다는 주장은 실제보다 과장된 것이다.

37) 며느리 다말과 의도하지 않게 성관계를 했던 유다가 훗날 그 사건을 처리한 방식은 이 점에 관해 시사하는 바가 크다(이 책 제3장 참조).

신이 근거 없는 고소의 죄목들과 무관하다는 것을 말하고 있을 따름이다.[38]

즉 한 사람의 의로움이란 그 사람의 인격 전체와 연관되는 개념이 아니라 단지 고소의 내용이 되는 구체적인 행동들과만 관계된다는 것이다. 이에 대해 크레이기는 다음과 같이 강조한다.

> 시편 기자는 자기의에 심취해 자신의 절대 무죄를 주장하는 것이 아니다. 그의 고백은 특정한 맥락에서 나왔으며 무죄를 주장하고 변호를 요청하는 발언들은 그를 겨냥한 부당한 고소와 공격이라는 그 맥락 속에서 이해되어야 한다.[39]

더 나아가 시편 기자가 "옳은 편에 속했다"는 말이 단지 고소자들에 비해서 더 옳다는 뜻이라고 해석할 수도 있다. 즉 그 누구도 절대적으로 의로울 수 없기에 시편 기자의 의로움은 상대적일 수밖에 없다는 뜻이다. 시편 5:4-6에 관한 주석에서 키드너(D. Kidner)는 하나님 앞에 청원자로 선 시편 기자의 입장을 이렇게 서술한다.

> [시편 기자는] 하나님이 자신의 소송 사건이 아니라 인격 전체를 조사하신다면 자신이 버텨낼 수 없음을 인정한다. 이것은 시편 기자가 자신의 무고함을 주장할 때 당연히 받아들이는 전제다. 시편 기자는 자신이 고소하는 상대방에 견주어 의롭고…하나님과 그분의 율법 앞에서 "온전하다." 그들은 전적으로 의지할

38) Peter C. Craigie, *Psalms 1-50* (WBC; Waco, TX; Word, 1983), 102.
39) Craigie, *Psalms 1-50*, 162.

뿐이다.[40]

그런데 이러한 해석의 난점은 이것이다. צ-ד-ק 어근이 "옳은 편에 속한다"는 뜻을 가질 수는 있지만[41] 시편에서 그 어근의 명사형인 체데크와 체다카는 한 사람의 내면, 즉 인성의 특징을 가리키는 데 사용된다. "의인의 시편"에서 발언하는 청원자는 의로움이 자신으로부터 떼어낼 수 없는 인격의 특징이라고 이해하는 것이 분명하다.

키드너와 크레이기는 이 시편들에 등장하는 청원자가 정말로 인격의 순전함을 지닌 사람들이며 그들이 말하는 내용이 순수한 의미일 가능성을 전혀 인정하지 않는다. 자신의 의로움을 그토록 확신에 차 주장한다는 것은 불가능하다는 대전제를 가지고 있기 때문이다. 이러한 해석의 고전적 실례가 이미 폰 라트에 의해 제시된 바 있다.

> 이 구절들[시 17:1-5; 26:1-6; 18:21-23]에서 화자는 통상적 의미에서의 절대적이고 완전한 순종을 이루었다고 주장하기보다는 "의로운" 사람의 이상화된 몽타주를 제시한다.…그러한 진술들은 의심할 나위 없이 의로움에 관한 이상화된 개념에서 비롯된 것으로, 야웨 하나님 앞에 선 청원자는 그러한 개념을 **자신에게 적용한다**.[42]

---

40) D. Kidner, *Psalms 1-72* (TOTC; London: IVP, 1972), 58-59.

41) 다시 창 38장의 다말과 유다의 경우를 예로 들면, צדק 어근은 한 사람(다말)이 다른 사람(유다)에 비해 상대적으로 더 옳다는 뜻으로 쓰였다. 유다가 다말이 "나보다 더 옳다"(צדקה מן)고 말한 것은 다말의 "의로움"을 인정했다기보다는 자신의 잘못이 더 크다는 것을 시인했다는 의미가 있다.

42) Von Rad, "'Righteousness' and 'Life,'" 251. 강조는 덧붙인 것이다.

이러한 설명에 따르면 의로움의 주장은 현실적인 확신과 큰 차이가 있다. 그러나 이런 입장은 의로움에 관한 해석학적 틀에 "이신칭의"와 같은 개신교적 선이해를 도입한 결과다. 프로이스가 시편 143:2을 어떻게 다루는지 살펴보면 이러한 해석학의 작동 방식을 이해할 수 있다.

> וְאַל־תָּבוֹא בְמִשְׁפָּט אֶת־עַבְדֶּךָ כִּי לֹא־יִצְדַּק לְפָנֶיךָ כָל־חָי
>
> 당신의 종을 상대로 재판에 임하지 마소서.
>
> 살아 있는 인간 중 주님 보시기에 의로운 자는 없습니다(시 143:2).

하나님 앞에서 참으로 의로운 사람은 없다는 진술에 대한 프로이스의 해석은 이렇다.

> 시편 143:2은 하나님 앞에서 의로운 사람은 하나도 없음을 강조한다(사 43:9, 26; 45:25 참조). 비슷한 방식으로 욥기는 탄식과 고발을 통해 신 앞에 선 인간이 의로울 수 있는지를 탐문한다(욥 4:7; 15:14). 오직 야웨만이 의로움을 부여하거나(사 61:11; 시 99:4) 전가할 수 있다(시 106:31).[43]

다시 말해 하나님이 심사하시면 의롭다는 선고를 받을 사람이 하나도 없다는 뜻이다. 이 맥락에서 하나님은 재판장과 검사(고소인)의 역할을 겸임하신다. 그러나 "무죄 선언" 시편들의 화자인 청원자들이 의로움을 자신들의 공로와 별도로 자신들의 삶 바깥에서 그들에게 하사되는 그 무엇

---

43) Preuss, *Old Testament Theology*, 2:168.

으로 간주했다는 증거는 찾아볼 수 없다. 이 구절에 관한 프로이스의 석의는 설득력이 부족하다. 시편 106:31은 비느하스의 공분과 후속 조치가 그의 의로움으로 **간주되었다**고 말한다. 심지어 하나님을 포함해 그 누구라 해도 자신의 공로를 비느하스에게 돌렸다고 보아야 할 이유는 없다.[44] 시편 99:4은 왕이신 야웨가 야곱을 위해 정의를 실현하는 모습을 보여준다. 이 구절에서도 하나님이 자기 백성을 위해 의로운 일을 시행하셨다고 말하지만 그 결과로 이스라엘이 **의로워진다**는 함의는 전혀 보이지 않는다. 따라서 달리 분명한 증거가 나타나지 않는 한 이 구절에서 "의로움의 전이" 같은 개념을 추출하는 것은 석의적 설득력이 떨어진다.

프로이스의 무리한 해석에 비해 **테리엔**(Samuel Terrien)의 설명이 더 타당성 있어 보인다. 테리엔은 시편의 화자가 "나의 의로움"이라는 식으로 의를 개인화하는 것은 화자의 교만이 아니라 감정적 깊이에서 유래한 것이라고 주장한다.[45] 테리엔은 무죄를 주장하는 청원자를 다음과 같이 묘사한다.

---

44) 기독교 신학에서 전가는 신학적 채권 혹은 채무를 한 편에서 다른 편으로 이체하는 행위를 말한다. Fackre는 칭의적 맥락에서 전가의 의미에 대해 이렇게 서술한다. "종교개혁기의 해석자들은 그리스도의 의로움이 신자에게 전가됨으로써 발생하는 임의적 사죄를 강조했다. 믿음은 인간이 자신의 공적 없이도 그리스도의 능동적 혹은 수동적 순종의 유익을 자신의 것으로 삼도록 해준다"(Gabriel Fackre, "Imputation," in *The Westminster Dictionary of Christian Theology* [ed. Alan Richardson, John Bowden; Philadelphia: Westminster, 1983], 289).

45) Terrien은 "청원자가 자신의 무죄를 주장하며 덕목을 개인화하는 경향은 자기중심적 교만에서가 아니라 감정의 깊이로부터 유래한 것이다"라고 평한다. Samuel Terrien, *The Psalms: Strophic Structure and Theological Commentary* (Eerdmans Critical Commentary; Grand Rapids, Mich.: Eerdmans, 2003), 260.

완전함에 수반되는 단순함을 지녔고 미덕을 풍성하게 갖추었으며, 전적으로 결백하고 아무런 부대 조건도 재고할 것이 없다.…순정성을 가진 사람은 도덕적 강직성을 기준으로 움직이며 엄격한 잣대에 의해 시험받기를 주저하거나 거부하지 않고 오히려 자원한다.[46]

의인 역시 하나님을 의존할 수밖에 없고 그의 자비가 필요하다는 것은 의심할 여지가 없다. 그러나 이 시편들에서 청원자들은 투쟁을 통해 자신의 진실성에 대한 확신을 얻은 사람들이다. 우리는 이 시편들에서 그들이 하나님의 판결을 요청한다는 사실을 액면 그대로, 즉 그들의 진실성을 시험하고 입증해서 보상해달라는 뜻으로 받아들여야 한다. 그런 뜻에서 시편 기자가 생각하는 의로움은 지위보다는 미덕에 가까운데, 이는 개신교 구원론의 칭의 개념을 당연한 것으로 받아들이고 그에 근거해서 논지를 펼치는 폰 라트와 프로이스 같은 학자들의 해석에 근본적 결함이 있음을 말해준다.[47]

이런 논지는 시편 24편에 있는 예배자들의 윤리 지침과도 일맥상통한다. "누가 야웨의 산에 오르겠는가?"(3절 상반부)라는 도입부의 질문에 대한 대답은 의로운 삶의 모습을 묘사하는 것과 다름없다. 그는 "손이 깨끗하고 마음이 청결한"(4절 상반부), 그리고 "야웨께 복을 받고 구원의 하나님께 의를 얻는 사람"(5절)이다.[48] 이 문맥에서 의는 이 책 2장에서 정의했

---

46) Terrien, *The Psalms*, 260.

47) 시편이라는 방대한 선집이 의로움에 관해 단일한 개념을 보여주지는 않지만, 다수의 시편에서 충분히 동질적인 개념을 추출하는 것은 가능하다.

48) 의인은 의를 추구하고 획득한다. 잠언은 의를 경건한 삶의 원리로 제시하고(잠 1:3), 의를

던 **인격 전체로서의** 의로움, 즉 평생에 걸쳐 다듬어져 가는 사람됨이 아니라 인격체의 외부에서 주어져 외부에 머무는 어떤 것이다. 여기서 비교할 만한 본문은 시편 36:5-6이다. 우주적 규모의 선언을 배경으로 하나님의 사랑, 신실성, 의로움, 그리고 공의가 짝을 이루어 칭송받고 있는 이 시는 하나님의 성품으로부터 발현되는 축복을 묘사하기 위해 신화적 표상들을 구사한다. 시편 85:10-13에서 하나님의 축복은 사람과 땅에 생명을 부여한다. 체다카의 효과는 옳고 그름의 영역을 훌쩍 넘어 축복과 생명 자체를 머금는다. 의는 단지 인성과 행동의 범주에 머물지 않고 인생에서 얻는 결실과 보상으로 수렴한다. 히브리어에서 צדק는 이와 같은 의미 영역을 가진 단어다. 이에 대해 데이비슨(Robert M. A. Davidson)은 다음과 같이 말한다.

> 의로움은 축복의 조건인 **동시에** 결과다. 사람은 하나님이 그를 받으실 수 있도록 자신을 정결하게 씻어야 한다. 그 결과로 주어지는 축복의 주된 내용은 더 깊고 지속적인 순수함을 얻을 능력이다.[49]

시편 26편에서 자신의 결백을 절대적으로 확신하는 시인은 그 사실이 인정받기를 바란다. 따라서 다후드(Mitchell Dahood)처럼 시편 26:1-3을 "변호 요청"으로 보는 것은 부적절하다. 여기에는 무언가를 변호해야 할

추구하는 자는 의로움을 상으로 얻는다고 가르친다.

49) Robert M. A. Davidson, *The Vitality of Worship: A Commentary on the Book of Psalms* (Grand Rapids, Mich.: Eerdmans, 1998), 130.

긴박성이 존재하지 않기 때문이다.[50]

차일즈(Brevard S. Childs)는 시편 26:4-5을 "부정적 고백의 목록"이라 명명하고 이렇게 논평한다.

> 이 고백을 바울 신학의 관점처럼 "의의 일"로 규정하거나 바리새파적 성향으로 판단하는 것은 전적인 오해다. 이스라엘의 예배라는 정황에서 이 고백들은 사전에 성립된 어떤 권리 요구의 재천명이다. 의로움은 획득되는 것이 아니라 하나님에게서 나와 하나님에 의해 부여되는 그 어떤 것이다.[51]

그런데 시편 26:4-5의 고백이 강조하는 "덕목"은 시편 기자가 누구와 동맹을 맺고 누구에게 충성하는가 하는 사회학적 성격을 가진다. 의인의 순전함과 관련해서 오직 야웨의 성전을 사랑하는 것—"야웨여, 내가 주께서 계신 집과 주의 영광이 머무는 곳을 사랑하오니"(시 26:8])—과 악인들을 멀리하는 것—"내가 행악자의 집회를 미워하오니 악한 자와 같이 앉지 아니하리이다"(시 26:5)—의 두 가지만 언급되기 때문이다. 콰켈은 이 주제를 시편 1편과 잠언 1장에 연결한다.

> 이 구절들[시 26:4 이하]의 목적은 야웨를 충실히 따르는 시편 기자가 악인들과 그들의 모임을 최대한 멀리한다는 것을 보여주는 데 있다. 악인들을 멀리해야 한다는 원칙은 시편 1:1과 잠언 1:10-19(고전 15:33 참조)에 나타난다. 따

50) Mitchell Dahood, *Psalms 1-50* (AB; New York: Doubleday, 1965), 161.

51) Brevard S. Childs, *Old Testament Theology in a Canonical Context* (Philadelphia: Fortress, 1986), 209.

라서 시편 기자는 1절과 3절에 기록한 자신의 주장을 반복하면서 야웨 하나님의 호의를 요청하는 것이다.[52]

시편 1:1과 잠언 1:10-19에서 의로움의 개념은 악인을 멀리하는 것에 전적으로 초점이 맞춰져 있다. 그러나 시편 26편이 제시하는 종교성의 목록은 "책망할 것이 없는 삶"(온전함 가운데 행함),[53] 신뢰(시 26:1), 하나님의 성전을 사랑함(시 26:8, 12), 악행하는 자들과 섞이지 않음(시 26:4-5), 성전 제의의 참여(시 26:6. 7절은 성전 제의보다 개인적인 종교 행위를 지칭하는 듯하다) 등으로 더욱 포괄적이다. 시편 기자는 자신의 신실함을 굳게 믿기에(시 26:3) 하나님이 자신을 시험하도록 촉구한다(시 26:2a). 시편 26편에는 체데크-단어군이 나타나지 않는다. 하지만 그와 의미가 유사한 תמם이 등장해 의로움의 개념을 효과적으로 드러낸다. 게다가 이 시편에는 근거 없는 악의적 고소의 위협이 없기에 시편 기자의 "변호 요청"도 등장하지 않는다. 그 대신 시편 기자는 제대로 된 심사를 요청한다.[54] 대적의 위협이 전혀 없는 상황에서의 "심판" 요청은 변호 요청과는 매우 다른 것일 수밖에 없다.

---

52) Kwakkel, *According to My Righteousness*, 123-24.

53) 온전함을 가리키는 תם은 1절과 11절에 사용되어 수미상응(*inclusio*)을 이룬다. Kwakkel은 온전함 가운데 행한다는 표현이 "악한 친구들을 피하는 것과 관련 있다"라고 제대로 분석한다(*According to My Righteousness*, 124). 물론 온전함 가운데 행한다는 것에는 단지 좋지 않은 친구를 피하는 것보다 훨씬 넓은 뜻이 있다.

54) 시편에서 בחן은 하나님이 인간을 시험하는 일을 가리킨다(시 26:2; 66:10). 하나님이 므리바에서 이스라엘을 시험하셨다(בחן)는 시 86:8의 언급은 매우 흥미롭다. 출 17:7은 이스라엘이 하나님을 시험했다고(נסה) 기록하기 때문이다.

따라서 이 시편을 (개인적) 의로움의 선언서라고 본다면 의로움이 단순히 하나님과의 언약 관계에만 관련된 주제라고 생각하는 것은 적절하지 않다. 야웨를 향한 충성이 의로움의 중심에 있다 하더라도 다른 윤리적·종교적 측면들을 무시할 수 없다. 예를 들어 시편 15:1은 "누가 주의 장막에 거할 수 있습니까?"라고 묻는다. 이 질문에 대한 답은 제의나 종교 행위가 아니라 철저하게 윤리적 행동들, 즉 비난받을 것 없는 생활, 올바른 행동 규범, 진실 말하기 등을 기준으로 제시된다.

7.4. — 의로움: 행동을 넘어서

지금까지 살펴보았듯이 의로움의 뜻에 관한 이론은 다양하다. 그러나 이번 장에서 다룬 몇 안 되는 시편만 보아도 의로움이라는 복잡미묘한 개념을 충분히 다루기에는 어떤 이론도 충분치 않다는 것을 알 수 있다. 일례로 개인의 진실성을 강하게 주장하는 무죄 선언 시편들은 "공동체적 신실성"(Gemeinschaftstreue)이 의로움을 정의하기에는 그 의미 범위가 지나치게 넓다는 사실을 잘 드러내 준다. 사실 팔그렌도 이 점을 이미 간파하고 있었다. 콰켈은 팔그렌이 "공동체적 신실성"을 잘 알려진 체데크나 체다카뿐 아니라 에메트(אמת), 에무나(אמונה), 헤세드(חסד)까지 수렴하는 개념으로 생각한다고 지적한다.[55]

차일즈는 선구적으로 언약과 구원 행위를 연결해 하나님의 의를 정의했다.

---

55) Kwakkel, *According to My Righteousness*, 44.

구약성경이 하나님의 의를 이야기할 때는 이스라엘과 언약 관계를 맺으신 하나님의 구원 행위를 주로 가리킨다. 야웨의 의로움은 고정된 어떤 규범이 아니라 구원을 가져다주는 행동들이다.[56]

의로움은 분명 하나의 규범이 아니다. 그러나 의로움의 실체가 무엇이든 간에 모종의 규범성을 갖지 않는 의로움은 있을 수 없다. 어떤 대상을 의롭다고 평가하기 위해서는 어떤 기준이 있어야 하기 때문이다. 의로움은 특정한 행동들을 통해서만 실현되지만, 누군가가 의롭다는 것과 그 사람이 의로운 행동을 한다는 것은 서로 다른 이야기다. 따라서 하나님을 신뢰하는 하나님의 백성에게 생명을 주는 구원의 근거가 의로움이라 말할 수 있음에도 불구하고, "의로움이 곧 구원**이다**"라고 말하는 것은 더더욱 부적절하다.

크라우스의 견해를 일례로 살펴보자. 그에 따르면 "이스라엘이 아는 한 '야웨의 의'는 규범이나 정의로운 원칙이 아니라 행동이다. 이스라엘에 구원을 베풀고, 자신의 약속과 연대성에 충실하다는 증거를 보이시는 일, 그것이 하나님의 의로움이다."[57] 그러나 두 측면이 매우 밀접하게 엮여 있다고 해서 구원의 증여 행위가 곧 의로움일 수는 없다. 하나님의 신적 속성으로 인해 하나님의 의로움은 당연히 구원의 증여를 **이끌어오며**, 그런 의미에서 하나님의 의는 곧 그의 백성을 구원하는 행위라고 말하는 것은

---

56) Childs, *Old Testament Theology*, 208.

57) Kraus, *Psalms 1-59*, 427. Kraus의 설명은 이사야에 나타난 צדקה의 개념과 유사하다. 의도했든 그렇지 않든 Kraus는 이 지점에서 의로움이 아닌 צדקה에 대해 말하고 있는 것으로 보인다.

가능하다.

하지만 시편 기자의 다음 청원은 의로움이 추상적 개념을 넘어선다는 사실을 잘 보여준다.

שִׁמְעָה יְהוָה צֶדֶק הַקְשִׁיבָה רִנָּתִי הַאֲזִינָה תְפִלָּתִי

오, 하나님! 정의를 들어주소서.

내 부르짖음을 주목하시고 내 기도에 귀를 기울이소서(시 17:1).

70인역의 번역(צדק를 δικαιοσύνης μου, 즉 "나의 의로움"[צדקי]으로 번역함)에 관한 본문 비평에는 다양한 이견들이 있지만, 대다수 학자는 이 본문에서 체데크가 하나님의 속성을 나타내는 "등가 명사"(appositional)가 아니라 "듣는다"는 동사의 직접 목적어라는 데 동의한다. 이 본문에서 체데크는 청각의 대상이기 때문에 그 의미를 "의로운 소송", "의로운 송사", "의로운 호소" 등으로 해석하는 흐름도 있다. 그런데 중요한 것은 시편 기자가 명사 체데크가 지시하는 어떤 특성을 자신이 소유하고 있다고 주장한다는 점이다. 브릭스(Charles Briggs)는 체데크가 어떤 특성을 지칭한다는 해석을 거부하고 체데크를 차디크(의인)로 읽어야 한다고 주장하지만 그러한 수정을 정당화할 근거는 빈약해 보인다.[58]

시편 69:27-28(MT 28-29절)에서 청원자는 체다카를 의인(차디크)이

58) Charles Briggs, *A Critical and Exegetical Commentary on the Book of Psalms* (ICC; New York: Scribner's, 1906-1907), 1:134.

그 안에서 안도할 수 있는 일종의 물리적 실체로 시각화한다.

> 그들의 죄악에 죄악을 더하사 주의 공의(צדקה)에 들어오지 못하게 하소서(시 69:27).

28절에서 시인은 죄인과 의인의 구별을 극대화한다.

> 그들을 생명책에서 지우사 의인들과 함께 기록되지 말게 하소서(시 69:28).

결국 의인의 신분을 획득하는 것은 "생명책"에 그 이름이 각인되는 것과 같다. 시인의 청원은 앞서 시편 69:18, 19에서 "내 원수", "나의 대적자들"이라고 표현된 악인들을 하나님의 의로움으로부터 차단해달라는 것, "주의 공의에 들어오지 못하게" 해달라는 것이다. 따라서 우리는 의로움에는 의인들이 머물 수 있는 모종의 공간성이 있다고까지 말할 수 있다. 시편에 등장하는 의로움은 이러한 제한적 의미에서 물리성을 지닌다. 이는 하나님의 의로움이 파생시킨 결과물들이 종종 하나님의 속성을 대신하는 암호처럼 쓰이는 이유를 설명해준다. 하나님이 의로움을 펼치시는 일을 하실 때 그 의로움은 평등, 공정, 정의, 혹은 구원의 형태로 현실화한다.

7.5. — 결론

의로움에 관한 학계의 통념은 차일즈의 논평에 잘 드러난다. 차일즈가 볼 때 "의로움은 미덕의 소유를 주장하는 대신 자신과 야웨 하나님, 그리고 신앙 공동체와의 관계에 관심을 둔다."[59] 그러나 앞서 논증했듯이 시편이 묘사하는 의인의 모습에서는 미덕과 그런 관계성이 날카롭게 나누어지지 않는다. 즉 의로움이란 그 자체로 하나의 미덕이지만 관계성 안에서 현실화할 때만 의미가 있다. 실제로 시편에서 하나님의 도우심을 구하는 요청들은 보통 이미 확고하게 성립된 관계성에 호소하는 내용을 담고 있으면서도, 동시에 청원자 편의 의로움을 주장하는 경우가 흔하게 나타난다. 물론 청원자는 하나님과 자신의 관계가 중요하고 하나님이 그 관계에 충실하신 것을 잘 안다. 그러나 그는 하나님이 자동으로 나서서 자기를 돕는 행동에 착수할 것으로 기대하기보다는 스스로 감당해야 할 언약적 의무를 다했다는 것을 알린다.

하나님의 의가 사람의 의를 위한 필수조건이긴 하지만 시편에서는 그러한 점이 부각되지 않는다. 시편 기자가 하나님의 의를 요청하는 경우는 주로 인간의 의로움이 위기에 처했을 때이며 그런 이유로 시편은 인간 중심, 개인 위주의 관점에서 하나님의 의에 접근하도록 허용한다고 말할 수 있다.[60] 자신의 의가 공격당할 때 청원자는 하나님의 의를 갈구하고, 그 의가 재확인될 때 감사와 찬양을 드린다. 하나님의 의에 비교하면 하찮겠지만 개인적 온전함으로서의 사람의 의는 여전히 중요하다는 것이 시편과 잠언의 관점이다.

시편과 잠언은 인간의 의를 품성의 한 요소로 이해하지만 양자의 초점은 다른 곳에 있다. 시편에서 예배자의 의로움은 하나님께 다가가서 자

---

59) Childs, *Old Testament Theology*, 209.

60) 무죄 선언 시편에는 하나님의 의로우심에 따라 심판해달라는 요청과 청원자 자신의 의로움을 고려해 심판해달라는 요청이 공존한다.

신의 상황에 하나님의 개입을 요청할 근거를 제공한다. 예배자는 하나님 앞에 선 청원자이며 그의 의로움은 철저하게 그의 신앙과 기도에 부속한다. 이러한 태도는 구약성경의 다른 부분에서 제시하는 신앙의 성향과 상통하는 것으로서 인간의 상황을 눈여겨보시고 고통당하는 청원자를 구출하기 위해 행동하시는 하나님의 결정적 역할을 강조한다. 의로움이 사람을 구원과 행복으로 **이끈다**는 것이 시편의 가르침이라면, 잠언은 의로움이 곧 행복**이라고** 가르친다는 데 차이가 있다. 하나님이 인간사에 개입하신다는 것은 잠언도 인정하지만[61] 그 사상이 약화했다는 사실은 잠언이 인간의 자율성에 비중을 두는 지혜문헌의 특성을 드러낸다는 점을 반영한다.

잠언에서 볼 수 있는 만큼의 도덕 강화를 시편에서 찾을 수는 없지만 한 권의 책으로서 시편이 말하는 의로움은 충분히 일관성을 확보한 개념이다. 시편에 따르면 인간은 자신의 의로움을 명예의 표지로 삼아 하나님 앞에 자랑할 수 있다. 그리고 하나님을 향해 자신의 덕행을 내세우며 자기를 판단해달라고 촉구하는 것이 신앙의 표현이다. 이는 시편이 보여주는 놀라운 교훈 두 가지다. 이와 대조적으로 잠언에 수록된 의에 관한 격언들은 의인의 삶을 관찰하는 제3자의 시각에서 기록되었으며, 잠언 그 어디에서도 "무죄 선언 시편"에서처럼 **자기 자신의** 의로움을 내세우는 선언문은 찾아볼 수 없다.[62] 물론 의인의 모습을 명확히 그려 보이는 시편들

61) 이 논점의 강력한 천명은 Boström, *The God of the Sages*에서 찾을 수 있다.

62) "내가 내 마음을 정하게 하였다, 내 죄를 깨끗하게 하였다 할 자가 누구냐?"라고 말하는 잠 20:9이 얼핏 그러한 선언에 가까워 보인다. 그러나 이 절은 수사 의문문으로 자신의 무죄를 확신하는 태도의 위험성을 강조하고 있으며, 바로 앞의 8절에서 왕의 지혜가 모든 악을

이 모두 지혜 전승과 연결되는 것은 아니다. 하지만 그 시편들은 시편과 지혜자 사이에 접촉점을 제공해 더욱 균형 잡힌 성경적 인간 이해를 형성하도록 돕는다. 즉 인간의 진실성과 의로움은 구원론의 부산물 이상의 그 무엇이다.

드러내 보인다는 가르침과 연결할 때 무죄 선언 시편과는 정반대의 효과를 불러온다.

최종 결론

잠언의 도덕 담론에서 가장 중요한 수사적 장치는 차디크, 즉 의인이라 불리는 인물의 묘사다. 의인에 관한 격언들로부터 우리는 잠언의 독특한 의(righteousness)의 개념을 추출했다. 의는 독자들이 지혜를 사용해 자신 안에 내면화해야 할 미덕이다. 내면화된 의는 야웨 신앙에 깊이 뿌리 내린 인격 전체를 나타낸다.

잠언의 의 개념을 다루기 어렵게 만드는 요소는, 잠언에서 의를 가리키는 가장 중요한 체데크-단어군(צדק-words)이 갖는 의미 범위가 대단히 넓다는 점이다. 선행 연구들 대다수는 **어휘**와 **개념**을 동일시하는 오류를 범해왔으며, 의 개념의 해설과 체데크-단어군의 사전적 기술 사이를 방황할 수밖에 없었다.

따라서 이 책은 의로움의 개념(concept)과 구약성경의 각 부분에서 다양하게 제시된 의로움의 개념상들(conceptions)을 애초에 냉철하게 구별하면서 시작했다. 또한 연구의 초점은 잠언에 두었지만 비교를 위해 시편과 이집트 지혜문학도 함께 다루었다. 그 결과로 도출된 최종적 결론은 다음과 같다.

① 잠언이 제시하는 의로움의 개념은 이 책의 서론에서 채택한 "의로움의 작업가설적 정의"를 크게 벗어나지 않는다.

지금까지 의로움의 개념을 연구한 결과 "의로움은 구체적인 행동을 넘어 인간 혹은 신적 개체 전체가 갖는 통합적 특성으로서 도덕적 선택에서는 반듯함으로, 사회적 거래에서는 공정함과 자비심으로 나타난다"

는 가설적 정의가 잠언의 내용과도 부합한다는 사실이 입증되었다. 아울러 "의로운 사람은 의로움이라는 가치를 자신 안에 철저하고 내면화된 품성으로서 체화하며 의로워지려는 욕구를 배양하고 그러한 욕구가 충족될 때 즐거워한다"는 부연적 서술 역시 적절하다고 판단할 수 있다.

② 잠언이 보여주는 의로움에 관한 독특한 개념상들은 잠언이 다른 구약성경과 구별되게 맡은 독특한 책임을 확인시켜줄 뿐 아니라, 늘 비교 대상이 되는 이집트 지혜문학과도 확실히 구별되게 한다.

잠언은 단순히 도덕적 교훈집이 아니라 창조적 문학 작품으로서 종교적 감성과 수사 전략 면에서 뛰어난 혁신성을 보여준다. 의롭고 지혜로운 인격 형성을 개인과 사회가 힘써야 할 목표로 제시한다는 점에서 잠언은 지혜 신학의 결정체를 이룬다. 잠언과 이집트 지혜문학의 비교 연구는 잠언의 해석에 신선한 통찰을 제공하지만 양자 간의 분명한 차이점도 드러낸다. 의로움의 맥락에서 잠언이 보여주는 도덕과 종교성의 철저한 추구는 이집트 지혜문헌의 실용주의적 관점과 확연히 비교된다.

③ 잠언의 도덕 강화에 사용된 수사와 교수법의 목적은 도덕적 인격체의 형성이다. 지혜와 결합해 분리되지 않는 의로움은 최고선이자 교육 목표다. 의인은 가장 이상적 인간상으로서 충만하고 행복한 인생의 전범으로 등장한다. 그러한 이상적 삶은 하나님이 부여하시지만 인간의 추구 역시 필요하다.

잠언은 지혜가 본질상 도덕적이고 의는 본질상 지혜롭다고 가르친다. 의와 지혜의 불가분성에 대한 잠언의 강조는 지혜 전승 내에서 획기적인 것이다. 특히 잠언이 이상적 인간상을 나타내기 위해 선택한 호칭이 의인—현자가 아니라—이라는 점은 매우 중요한 의미를 지닌다. 의로움은 의인이 처하는 삶의 정황에 따라 다양한 방식으로 실체화되는데 그 과정에서 가장 중요하게 요구되는 기능이 바로 분별력이다. 잠언은 이 역동을 표현하기 위해 지시 대상이 같고 기능적으로도 동등한 **하캄**(חכם, 현인)과 **차디크**(צדיק, 의인)를 단어 쌍으로 사용한다.

따라서 잠언에서 나타나는 의와 지혜의 통합은 의미론적 혼동이 아니라 잠언의 근본 신념, 즉 인간성에서 지성과 도덕성을 분리할 수 없다는 믿음에 기인한다. 그러므로 끈질기게 의인을 칭송하는 잠언의 수사는 그 구성원들을 최대한 번성케 하는 이스라엘 사회와 구약성경의 이상을 서술하는 것이다. 여기서 의인은 그 이상을 실현하는 도구이자 그 이상으로부터 생명력을 공급받는 존재다.

Achtemeier, Elizabeth R. "The Gospel of Righteousness: A Study of the Meaning of *ṣdq* and Its Derivatives in the Old Testament." Ph. D. diss. Columbia University, 1959.

____. "Righteousness in the Old Testament." *IDB* 4(1962): 80-85.

Adler, Mortimer. *Desires, Right, and Wrong: The Ethics of Enough*. New York: Macmillan, 1991.

Alderman, Harold. "By Virtue of a Virtue." pp. 46-65 in *The Virtues: Contemporary Essays on Moral Character*. Edited by Robert B. Kruschwitz and Robert C. Roberts. Belmont, Calif.: Wadsworth, 1987.

Aletti, J.-N. "Séduction et Parole en Proverbs I-IX." *VT* 27(1977): 129-44.

Alter, Robert. *The Art of Biblical Poetry*. New York: Basic Books, 1985.

Anderson, G. W. "Enemies and Evildoers in the Book of Psalms." *BJRL* 48(1965-66): 18-29.

Antonelli, G. Aldo. "Definition." P. 845 in *Routledge Encyclopedia of Philosophy, Vol 2*. Edited by Edward Craig. London and New York: Routledge, 1998.

Aristoteles. *Nicomachean Ethics*. Edited by Roger Crisp. Cambridge: Cambridge University Press, 2000.

Barré, Michael L. "'Fear of God' and the World View of Wisdom." *BTB* 11(1981): 41-43.

Barr, James. *The Semantics of Biblical Language*. Oxford University Press,

1961.

____. *Comparative Philology and the Text of the Old Testament*. Oxford: Clarendon, 1968.

Barton, John. "Natural Law and Poetic Justice in the Old Testament." *Journal for Theological Studies* 30(1979): 44-64.

Bauer-Kayatz, Christa. *Einführung in die alttestamentliche Weisheit*. Biblische Studien 55. Neukirchen-Vluyn: Neukirchener Verlag, 1969.

Bazak, Jacob. "The Meaning of the Term 'Justice and Righteousness' in the Bible." *The Jewish Law Annual* 8: 5-13.

Beyerlin, W. *Die Rettung der Bedrängten in den Feindpsalmen der Einzelnen auf institutionelle Zusammenhänge untersucht*. Göttingen: Vandenhoeck u. Ruprecht, 1970.

Blackburn, Simon. *The Oxford Dictionary of Philosophy*. Oxford: Oxford University Press, 1994.

Blenkinsopp, Joseph. *Wisdom and Law in the Old Testament: The Ordering of Life in Israel and Early Judaism*. Rev. ed. Oxford: Oxford University Press, 1983.

Blocher, Henri. "The Fear of the Lord as the 'Principle' of Wisdom." *TynBul* 28(1977): 3-28.

Bloomfield, L. *Languages*. New York: H. Holt & Co., 1961.

Boström, Gustav. *The God of the Sages*. Stockholm: Almqvist & Wiksell, 1990.

Bovati, Pietro. *Re-Establishing Justice: Legal Terms, Concepts and Procedures in the Hebrew Bible*. JSOTSup 105. Sheffield: JSOT Press, 1994.

Brandt, Richard B. *A Theory of the Good and the Right*. Amherst, N.Y.: Prometheus Books, 1998.

Brekelmans, C. "Wisdom Influence in Deuteronomy." pp. 28-38 in *La Sagesse de l'Ancient Testament*. 2nd ed. Edited by Maurice Gilbert. Gambloux: Duculot, 1990.

Brown, William P. *Character in Crisis: A Fresh Approach to the Wisdom Literature of the Old Testament*. Grand Rapids: Eerdmans, 1996.

Brueggemann, W. *The Message of the Psalms: A Theological Commentary*. Minneapolis: Augsburg, 1984.

____. *In Man We Trust: The Neglected Side of Biblical Faith*. Richmond: John Knox, 1972.

____. "The Social Significance of Solomon as a Patron of Wisdom." *SIANE* (1990), 117-32.

Bryce, Glendon E. "'Better'-Proverbs: An Historical and Structural Study." pp. 343-54 in *Book of Seminar Papers*, vol. 2. Edited by L. C. McGaughy, Los Angeles: Society of Biblical Literature, 1972.

____. *A Legacy of Wisdom: The Egyptian Contribution to the Wisdom of Israel*. Lewisburg, Pa.: Bucknell University Press, 1979.

Bühlmann, W. *Vom Rechten Reden und Schweigen: Studien zu Proverbien 10-31*. OBO 12. Freiburg: Universitätsverlag, 1976.

Camp, Claudia. "Woman Wisdom as Root Metaphor: A Theological Consideration." pp. 45-76 in *The Listening Heart*. (FS Roland E. Murphy). Edited by Kenneth G. Hoglund, E. F. Huwiler, J. T. Glass, and R. W. Lee. JSOTSup 58. Sheffield: Sheffield Academic Press, 1987.

____. "What's So Strange About the Strange Woman." pp. 17-31 in *The Bible and the Politics of Exegesis*. (FS N. Gottwald). Edited by D. Jobling et al. Cleveland: Pilgrim, 1991.

Carnap, R. *Meaning and Necessity: A Study in Semantics and Modal Logic*. 2nd ed. Chicago: The University of Chicago Press, 1956.

Ceresko, Anthony R. "The Function of 'Order(*ṣdq*)' and 'Creation' in the Book of Proverbs, with Some Implications for Today." *Indian Theological Studies* 32(1995): 208-36.

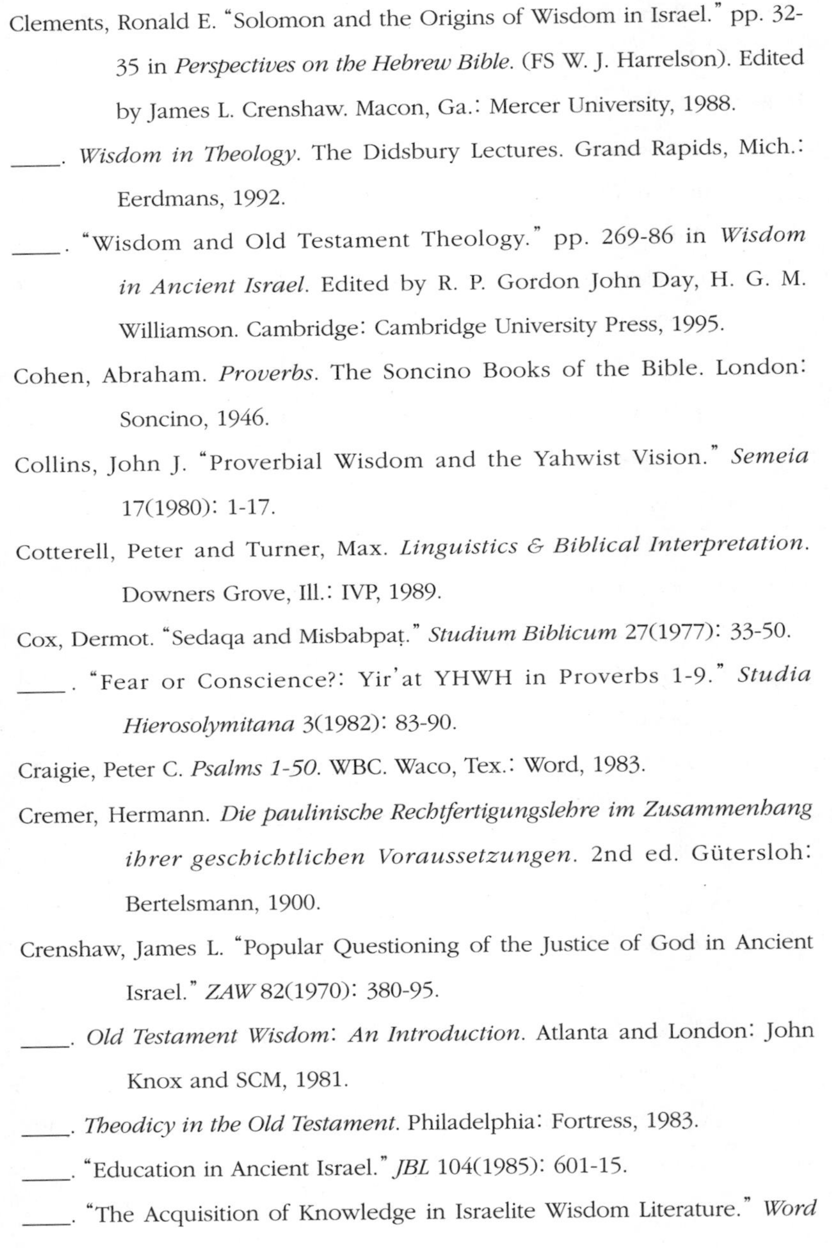

Clements, Ronald E. "Solomon and the Origins of Wisdom in Israel." pp. 32-35 in *Perspectives on the Hebrew Bible.* (FS W. J. Harrelson). Edited by James L. Crenshaw. Macon, Ga.: Mercer University, 1988.

____. *Wisdom in Theology.* The Didsbury Lectures. Grand Rapids, Mich.: Eerdmans, 1992.

____. "Wisdom and Old Testament Theology." pp. 269-86 in *Wisdom in Ancient Israel.* Edited by R. P. Gordon John Day, H. G. M. Williamson. Cambridge: Cambridge University Press, 1995.

Cohen, Abraham. *Proverbs.* The Soncino Books of the Bible. London: Soncino, 1946.

Collins, John J. "Proverbial Wisdom and the Yahwist Vision." *Semeia* 17(1980): 1-17.

Cotterell, Peter and Turner, Max. *Linguistics & Biblical Interpretation.* Downers Grove, Ill.: IVP, 1989.

Cox, Dermot. "Sedaqa and Misbabpaṭ." *Studium Biblicum* 27(1977): 33-50.

____. "Fear or Conscience?: Yir'at YHWH in Proverbs 1-9." *Studia Hierosolymitana* 3(1982): 83-90.

Craigie, Peter C. *Psalms 1-50.* WBC. Waco, Tex.: Word, 1983.

Cremer, Hermann. *Die paulinische Rechtfertigungslehre im Zusammenhang ihrer geschichtlichen Voraussetzungen.* 2nd ed. Gütersloh: Bertelsmann, 1900.

Crenshaw, James L. "Popular Questioning of the Justice of God in Ancient Israel." *ZAW* 82(1970): 380-95.

____. *Old Testament Wisdom: An Introduction.* Atlanta and London: John Knox and SCM, 1981.

____. *Theodicy in the Old Testament.* Philadelphia: Fortress, 1983.

____. "Education in Ancient Israel." *JBL* 104(1985): 601-15.

____. "The Acquisition of Knowledge in Israelite Wisdom Literature." *Word*

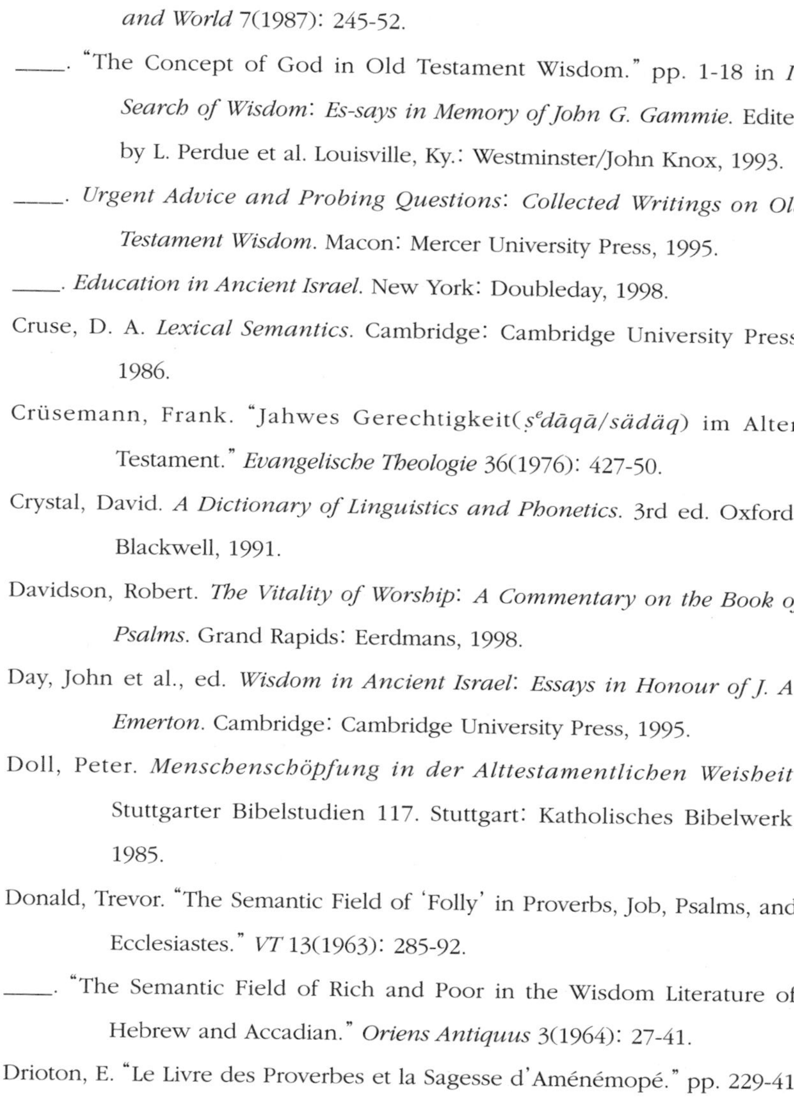

and World 7(1987): 245-52.

____. "The Concept of God in Old Testament Wisdom." pp. 1-18 in *In Search of Wisdom: Es-says in Memory of John G. Gammie*. Edited by L. Perdue et al. Louisville, Ky.: Westminster/John Knox, 1993.

____. *Urgent Advice and Probing Questions: Collected Writings on Old Testament Wisdom*. Macon: Mercer University Press, 1995.

____. *Education in Ancient Israel*. New York: Doubleday, 1998.

Cruse, D. A. *Lexical Semantics*. Cambridge: Cambridge University Press, 1986.

Crüsemann, Frank. "Jahwes Gerechtigkeit(*ṣ^e dāqā/sädäq*) im Alten Testament." *Evangelische Theologie* 36(1976): 427-50.

Crystal, David. *A Dictionary of Linguistics and Phonetics*. 3rd ed. Oxford: Blackwell, 1991.

Davidson, Robert. *The Vitality of Worship: A Commentary on the Book of Psalms*. Grand Rapids: Eerdmans, 1998.

Day, John et al., ed. *Wisdom in Ancient Israel: Essays in Honour of J. A. Emerton*. Cambridge: Cambridge University Press, 1995.

Doll, Peter. *Menschenschöpfung in der Alttestamentlichen Weisheit*. Stuttgarter Bibelstudien 117. Stuttgart: Katholisches Bibelwerk, 1985.

Donald, Trevor. "The Semantic Field of 'Folly' in Proverbs, Job, Psalms, and Ecclesiastes." *VT* 13(1963): 285-92.

____. "The Semantic Field of Rich and Poor in the Wisdom Literature of Hebrew and Accadian." *Oriens Antiquus* 3(1964): 27-41.

Drioton, E. "Le Livre des Proverbes et la Sagesse d'Aménémopé." pp. 229-41 in *Sacra Pagina: Miscillanea biblica Congressus Internationalis Catholici de Re Biblica*, vol. 1. BETL 12-13. Gembloux: Duculot, 1959.

Erman, A. "Eine Ägyptische Quelle der 'Sprüche Salomos'." SPAW zu Berlin, Phil.-Hist. Klasse 15, 1924.

Fabry, H.-J. "לב." in *TDOT*, Vol 3.

Fahlgren, K. H. *Ṣedākā, nahestehende und entgegensetzte Begriffe im Alten Testament*. Uppsala: Almqvist & Wiksells, 1932.

____. *Um das Prinzip der Vergeltung in Religion und Recht des Alten Testaments*. Edited by Klaus Koch. Wege der Forschung 125. Darmstadt: Wissenschaftliche Buchgesellschaft, 1972.

Fensham, F. Charles. "Widow, Orphan, and the Poor in Ancient Near Eastern Legal and Wis-dom Literature." *JNES* 21(1962): 129-39.

Fishbane, Michael. *Biblical Interpretation in Ancient Israel*. Oxford: Clarendon, 1985.

Fohrer, Georg. "The Righteous Man in Job 31." pp. 1-22 in *Essays in Old Testament Ethics: J. Philip Hyatt, In Memoriam*. Edited by J. Crenshaw and J. T. Willis. New York: Ktav, 1974.

Fontaine, Carole R. "The Use of the Traditional Sayings in the Old Testament." Ph. D. diss. Duke University, 1979.

____. *Traditional Sayings in the Old Testament: A Contextual Study*. Bible and Literature Series 5. Sheffield: Almond, 1982.

____. "Proverb Perfomance in the Hebrew Bible." *JSOT* 32(1985): 87-103.

Fox, Michael V. "Aspects of the Religion of the Book of Proverbs." *HUCA* 39(1968): 55-69.

____. "Two Decades of Research in Egyptian Wisdom Literature." *ZAW* 107(1980): 120-35.

____. "Review of *Die Weisheit Israels-ein Fremdkörper Im Alten Testament?* by F.-J. Steiert." *JBL* 111(1992): 134-37.

____. "Review of Claus Westermann, *Wurzeln der Weisheit*." *JBL* 111(1993): 529-32.

———. "Words for Wisdom." *ZAH* 6(1993): 149-69.

———. "The Pedagogy of Proverbs 2." *JBL* 113(1994): 233-43.

———. "World Order and Ma'at: A Crooked Parallel." *JANESCU* 23(1995): 37-48.

———. "The Social Location of the Book of Proverbs." pp. 227-39 in *Texts, Temples, and Traditions: A Tribute to Menahem Haran*. Edited by M. V. Fox et al. Winona Lake, Ind.: Eisenbrauns, 1996.

———. "Ideas of Wisdom in Proverbs 1-9." *JBL* 116(1997): 613-33.

———. "What the Book of Proverbs Is About." VTSup 48, 1997.

———. "Who Can Learn? A Dispute in Ancient Pedagogy." pp. 62-77 in *Wisdom, You Are My Sister*. (FS R. E. Murphy). Edited by M. L. Barré. CBQMS 29. Washington: The Catholic Biblical Association of America, 1997.

———. "Words for Folly." *ZAH* 10(1997): 1-12.

———. "The Rhetoric of Disjointed Proverbs." *JSOT* 29, no. 2(2004): 165-77.

Gerstenberger, Erhard S. *Psalms, Part 1; with an Introduction to Cultic Poetry*. FOTL 14. Grand Rapids: Eerdmans, 1988.

Gese, Hartmut. *Lehre und Wirklichkeit in der alten Weisheit: Studien zu den Sprüchen Salomos und zu dem Buche Hiob*. Tübingen: Mohr (Siebeck), 1958.

Gilbert, Maurice, ed. *La Sagesse de l'Ancien Testament*. BETL 51. Gembloux and Louvain: Duculot and Leuven University Press, 1979.

Gladson, Jerry. "Retributive Paradoxes in Proverbs 10-29." Ph. D. diss. Vanderbilt University, 1978.

Gordis, Robert. "The Social Background of Wisdom Literature." *HUCA* 18(1943): 77-118.

Gossai, Hemchand. "*Ṣaddîq* in Theological, Forensic and Economic Perspectives." *Svensk Exegetisk Årsbok* 53(1988): 7-13.

____. *Justice, Righteousness and the Social Critique of the Eighth-Century Prophets*. New York: Peter Lang, 1993.

Graesser, Carl. "Righteousness, Human and Divine." *CurrTM* 10(1983): 134-41.

Grumach, Irene. *Untersuchungen zur Lebenslehre des Amenope*. Münchner Ägyptologische Studien, 23. Berlin: Deutscher Kunstverlag, 1972.

Habel, Norman C. "The Symbolism of Wisdom in Proverbs 1-9." *Int* 26(1972): 131-57.

Harrington, Daniel J. *Wisdom Texts from Qumran*. London & New York: Routledge, 1996.

Hausmann, Jutta. *Studien zum Menschenbild der Älteren Weisheit*. FAT 7. Tübingen: Mohr Siebeck, 1994.

Heim, Knut. "Coreferentiality Structure and Context in Proverbs 10:1-5." *Journal of Translation and Textlinguistics* 6(1993): 183-209.

____. *Like Grapes of Gold Set in Silver: An Interpretation of Proverbial Clusters in Proverbs 10:1-22:16*. BZAW 273. Walter de Gruyter, 2001.

Hermisson, Hans-Jürgen. *Studien zur israelitischen Spruchweisheit*. Wissenschaftliche Monographien zum Alten und Neuen Testament 28. Neukirchen-Vluyn: Neukirchener Verlag, 1968.

____. "Observations on the Creation Theology in Wisdom." pp. 43-57 in *Israelite Wisdom: Theological and Literary Essays in Honor of Samuel Terrien*. Edited by John G. Gammie, W. A. Brueggemann, W. L. Humphreys, and J. M. Ward. New York: Union Theological Seminary, 1978.

Hildebrandt, Ted. "Proverbial Pairs: Compositional Units in Proverbs 10-29." *JBL* 107(1988): 207-24.

____. "Motivation and Antithetic Parallelism in Proverbs 10-15." *JETS*

35(1992): 433-44.

Ho, Ahuva. *Ṣedeq and Ṣedaqah in the Hebrew Bible*. New York: Peter Lang, 1991.

Hoglund, Kenneth G., E. F. Huwiler, J. T. Glass, and R. W. Lee. "The Fool and the Wise in Dialogue." pp. 161-80 in *The Listening Heart*. Edited by Kenneth G. Hoglund, E. F. Huwiler, J. T. Glass, and R. W. Lee. Sheffield: Sheffield Academic Press, 1987.

——. "Murphy's Axiom: Every Gnomic Saying Needs a Balancing Corrective." pp. 1-13 in *The Listening Heart*. Edited by Kenneth G. Hoglund, E. F. Huwiler, J. T. Glass, and R. W. Lee. Sheffield: Sheffield Academic Press, 1987.

Humphreys, W. Lee. "The Motif of the Wise Courtier in the Book of Proverbs." pp. 177-90 in *Israelite Wisdom: Theological and Literary Essays in Honor of Samuel Terrien*. Edited by John G. Gammie, W. A. Brueggemann, W. L. Humphreys, and J. M. Ward. New York: Union Theological Seminary, 1978.

Hurvitz, Avi. "Wisdom Vocabulary in the Hebrew Psalter: A Contribution to the Study of the 'Wisdom Psalms'." *VT* 38(1988): 41-51.

——. "*Ṣaddiq* = 'Wise' in Biblical Hebrew and the Wisdom Connections of Ps 37." pp. 109-13 in *Goldene Äpfel in silbernen Schalen*. Frankfurt a.M.: Lang, 1990.

Im, S. P. *Die 'Unschuldserklärungen' in den Psalmen*. Seoul, 1989.

Jacobsen, Thorkild. *The Treasures of Darkness: A History of Mesopotamian Religion*. New Haven: Yale University Press, 1976.

Janzen, Waldemar. *Old Testament Ethics: A Paradigmatic Approach*. Louisville, Ky.: West-minster/John Knox, 1993.

Jepsen, Alfred. "*Ṣdq* und *Ṣdqh* Im Alten Testament." pp. 78-89 in *Gottes Wort und Gottes Land*. Edited by Henning Graf Reventlow. Göttingen:

Vandenhoeck & Ruprecht, 1965.

Johnson, Bo. "Der Bedeutungsunterschied zwischen *ṣadaq* und *ṣedaqa*." *Annual of Swedish Theological Institute* 11(1977-78): 31-39.

Joüon, Paul, and Takamitsu Muraoka. *A Grammar of Biblical Hebrew*. Rome: Pontifical Biblical Inst., 1991.

Justesen, Jerome P. "On the Meaning of ṢADAQ." *Andrews University Seminary Studies* 2(1964): 53-61.

Kapelrud, Arvid S. "New Ideas in Amos." VTSup 15(1966): 193-206.

Kautzsch, Emil. *Über die Derivate des Stammes qdc im alttestamentlichen Sprachgebrauch*. Tübingen: L. F. Fues, 1881.

Kitchen, Kenneth A. "Proverbs and Wisdom Books of the Ancient Near East." *TynBul* 28(1977-78): 69-114.

Koch, Klaus, ed. *Um das Prinzip der Vergeltung in Religion und Recht des Alten Testament*. Darmstadt: Wissenschaftliche Buchgesellschaft, 1972.

____. Ṣdq *im Alten Testament: eine traditionsgeschichtliche Untersuchung*. Heidelberg: Universität Heidelberg, 1953.

____. "Gibt es ein Vergeltungsdogma im Alten Testament?" *ZTK* 52(1955): 1-42.

____. "Is There a Doctrine of Retribution in the Old Testament?" pp. 57-87 in *Theodicy in the Old Testament*. Edited by J. L. Crenshaw. Philadelphia: Fortress, 1983.

Kovacs, Brian W. "Is There a Class-Ethic in Proverbs?" pp. 171-89 in *Essays in Old Testament Ethics: J. Philip Hyatt, in Memoriam*. Edited by J. L. Crenshaw and James Willis. New York: Ktav, 1974.

Kugel, James L. *The Idea of Biblical Poetry*. New Haven: Yale University Press, 1981.

Kwakkel, Gert. *According to My Righteousness: Upright Behaviour as*

Grounds for Deliverance in Psalms 7, 17, 18, 26 and 44. OtSt 46. Leiden: E. J. Brill, 2002.

Lackoff, George, and Mark Johnson. *Metaphors We Live By*. Chicago: University of Chicago Press, 1980.

Levenson, Jon Douglas. *Creation and the Persistence of Evil: The Jewish Drama of Divine Omnipotence*. San Francisco: Harper & Row, 1988.

Lichtheim, Miriam. *Ancient Egyptian Literature*. 3 vols. Berkeley: University of California, 1971-80.

____. *Moral Values in Ancient Egypt*. OBO 155. Göttingen: Vandenhoeck & Ruprecht, 1997.

Lyons, John. *Semantics*. 2 vols. Cambridge: Cambridge University Press, 1977.

MacIntyre, Alasdair. "The Nature of the Virtues." pp. 271-86 in *Moral Philosophy: A Reader*. 2nd ed. Edited by Louis Pojman. Indianapolis/Cambridge: Hackett, 1998.

Malchow, Bruce V. "Social Justice in the Wisdom Literature." *BTB* 12 (1982): 120-24.

Mayo, Bernard. "Virtue and the Moral Life." pp. 260-63 in *Moral Philosophy: A Reader*. 2nd ed. Edited by Louis Pojman. Indianapolis/Cambridge: Hackett, 1998.

Mays, James Luther. "Justice: Perspectives from the Prophetic Tradition." *Int* 37(1983): 5-17.

McGrath, Alister E. "Justice and Justification: Semantic and Juristic Aspects of the Christian Doctrine of Justification." *SJT* 35(1982): 403-28.

McKane, William. *Proverbs: A New Approach*. OTL. Philadelphia: Westminster, 1970.

McKinnon, Christine. *Character, Virtue Theories, and the Vices*. Broadview

Press, 1999.

Meinhold, Arndt. *Sprüche*. 2 Vols. Zurcher Bibelkommentare. Zürich: Theologischer, 1991.

Midgley, Mary. *Wickedness: A Philosophical Essay*. London: Routledge & Kegan Paul, 1984.

Mogensen, Bent. "*Ṣedāqā* in the Scandinavian and German Research Traditions." pp. 67-80 in *The Productions of Time: Tradition History in Old Testament Scholarship*. Edited by Knud Jeppesen and Benedikt Otzen. Sheffield: The Almond Press, 1984.

Morenz, Siegfried. *Egyptian Religion*. Translated by Ann E Keep. Ithaca, N.Y.: Cornell University Press, 1973.

Murphy, Roland. *Tree of Life*. 3rd ed. Eerdmans, 2002.

____. "Wisdom and Yahwism." pp. 117-26 in *No Famine in the Land*. (FS J.L. McKenzie). Edited by J. W. Flanagan and A. W. Robinson. Missoula: Scholars Press, 1975.

____. "A Consideration of the Classification 'Wisdom Psalms'." VTSup 9. Leiden: Brill, 1976.

____. "Proverbs 22:1-9." *Int* 41(1987): 398-402.

____. *The Tree of Life: An Exploration of Biblical Wisdom Literature*. New York: Doubleday, 1990.

____. *Proverbs*. WBC. Dallas, Tex.: Word Books, 1998.

Nel, Philip Johannes. "Authority in the Wisdom Admonitions." *ZAW* 93(1981): 418-27.

____. *The Structure and Ethos of the Wisdom Admonitions in Proverbs*. BZAW 158. Berlin: Töpelmann, 1982.

Nielsen, Kai. "Ethics, Problem Of." pp. 117-34 in *The Encyclopedia of Philosophy*. Vol. 3. Edited by Paul Edwards. New York and London: Macmillan Publishing Co., Inc., 1967.

Nussbaum, Martha. *The Fragility of Goodness: Luck and Ethics in Greek Tragedy and Philosophy*. Cambridge: Cambridge University Press, 1986.

Ogden, Graham S. "The 'Better'-Proverb(Tôb-spruch), Rhetorical Criticism, and Qoheleth." *JBL* 96(1977): 489-505.

Olley, John W. "Righteous and Wealthy? The Description of the *Ṣaddiq* in Wisdom Literature." *Colloquium* 22(1990): 38-45.

Parker, Simon. "The Ancient Near Eastern Literary Background of the Old Testament." in *The New Interpreter's Bible*. Edited by Leander E. Keck. Nashville, Tenn.: Abingdon, 1994.

Patterson, Richard D. "The Widow, the Orphan, and the Poor in the Old Testament and the Extra-Biblical Literature." *Bibliotheca Sacra* 130(1973): 223-34.

Peck, M. Scott. *People of the Lie: The Hope for Healing Human Evil*. New York: Simon and Schuster, 1983.

Pedersen, Johannes. *Israel: Its Life and Culture*. London: Oxford, 1953-54.

Penchansky, David and Paul Reditt, ed. *Shall not the Judge of All the Earth Do What is Right? Studies on the Nature of God in Tribute to James L. Crenshaw*. Winona Lake, Ind: Eisenbrauns, 2000.

Perdue, Leo G. *Wisdom and Cult: A Critical Analysis of the Views of Cult in the Wisdom Literature of Israel and the Ancient Near East*. SBLDS 30. Missoula, Mont.: Scholars Press, 1977.

____. "Liminality as a Social Setting for Wisdom Instructions." *ZAW* 93(1981): 114-26.

____. *Wisdom and Creation: The Theology of Wisdom Literature*. Nashville, Tenn.: Abingdon, 1994.

____. *Proverbs*. Interpretation. Nashville, Tenn.: Abingdon, 2000.

Perdue, Leo G., Bernard B. Scott, and William J. Wiseman, eds. *In Search of Wisdom: Essays in Memory of John G. Gammie*. Louisville, Ky.: Westminster/John Knox, 1993.

Piper, John. *Justification of God: An Exegetical and Theological Study of Romans 9:1-23*. Grand Rapids, Mich: Baker Book House, 1983.

Pleins, David. *The Social Visions of the Hebrew Bible: A Theological Introduction*. Loiusville, Ky.: Westminster/John Knox, 2001.

Plöger, Otto. *Sprüche Salomos Proverbia*. BKAT 17. Neukirchen-Vluyn: Neukirchener Verlag, 1984.

Pojman, Louis. "The Nature of the Virtues." in *Moral Philosophy: A Reader*. 2nd ed. Indianapolis/Cambridge: Hackett, 1998.

Preuss, H. D. "Das Gottesbild der älteren Wesheit Israels." VTSup 23(1972): 117-45.

____. *Einführung in die alttestamentliche Weisheitsliteratur*. Stuttgart: Kohlhammer, 1987.

____. *Old Testament Theology*. Vol I. Translated by Leo Perdue. Louisville, Ky.: Westminster/John Knox, 1995.

Reventlow, Henning G. "Righteousness as Order of the World: Some Remarks Toward a Programme." pp. 163-72 in *Justice and Righteousness: Biblical Themes and Their Influence*. Edited by Henning G. Reventlow and Yair Hoffmann. Sheffield: Sheffield Academic Press, 1992.

Reventlow, Henning G., and Yair Hoffmann, eds. *Justice and Righteousness: Biblical Themes and Their Influence*. JSOTSup 137. Sheffield: Sheffield Academic Press, 1992.

Rooy, Sidney. "Righteousness and Justice." *Evangelical Review of Theology* 6(1982): 260-74.

Rosenthal, Franz. "ṢEDAKA, CHARITY." *HUCA* 23(Part 1, 1950-51): 411-30.

Römheld, Diethard. *Wege der Weisheit: Die Lehren Amenemopes und*

Proverbien 22,17-24,22. BZAW 184. Berlin: Walter de Gruyter, 1989.

Ruffle, John. "The Teaching of Amenemope and Its Connection to the Book of Proverbs." *TynBul* 28(1977): 29-68.

Ruhl, Charles. *On Monosemy*. Albany, N.Y.: State University of New York Press, 1989.

Sakenfeld, Katherine Doob. *The Meaning of Ḥesed in the Hebrew Bible*. HSS 17. Missoula, Mont.: Scholars Press, 1978.

Sandoval, Timothy. *The Discourse of Wealth and Poverty in the Book of Proverbs*. Leiden: Brill, 2006; originally Ph. D. diss. Emory University, 2004.

Sarna, Nahum. *Genesis*. The Torah Commentary. Philadelphia: Jewish Publication Society, 1989.

Schmid, Hans H. *Wesen und Geschichte der Weisheit: Eine Untersuchung zur altorientalischen und israelitischen Weisheitsliteratur*. BZAW 101. Berlin: Töpelmann, 1966.

____. *Gerechtigkeit als Weltordnung*. BHTh 40. Tübingen: Mohr Siebeck, 1968.

____. "Creation, Righteousness, and Salvation." pp. 102-17 in *Creation in the Old Testament*. Issues in Religion and Theology 6. Edited by Bernhard W. Anderson. Philadelphia: Fortress, 1984.

Scott, R.B.Y. "Solomon and the Beginnings of Wisdom in Israel." VTSup 3(1955): 262-79.

____. *Proverbs, Ecclesiastes*. AB 18. New York: Doubleday, 1965.

____. "The Study of Wisdom Literature." *Int* 24(1970): 21-45.

____. "Wise and Foolish, Righteous and Wicked [Prv10-29]." VTSup 23(1972): 146-65.

Scullion, J. J. "*Ṣedeq–Ṣedaqah* in Isaiah cc. 40-66 with Special Reference to the Continuity in Meaning Between Second and Third Isaiah." *UF* 3(1971): 335-48.

____. "Righteousness, OT." pp. 5:724-36 in *ABD*, 1992.

Seifrid, Mark A. "Righteousness Language in the Hebrew Scriptures and Early Judaism." pp. 415-42 in *Justification and Variegated Nomism. Volume 1: The Complexities of Second Temple Judaism*. Edited by D. A. Carson, Peter O'Brien. Tübingen/Grand Rapids: Mohr Siebeck/Baker Academic, 2001.

Shirun-Grumach, Irene. *Untersuchungen zur Lebenslehre des Amenope*. Münchner Ägyptologische Studien. Munich: Deutscher Kunstverlag, 1972.

Shupak, Nili. "The 'Sitz Im Leben' of the Book of Proverbs in the Light of a Comparison of Biblical and Egyptian Wisdom Literature." *RB* 94(1987): 98-119.

____. *Where Can Wisdom be Found?* OBO 130. Göttingen: Vandenhoeck & Ruprecht, 1993.

____. "Review of Miriam Lichtheim, *Moral Values in Ancient Egypt*." *IEJ* 52(2002): 111-17.

Silva, M. *Biblical Words and Their Meanings: An Introduction to Lexical Semantics*. Grand Rapids, Mich.: Zondervan, 1983.

Smith, H. P. "Ṣdq and Its Derivatives." *The Presbyterian Review* 3(1882): 165-68.

Steiert, Franz-Josef. *Die Weisheit Israels—ein Fremdkörper im Alten Testament?* Freiburg: Herder, 1990.

Talmon, S. "The 'Comparative Method' in Biblical Interpretation--Principles and Problems." VTSup 29(1977): 320-56.

Terrien, Samuel. *The Elusive Presence: Toward a New Biblical Theology*. Religious Perspectives 26. San Francisco: Harper & Row, 1978.

———. *The Psalms: Strophic Structure and Theological Commentary*. Eerdmans Critical Com-mentary. Grand Rapids, Mich.: Eerdmans, 2003.

Toy, Crawford H. *The Book of Proverbs*. ICC. Edinburgh: T&T Clark, 1899.

Ullmann, S. *Semantics*. New York: Barnes and Noble, 1962.

van der Ploeg, J. "ŠAPAṬ et MIŠPAṬ." OTS 2(1943): 144-55.

Van Leeuwen, Raymond C. "Proverbs 30:21-23 and the Biblical World Upside Down." *JBL* 105(1986): 599-610.

———. *Context and Meaning in Proverbs 25-27*. SBLDS 96. Atlanta: Scholars Press, 1988.

———. "Liminality and Worldview in Proverbs 1-9." *Semeia* 50(1990): 111-44.

———. "Wealth and Poverty: System and Contradiction in Proverbs." *HS* 33(1992): 25-36.

———. *Proverbs*. *NIB*, V. Nashville: Abingdon, 1997.

von Rad, Gerhard. *Old Testament Theology I*. Translated by D. M. G. Stalker. Edinburgh & London: Oliver & Boyd, 1962.

———. "'Righteousness' and 'Life' in the Cultic Language of the Psalms." pp. 243-66 in *The Problem of the Hexateuch and Other Essays*. Translated by E. W. Trueman Dickens. Edinburgh: Oliver and Boyd, 1966.

———. *Wisdom in Israel*. Translated by James D. Martin. London: SCM, 1972.

Waltke, Bruce K. *The Book of Proverbs: Chapters 1-15*. NICOT. Grand Rapids, Mich.: Eerdmans, 2004.

———. *The Book of Proverbs: Chapters 15-31*. NICOT. Grand Rapids, Mich.: Eerdmans, 2005.

———. "Does Proverbs Promise Too Much?" *AUSS* 34(1996): 319-36.

Waltke, Bruce K., and O'Connor Michael P. *An Introduction to Biblical Hebrew Syntax*. Winona Lake, Ind.: Eisenbrauns, 1990.

Weeks, Stuart. *Early Israelite Wisdom*. Oxford: Clarendon, 1994.

Wehrle, Josef. *Sprichwort und Weisheit: Studien zur Syntax und Semantik der ṭōb...min-Sprüche im Buch der Sprichwörter*. Arbeiten zu Text und Sprache im Alten Testament 38. St. Ottilien: EOS Verlag, 1993.

Weinfeld, Moshe. *Deuteronomy and the Deuteronomic School*. Oxford: Clarendon, 1972.

____. "'Justice and Righteousness' in Ancient Israel Against the Background of 'Social Reforms' in the Ancient Near East." pp. 491-520 in *Mesopotamien und Seine Nachbarn*. Edited by Hans-Jorg Nissen and Johannes Renger. Berlin: Dietrich Reimer Verlag, 1982.

____. *Social Justice in Ancient Israel and in the Ancient Near East*. Jerusalem: Magnes, 1995.

Westermann, Claus. *Praise and Lament in the Psalms*. Translated by Keith R. Crim and Richard N. Soulen. Atlanta, Ga.: John Knox Press, 1981.

____. *Roots of Wisdom: The Oldest Proverbs of Israel and Other Peoples*. Louisville: Westminster John Knox, 1995.

Whybray, R. N. *Wisdom in Proverbs*. SBT 41. London: SCM Press, 1965.

____. *The Book of Proverbs*. CBC. Cambridge: Cambridge University Press, 1972.

____. *The Intellectual Tradition in the OT*. BZAW 135. Berlin: W. de Gruyter, 1974.

____. "Yahweh-Sayings and Their Context in Proverbs 10,1-22,16." BETL 51(1979): 153-65.

____. *Wealth and Poverty in the Book of Proverbs*. JSOTSup 99. Sheffield: Sheffield Academic Press, 1990.

____. *The Composition of the Book of Proverbs*. JSOTSup 168. Sheffield: Sheffield Academic Press, 1994.

____. *The Book of Proverbs: A Survey of Modern Study*. History of Biblical

Interpretation 1. Leiden: Brill, 1995.

Würthwein, Ernest. "Egyptian Wisdom and the Old Testament." Translated by Brian W. Kovacs from German original "Die Weisheit Salomos." *Theologische Literaturzeitung* 76(1951): 139-44. pp. 113-33 in *Studies in Ancient Israelite Wisdom*. Edited by J. L. Crenshaw. New York: Ktav, 1972.

Zagzebski, Linda Trinkaus. *Virtues of the Mind*. Cambridge: Cambridge University Press, 1996.

Zimmerli, Walter. "Concerning the Structure of Old Testament Wisdom." Translated by Brian W. Kovacs from German original "Zur Struktur der alttestamentlichen Weisheit," *ZAW* 51(1933): 177-204. pp. 175-207 in *Studies in Ancient Israelite Wisdom*. Edited by J. L. Crenshaw. New York: Ktav, 1972.

____. "The Place and Limit of the Wisdom in the Framework of the Old Testament Theology." pp. 314-26 in *Studies in Ancient Israelite Wisdom*. Edited by J. L. Crenshaw. New York: Ktav, 1972. Repr. from *SJT* 17(1964): 146-58.

____. *Old Testament Theology in Outline*. Edinburgh: T&T Clark, 1993.

ㄱ

가난 63, 101, 105-7, 116-18, 120-22, 167, 169, 170, 184, 186, 187, 190-95, 212, 229, 230

개념상(conception) 33, 35, 46, 47, 68, 89, 93n.7, 112, 137n.1, 164, 207, 220n.34, 232, 269, 270

개인 경건(개인 종교) 214-16, 220, 232

거대 미덕(meta-virtue) 123

경건 39, 93, 96, 105, 140, 170, 180, 181, 183, 185, 193, 196, 214-16, 219, 220, 230, 231, 232, 233, 258n.48

경외 127, 169, 180, 182-84, 197, 231

공동 지시(성) 190n.35, 219, 220n.34

교육 34-36, 39, 40, 85, 86, 90, 111, 141, 143, 146, 147, 152-154, 163, 187, 211, 221, 270

구원(salvation) 33, 44, 70, 72-76, 118n.51, 158, 247, 258, 262, 263, 265, 267

기도(prayer) 125, 128, 157, 169, 264, 267

ㄴ

내면화 35, 43, 51, 111, 146, 163, 199, 222, 231, 232, 269, 270

뇌물 수수 101n.22, 168

ㄷ

단어 쌍(격언 쌍, 잠언 쌍) 90n.2, 95n.13, 125, 154n.25, 177, 186, 206, 230, 240n.9, 271

도덕적 판단 48n.36, 50n.41, 56, 66, 95, 100, 186

ㅁ

마아트(Ma'at) 75, 76, 77, 78, 82n.59, 83, 84, 205, 232

마음(심장) 71, 96, 119-21, 125, 156, 161, 162, 174, 192, 197, 200, 205, 212n.23, 226, 230, 244, 248, 249n.30, 252, 258, 267n.62

「메리카레」(*Merikare*) 224

미덕 36, 48, 50, 55n.2, 70, 86, 111,

117, 118n.51, 123n.64, 126, 127, 133, 134, 138n.2, 141, 145, 155, 163, 167, 168, 170, 171, 174, 176, 178, 180, 181, 183, 190-92, 194, 195, 199, 210n.19, 213, 215, 222, 239, 242, 252, 253, 258, 265, 266, 269
미덕 윤리 56n.2, 126, 127, 141
민중적 지혜문헌 218n.30

ㅂ

바보(멍청이) 99n.20, 122, 123n.64, 153, 154, 156, 158, 168, 218, 219, 225n.37, 228, 241
보응 82, 91, 94, 96
부당하게 얻은 재물 134n.85, 167, 168
부요함 114, 167-69, 170n.5, 174, 177, 186, 191
불량한 여인 145
비교 우위 잠언(better-than proverbs) 35, 133, 168, 179-95, 199, 227-29
비웃는 자(조롱꾼, 조롱하는 자) 121, 138, 155, 156, 157

ㅅ

세계 질서 75-77, 78, 84
신정론 93
실질적 지혜 43, 127
심판(judgment) 44, 67n.25, 72, 74, 85, 178, 205, 244, 246-48, 261, 266n.60

ㅇ

아굴(아굴의 기도) 161n.37, 169
「아니」(*Any*, *Anii*) 212n.23, 214, 220, 221, 223
「아메네모페」(*Amenemope*) 75, 180, 203-7, 209, 213, 215, 216, 219, 221-24, 226, 228n.43, 229-31
악덕 155, 183, 195, 222
악함 95, 119, 120, 193, 195, 210n.18, 240n.9, 241
양극의(상반되는) 인간형 90, 91, 96, 155, 206, 208-10, 252
요란한 사람(흥분한 사람) 208, 209, 210n.18, 211, 220, 221, 224, 233
욕구와 혐오 143, 144-49
욕망(הוה) 149, 150
우매한 여인 131
유혹(seduction) 111, 131, 141, 148, 226, 227, 242, 243
의로운 자의 시편 246-262
의로움의 정의 45, 55, 70, 112, 164
이상적 인간상(이상적 인간형) 92, 98, 111, 123, 124, 125n.69, 128, 129, 163, 176, 190n.35, 205-8, 210, 216, 217, 219, 232, 270
이진법적 인간학(binary anthropology) 86, 90-95, 205, 206, 208-11, 232,

238-243, 252
이집트 지혜문헌(Egyptian Wisdom Literature) 77, 83n.62, 94n.9, 125n.69, 153n.23, 180n.17, 205-8, 213, 216, 218n.30, 219, 220, 222, 225n.37, 226-28, 231-233, 237, 270
인격화 34n.6, 163, 202, 232n.45
인과율 78-84, 146, 199, 200
「인싱거 파피루스」(*Papyrus Insinger*) 216-18, 220, 222, 227

ㅈ

자비 51, 62n.18, 67n.25, 119, 129n.77, 258, 269
잠언의 이질감 31, 32, 86
정의(공평, justice) 29, 30, 49, 50, 66, 68, 69, 74, 77, 80, 82, 84-86, 99, 102, 114, 116, 132, 137n.1, 138n.2, 147, 164, 175, 200, 205, 207, 214, 246-48, 257, 263-65
조용한 사람 206, 208, 210, 211, 214, 228, 232
지식 76, 116, 118, 138, 161, 225n.37
지혜부인(Lady Wisdom) 158, 160, 161n.37, 163, 168, 173, 183
지혜시 240, 244n.19

ㅊ

창조 신학 75
청원 101, 246, 249, 264, 265
친구 161, 167, 223, 261n.53
침묵(silence as virtue) 211-15, 217

ㅌ

토라(Torah) 67n.25, 101n.21, 157, 251n.33

ㅍ

평가 담론(evaluative discourse) 35, 165-200
평행(법) 73, 86, 99n.19, 101n.22, 104, 107, 113n.41, 115n.46, 123, 125, 130n.78, 133, 137, 139, 149, 177, 220, 247n.27
품성(품성 형성) 35, 40-43, 48, 49, 51, 55n.2, 69, 71, 86, 91, 92, 99, 102, 103, 108, 110, 112, 115, 117, 127, 141, 143, 144-49, 152-63, 177, 194, 198, 199, 216, 226, 233, 238, 243, 248, 249n.29, 253, 266
「프타호텝」(*Ptahotef*) 212

ㅎ

하나님의 혐오 96, 97, 138, 139, 200
행동과 결과의 상응 관계(act-consequence nexus) 93n.7, 146, 151n.21
행동과 성품과 결과의 상응 관계(act-character-consequence nexus)

134
행복 19, 39, 41, 47n.35, 70, 71, 81, 82, 111n.38, 128-34 140, 151, 181, 187, 194, 195, 199, 200, 229, 230, 267, 270

ㅇ

임승필 246n.24, 249, 250

A

Achtemeier, E. R.(악트마이어) 46, 47, 59nn.9,10, 63-66

Alderman, H.(올더만) 141, 142n.6

Aletti, J.-N. 226n.41

Aristoteles(아리스토텔레스) 47n.35, 50n.40, 127, 142, 210

B

Barr, J.(바아) 45n.31, 55n.1, 60

Barton, J. 67n.24

Beyerlin, W. 246n.23

Blenkinsopp, J.(블렌킨솝) 132

Boström, G.(보스트룀) 96n.14, 146, 147n.14, 267n.61

Bourke, V. J. 67n.24

Bovati, P. 247n.27

Brandt, R. B.(브랜트) 143-44

Bricker, D. 240n.10

Briggs, C. A.(브릭스) 264

Brown, W. P.(브라운) 40-42, 211

Brueggemann, W.(브루그만) 203n.1, 237n.2

Bryce, G. E.(브라이스) 189, 191, 203nn.1,2

Bühlmann, W. 116, 226n.41

C

Childs, B. S.(차일즈) 260, 262, 263n.56, 265, 266n.59

Clements, R. E.(클레멘츠) 40, 42n.25

Clifford, R. J.(클리포드) 115nn.45,46, 130n.78, 147, 149, 150n.19, 185n.24

Cohen, A. 155n.28, 196n.41

Craigie, P. C.(크레이기) 253-55

Cremer, H.(크레머) 59-63, 74, 252

Crenshaw, J. L.(크렌쇼) 68n.26, 79n.51, 80n.54, 121, 188, 204, 205n.5

Cruse, D. A. 90n.2

D

Dahood, M.(다후드) 259, 260n.50

Davidson, R.(데이비슨) 259

Day, J. 39n.15, 94n.10, 252

De Vaux, R. 247n.27

Doll, P. 105n.27

Drioton, E. 204n.2

E

Eichrodt, W.(아이히로트) 31n.3, 59n.9, 62n.18

Erman, A. 203n.2

F

Fabry, H.-J.(파브리) 107n.31

Fackre, G. 257n.44

Fahlgren, K. H.(팔그렌) 43n.29, 44, 61n.17, 62, 252, 262

Fichtner, J. 185n.24

Fohrer, G.(포러) 239n.6, 249n.32, 250

Fox, M. V.(팍스) 37, 75n.41, 77n.46, 82n.59, 83n.62, 92n.6, 112n.40, 124n.65, 140, 141n.5, 142n.7, 146, 152n.22, 153n.23, 158, 172n.7, 203n.1, 205n.6, 214n.25, 226n.41, 232n.44, 241

Fromm, E.(프롬) 161, 162n.39

G

Gerstenberger, E. S.(게르스텐베르거) 240n.8, 249n.32, 250

Gossai, H.(고사이) 96n.14, 98n.17, 106, 107, 129n.76

Graesser, C.(그래서) 64-66, 72, 73

Gunkel, H. 251n.33

H

Hausmann, J.(하우스만) 92

Heim, K. 36n.7, 90n.2, 126n.70, 177n.14

Hildebrandt, T. 177n.14

Ho, A.(호) 32n.5, 43n.29

Hurvitz, A. 126

J

Jacobsen, T.(야콥슨) 214, 215n.26

Jepsen, A. 32n.5, 43n.29

Johnson, B. 41n.23

Justesen, J. P.(유스테센) 44, 72

K

Kautzsch, E.(카우취) 57

Kidner, E.(키드너) 254-255

Koch, K.(코흐) 43n.29, 44, 62nn.18,19, 78, 80, 103n.24, 153n.24, 237, 238

Kovacs, B. W.(코바치) 80

Kraus, H.-J.(크라우스) 240-42, 244nn.16,17, 249n.32, 250, 251n.33, 263n.57

Kwakkel, G.(콰켈) 95n.13, 96n.13,

109n.35, 239, 246n.24, 249, 250, 251n.33, 260-62

L

Lackoff, G. 41n.23
Levenson, J. D. 154n.26
Lichtheim, M.(리히트하임) 92n.6, 203n.1, 207, 212n.22, 213, 217n.28, 219, 220
Lyons, J. 90n.2

M

McGrath, A. E. 30n.2
McKane, W.(매케인) 39, 93, 119n.52, 120n.52, 149n.18, 160n.35, 185n.24
McKinnon, C.(매키넌) 42, 43n.28, 50n.39, 126, 127
Midgley, M.(미글리) 117, 118n.49, 161
Morenz, S.(모렌츠) 77, 78n.47
Mowinckel, S. 240n.8
Murphy, R.(머피) 31n.3, 38, 38n.13, 42, 83n.61, 114, 122, 147, 160n.35, 169, 170, 177nn.13,14, 204nn.3,4, 245n.20

N

Nielsen, K.(닐센) 36-38
Nussbaum, M. 127

P

Parker, S.(파커) 83, 84n.63
Peck, M. S. 49n.37, 118n.50
Pedersen, J.(페데르슨) 44, 69-71
Perdue, L. G.(퍼듀) 32n.4, 109n.36, 206
Piper, J. 58n.8
Pleins, D. 100n.20
Preuss, H. D.(프로이스) 31n.3, 32n.4, 80n.52, 102, 103, 153n.24, 256-58

R

Reimer, D. J.(레이머) 89n.1, 245, 247n.26
Reventlow, H. G.(레벤틀로우) 31nn.3,4, 33n.5, 44
Rodd, C. S.(로드) 66
Ruffle, J. 204n.2, 226n.39

S

Sabourin, L.(사보린) 249n.32, 250
Sakenfeld, K. D. 62n.18
Sandoval, T.(산도발) 85n.66, 174n.11
Sarna, N. 67n.25, 101n.21
Schmid, H. H.(슈미트) 44, 62n.18, 75-78, 91, 159, 188, 208, 210, 211n.20, 246n.23
Schrenk, G. 62n.18
Scott, R. B. Y. 49n.37, 118n.50,

123n.62
Scullion, J. J.(스컬리온) 44-45, 55n.1, 67n.24, 247n.25
Seifrid, M. A.(자이프리트) 60n.13, 74
Shupak, N.(슈팍) 203n.1, 206, 207, 209, 217, 219, 220n.34
Silva, M.(실바) 30n.1, 45n.31
Smith, H. P.(스미스) 57-58
Steiert, F.-J.(슈타이에르트) 32n.4, 81-83, 111n.38, 129n.77, 132n.82, 232n.45

T

Terrien, S.(테리엔) 257, 258n.46

U

Ullmann, S.(울만) 30n.1

V

Van Leeuwen, R. C.(밴 레이벤) 36n.7, 134n.84, 147n.16, 189, 190, 245n.20
Von Rad, G.(폰 라트) 31n.3, 59nn.9,10, 61, 73-74, 108-10, 251-253, 255, 258

W

Waltke, B. K.(월키) 39n.17, 102n.23, 114-15, 139, 188, 238n.4
Washington, H. 105n.28, 169n.1, 170n.5, 204n.3
Weeks, S.(위크스) 94, 124n.65
Wehrle, J. 179n.16
Weinfeld, M.(바인펠트) 84-86, 116, 240n.10, 247n.26
Westermann, C.(베스터만) 37n.11, 187, 240, 250
Whybray, R. N.(와이브레이) 91, 93, 101, 105n.28, 120, 122-23, 170-72, 177n.14, 192, 203n.2, 208
Würthwein, E.(뷔르트바인) 79, 81

Z

Zimmerli, W.(침멀리) 78, 79, 95

성구 및 고대 문헌 색인

구약성경

창세기

18:16-33 66

29:30 189

38장 102, 103, 255n.41

38:26 189

출애굽기

9:27 238n.4

17:7 102, 261n.54

23:6-8 99-102

신명기

4:8 122, 239n.5

8:3 150

16:18-20 101, 102

17:9-11 102n.22

25:1 98, 99, 238n.4

사무엘상

24:17 188, 189

사무엘하

13:3 124n.67

역대하

19:6 102n.22

욥기

3:25 151n.21

4:8 134n.84

4:17 256

7:15 189

12:19 102n.22

15:14 256

22:19 99n.19

27:17 99n.19

31장 239n.6

시편

1편 210, 260

1:1 260, 261

1:6 243

5:4-6 254

5:13 125

7편 249, 250

7:8 247, 248

7:9, 9-10 248

11:5 244

11:7 243

14:5 243

15편 239, 251

15:1 239n.6, 262

17편 249, 250

17:1 264

17:1-5 251, 253, 255

18편 249

18:21 248

18:21-23 255

18:22-24 251

18:24 253

24편 239, 251, 258

24:3 239n.6

26편 239, 249, 250, 259

26:1 248, 253, 261

26:1-6 255, 259

26:1-12 251

26:2 261
26:4 이하 260
26:4-5 260, 261
26:12 253, 261
32:11 243
34:15 244
35편 249, 250
35:24 246
36:5-6 259
36:6-7 134
37편 240, 244
37:12 240
37:16 240
37:17 244
37:21 240
37:25 240
37:29 244
37:30 240
37:32 240
38편 249, 250
44편 249, 250
44:13 172n.8
52:5 189
53:24 246
58:5 117n.48
58:10 243
59편 249
66편 249
66:10 261
68:3 243
69:16 117n.48
69:19-20 265
69:27-28 264, 265
73:7 176n.13
73:16-17 198
73:20 198
78:72 253
85:11-14 259
86편 250
86:8 261
99:4 256, 257
106:31 256, 257
112:3 172n.8
119:14 172n.8
125:3 240
126:5 134n.84
143:2 256
146:8 243

잠언

1장 260
1-9장 40-43, 159, 163, 179, 182
1:1-6 175
1:1-7 36, 138
1:3 36, 85, 137, 258n.48
1:4-5 160n.36
1:5 137, 138
1:8-19 172
1:10-19 261
1:11-19 243
1:13 172, 174
1:21 114
1:22 157
2:7-9 175
2:20-22 175, 176
3:3 157n.31
3:9 170, 172
3:13 122n.60
3:14 179, 180
3:25 115
3:33 114, 115
3:34 157
4:6-8 141
4:16-17 145
4:18 132, 139n.4
6:31 172
7:6-27 243
8장 161, 174
8:3 114
8:11 180
8:17-18 173
8:18 168, 172, 173
8:19 180
8:19-21 174, 175
8:21 168
8:32 122n.60
8:33 160n.36
8:34 122n.60

9:7 157
9:8 155, 157
9:9 137
10장 이하 82
10-15장 104, 123
10-22장 180
10-29장 91, 131, 155, 163
10:2-3 168
10:3 96n.14, 129, 149
10:4 167
10:11 125
10:15 167, 172, 177
10:16 125, 128
10:21 123, 125
10:22 168
10:24 128, 151, 225
10:28 129
10:30 125, 129
10:31 123
10:32 125
11:1 125
11:3 102n.22, 129
11:4 128, 168, 170, 172, 178
11:4-6 178
11:6 150
11:8 111, 225
11:9 123
11:10 225
11:11 140
11:16 168
11:18 133
11:19 128, 134
11:20 96, 97
11:23 151
11:28 170
12:5 111, 112
12:7 225
12:9 180, 184
12:10 119, 148
12:13 225
12:21 82, 225
12:22 97n.16
12:27 172n.8
12:28 128
13:1 157
13:5 111, 155
13:6 102n.22, 115n.46, 225
13:7 172n.8
13:11 172n.8
13:19 156
13:21 114
13:22 114, 115, 129
13:25 114
14:6 157
14:19 113, 114
14:20 167
14:21 122
14:24 168
14:31 121
14:34 140
15:6 125
15:8 97n.16, 128
15:9 97n.16, 111, 128, 138, 139, 200
15:12 157
15:16 180, 182, 184
15:16-17 180, 230
15:17 180, 182, 184
15:26 97n.16
15:27 111
16:3
16:5 97n.16
16:8 180, 182, 184
16:12 156
16:16 180
16:19 180, 182
16:21 137
16:32 180
17:1 180, 182, 184, 230
17:5 121
17:15 97n.16, 113
17:26 113
17:28 117n.48
18:5 113
18:10 131, 177
18:10-11 176, 177
18:15 138

19:1 180, 184
19:3 102n.22, 115n.46
19:4 167, 172n.8
19:7 167
19:14 169, 172n.8
19:20 196, 198
19:22 180
19:25 157
19:28 86
19:29 157
20:1 157
20:8 267n62
20:9 267n62
20:10 97n.16
20:23 97n.16
21:3 116
21:7 86
21:9 180, 185
21:10 147, 148
21:11 157
21:12 102n.22, 114, 115, 243
21:13 117
21:14 147
21:15 86, 146, 147, 148n.17
21:18 115, 225
21:19 180
21:21 157n.31, 200
21:22 159
21:24 157
21:26 111
21:27 97n.16
22:4 169
22:7 167
22:8 134n.84
22:10 157
22:12 102n.22
22:16 168
22-24 180
22:17-24:22 180, 203, 204, 231
22:22 114
22:24-25 225, 226
22:28 111
23:11 204n.3,
23:17-18 197, 198
24:4 172n.8
24:7 114
24:9 157
24:14 198
24:15 160n.35
24:17 120
24:20 197, 198
25-29 180
25:7 180
25:24 180, 185
25:26 245n.21
26:4-5 152, 153
26:12 100n.20, 152
26:16 152
26:28 155
27:5 180
27:10 180
28:1 131
28:5 86
28:6 180, 184
28:8 168, 172n.8
28:9 157
28:11 152
28:22 172n.8
29:3 172n.8
29:6 130
29:7 116, 118
29:10 155
29:27 155, 225, 241
30:1-6 161
30:8 169
30:15 172n.8
30:16 172n.8
31장 41
31:23 114
31:31 114

전도서

3:17 238n.4
8:14 238n.4
9:1 238n.4
9:14-15 159
9:18 159

아가
8:7 172n.8

이사야
5:21-23 100
24:16 115
33:15 117n.48
40-66장 67n.24, 72, 73, 76
43:9 256
43:26 256
45:8 76n.44
45:23 이하 76n.44
45:25 256
46:12 이하 76n.44
51:6 76n.44
53:11 118n.51
54:14 76n.44
57:1 238n.4
61:11 256

에스겔
18:20 238n.4
27:12 172n.8

호세아
6:6 189
10:12 134n.85

아모스
2:6 105, 107
5:12 105, 107

미가
7:3 150

하박국
1:4 238n.4

신약성경
고린도전서
15:33 260

고린도후서
9:6 134n.84

갈라디아서
6:7 134n.84

이집트 지혜문헌
「인싱거 파피루스」
(*Papyrus Insinger*)
3.21 227
9.15 228
13.10 228
17.19 228
23.2 218
23.3 218
23.5 217, 228
23.7 218, 228
23.12 217, 218
23.15-16 218
23.18 217, 219
23.19 218

「메리카레」(*Merikare*)
25-29행 224

「프타호텝(의 교훈)」
(*Ptahotef*)
2-4번 212

「아니(의 교훈)」
(*Any* or *Anii*)
5.5-9 221, 224
4.10 221
4.12 221
8.14-15 214
9.5-7 214

잠언의 의 개념 연구

신학적 · 윤리학적 · 비교문화적 고찰

1쇄발행_ 2017년 2월 27일
2쇄발행_ 2017년 4월 27일

지은이_ 유선명
펴낸이_ 김요한
펴낸곳_ 새물결플러스
편　집_ 왕희광 · 정인철 · 최율리 · 박규준 · 노재현 · 한바울 · 유진 · 신준호
　　　　신안나 · 정혜인 · 김태윤
디자인_ 서린나 · 송미현 · 이지훈 · 이재희 · 김민영
마케팅_ 임성배 · 박성민
총　무_ 김명화 · 최혜영
영　상_ 최정호 · 조용석 · 곽상원

아카데미_ 유영성 · 최경환 · 이윤범

홈페이지 www.hwpbooks.com
이메일 hwpbooks@hwpbooks.com
출판등록 2008년 8월 21일 제2008-24호
주소 (우) 07214 서울특별시 영등포구 양평로11, 4층(당산동5가)
전화 02) 2652-3161
팩스 02) 2652-3191

ISBN 979-11-6129-005-8 94230

책값은 뒤표지에 있습니다.

이 도서의 국립중앙도서관 출판예정도서목록(CIP)은 서지정보유통지원시스템 홈페이지(http://seoji.nl.go.kr)와 국가자료공동목록시스템(http://www.nl.go.kr/kolisnet)에서 이용하실 수 있습니다(CIP제어번호: CIP2017005213).